시민사회운동의 미래는 있는가
성찰적 비판과 실천적 과제

공석기 · 정수복 · 임현진　지음

진인진

시민사회운동의 미래는 있는가 – 성찰적 비판과 실천적 과제

초판 1쇄 발행 | 2023년 12월 20일
초판 2쇄 발행 | 2024년 12월 31일

저　자 | 공석기, 정수복, 임현진
편　집 | 배원일, 김민경
발행인 | 김태진
발행처 | 진인진
등　록 | 제25100-2005-000003호
주　소 | 경기도 과천시 관문로 92, 101동 1818호
전　화 | 02-507-3077-8
팩　스 | 02-507-3079
홈페이지 | http://www.zininzin.co.kr
이메일 | pub@zininzin.co.kr

ⓒ 공석기, 정수복, 임현진 2023
ISBN 978-89-6347-583-7 93300

* 책값은 표지 뒤에 있습니다.
** 본 연구는 2023년도 서울대학교 아시아연구소의 아시아연구기반구축 사업과 익명의 SNU 발전기금(아시아연구소 시민사회 프로그램) 지원을 받아 수행되었습니다.

Critical Reflections on Korean Civil Movements and the Urgent Challenges

KONG, SUK-KI · CHEONG, SOO-BOK · LIM, HYUN-CHIN

ZIN IN ZIN

기획의 글

시민사회운동의 새로운 미래를 찾아서

뒤늦은 성장, 때 이른 쇠퇴. 한국 시민사회운동의 현주소이다. 1990년대부터 급성장한 시민사회운동이 최근 급격히 쇠퇴하고 있다. 지난 3년 코로나 팬데믹 상황을 겪으면서 국가의 귀환, 시장의 복귀와 달리 시민사회는 위축되고 있다.

'시민의 시대'는 갔고 이제 '개인의 시대'가 도래했다는 말이 떠돌기도 한다. 신자유주의 세계화 아래 심화되는 양극화, 디지털 플랫폼 경제의 확대 속에서 개인은 점점 더 분절되고 고립되고 있다. 개인화 현상이 점점 고착되면서 타자와의 직접적인 만남과 소통은 급격히 감소하고 있다. 분절된 개인은 디지털 플랫폼에서 서로 쉽게 연결될 수 있지만, 그저 자신의 의견과 평가를 일방적으로 쏟아내고 있을 뿐이다. 사회로부터 분리된 개인들은 구체적인 장소로 나오길 꺼리고 자기와 다른 생각과 입장을 가진 타자와 소통하는 공론장으로 나오길 주저한다. 그들은 자기와 코드가 맞는 사람과의 온라인에서 비(非)대면 만남을 선호한다. 이런 현상은 보이지 않는 알고리즘을 통해 더욱 강화되고 있다.

한국 사회는 점점 더 특수한 이익이나 프레임을 공유하는 사람들끼리만 모이는 소란한 사회가 되고 있다. 이제 그런 양상이 오프라인에서 온라인으로 확장되고 있다. 잘못된 지배세력에 도전하면서 좋은 삶(good life)이 가능한 좋은 사회(good society)를 만들기 위해 활동하는 좋은 시민들(good citizen)의 순수한 '사회운동'은 희미해지는 반면, 특수 이익을 추구하는 갖가지 이익집단들의 전략적 '떼쓰기' 집회가 기승을 부리고 있다. 이런 현상이 디지털 플랫폼에서 가짜뉴스와 프레임 전쟁으로 반복되고 있다. 지금이야말로 가짜뉴스와 알고리즘이 지배하는 왜곡된 공론장을 비판적으로 독해하고 그에 맞설 수 있는 '시민성을 갖춘 시민'이 시민사회운동을 다시 일으켜 세워야 할 시점이다.

한국 시민사회는 '자유롭고 독립적인' 개인들이 공론장으로 모여 더 좋은 삶이 가능한 더 좋은 사회를 만드는 일을 지속할 수 있어야 한다. 이는 오늘의 시민사회 생태계의 현실을 성찰적으로 비판하는 일에서 출발해야 한다. 분절된 개인은 고립된 디지털 플랫폼이 아닌 살아있는 공론장을 만들고 타자와 대면하고, 인정하고, 존중하며 자기와 다른 목소리들에 귀기울이는 '경청 민주주의'를 구현해야 한다. '초국적으로 연결된 정보소비자'의 자리에 머무르지 않고 자신의 삶의 현장에서 공동체적 웰빙을 실현할 수 있는 대안을 함께 궁리해야 한다. 살아있는 실험실(living lab)인 구체적인 삶 속에서 공동으로 구현하는 '가벼운 공동체'(light community)를 만드는 실험에 나서야 한다. 추상적인 정보, 지식, 아이디어가 아니라 구체적인 공동의 참여 과정을 통해 '시민권'을 맛보는 시민사회운동이 다시 한번 활성화되어야 할 상황이다.

이 책은 그런 문제의식에서 출발했다. 이번 연구에 앞서 임현진과 공석기는 지난 10년 동안 아시아 지역의 다른 나라를 포함하여 한국 시민사회운동에 대한 연구를 축적했다. 한국 시민사회의 지형변화를 양적 분석으로 접근한 『한국 시민사회를 그리다』(2016), 그리고 시민사회 주요 영역 및 주제를 중심으로 그 질적 변화를 탐구한 『주민과 시민 사이』(2017), 『한국 시민사회를 새롭게 하라』(2018), 『마을에 해답이 있다』(2020) 등이 그 결과물이다. 이 과정에서 한국 시민사회운동이 마주한 도전과 좌절에 관한 성찰적 연구의 필요성을 절감했다. 그래서 연구자의 관점을 넘어 시민사회의 현장 및 활동가의 목소리를 담고자 2019년 12월 "시민사회 활동가, 한국 시민사회를 말하다"라는 주제로 심포지엄을 개최했다. 그러나 2020년 전 세계적으로 불어닥친 코로나 팬데믹으로 인해 아쉽게도 연구가 책으로 결실을 맺지 못했다.

그 어느 때보다 한국 시민사회운동의 현재를 알아보기 위해 과거와 미래를 연결지우는 것이 중요했다. 시민사회 내부 문제를 심도 있게 살펴보기 위해 과거 성과와 한계 아래 미래 과제를 조망하며 대안을 제시하는 공동연구가 필요했다. 2021년 9월 사회학자이자 작가로 활동하는 정수복이 임현진과 공석기의 기획에 공감하면서 한국 시민사회운동의 역동적 변화를 성찰적으로 연구할 수 있는 공동연구팀을 갖추게 되었다. 우리 연구팀은 1980년대 말 이후 실질적 민주화 및 정치개혁운동에 적극적으로 나선 임현진, 1990년대 시민운동 전성시대에 중심에서 활동한 정수복, 그리고 2000년대 들어 급속히 전개된 전지구화 속에서 지구 시민사회와 초국적 사회운동에 주목한 공석기가 단일 연구팀을 구성하여 공동연구를 진행하게 되었다. 이러한 시도는 한국 시민사회운동 연구사라는 관점에서 그 나름의 의미가 있다고 생각한다.

특히 이번 연구는 그동안 서울대학교 아시아연구소 시민사회 프로그램을 통해 축적한 시민사회운동 이론연구와 현장 사례조사와 인터뷰 자료 위에서 시민사회단체 중견 활동가를 중심으로 정부, 기업, 시민사회 영역의 주요 구성원들 그리고 MZ세대의 활동가들이 토론 테이블에 둘러앉아 서로 마주 보며 토론하는 '집단분석' 방법이라는 새로운 실험했다는 점에서 연구 방법론상으로 중요성을 지닌다. 우리 연구팀은 균형 있게 연구참여자를 섭외하고 4개월에 걸쳐 집단분석을 진행했다. 연구에 참여한 시민사회 활동가의 수, 참여자의 활동 지역, 그리고 집단분석의 회수가 충분하지 못한 점 등 일정한 한계 속에서 진행되었지만 우리 학계에서는 처음 이루어진 실험이었다. 집단분석의 방법과 결과는 이 책의 1부에 정리되어 있다. 이 책의 나머지 2~3부는 집단분석 내용을 다소 활용했지만 1부에서의 연구 결과를 근거로 미래 대안을 모색하기 위해 기존 문헌 연구, 인터뷰 조사, 현장 방문 등을 통해 수집한 자료를 토대로 분석한 내용을 담고 있다. 우리 연구팀이 이번에 활용한 집단분석이라는 새로운 연구 방법이 한국 시민사회운동 연구자와 시민사회 활동가는 물론 시민 모두에게 공론장에서 대화와 토론을 통해 새로운 미래를 조망하는 공공사회학의 방법으로 활용되기를 기대한다.

마지막으로 본 연구가 성공적으로 진행되고 책으로 출간되기까지 많은 분의 도움이 있었다. 무엇보다 4회에 걸친 집단분석에 참석하여 진지하게 토론에 참여해 주신 시민사회 활동가와 전문가, 정부, 정당, 기업, 사회적경제, 자원봉사단체 소속 주요 인사, 그리고 MZ세대 활동가들에게 고마움을 전한다. 임현진과 공석기가 《월간중앙》 2023년 1월호부터 총 5회에 걸쳐 연구의 내용 일부를 공유할 수 있도록 귀한 지면을 허락해 주신 《중앙일보》의 이하경 주필과 《월간중앙》 나권일 편집장에게도 감사를 드린다. 아시아연구소 시민사회프로그램 조교로 참여한 홍지수는 자료 수집, 연구진 워크숍, 그리고 집단분석 준비와 녹취를 담당했다. 서울대학교 사회복지학과 박종연 박사 후보는 자신의 학위 논문을 집필하면서도 시간을 쪼개서 4회에 걸친 집단분석 녹취록을 완벽한 자료집으로 만들어 주었다. 두 사람에게 감사한다. 마지막으로 이 연구가 한국의 바람직한 미래 발전을 위해 시대적으로 요청된다는 점에서 도덕적 격려를 마다하지 않은 익명의 분들께 사의를 표한다. 이 모든 분들의 지원과 헌신적 참여가 없었다면 이 책의 출판은 불가능했을 것이다. 다시 한번 모든 분께 진심으로 감사의 마음을 전한다.

2023년 11월
아름다운 단풍으로 갈아입은 가을의 관악산을 바라보며
공석기, 정수복, 임현진

목차

기획의 글 ·· 5

서론: 한국 시민사회운동의 새로운 미래는 있는가 ················· 15

제I부　한국 시민사회운동의 성찰적 비판···정수복 ············· 29
　제1장　공공사회학과 집단분석 방법 ································· 31
　제2장　한국 시민사회운동의 운동성 변화 ························· 55
　제3장　한국 시민사회운동에 대한 집단분석 내용 ··············· 65
　제4장　한국 시민사회운동 비판 ······································ 101

제II부　한국 시민사회운동 지형변화와 글로컬 도전···공석기 ······ 141
　제5장　한국 시민사회운동 담론 및 지형변화 ···················· 143
　제6장　한국 시민사회운동의 글로컬 도전 ························ 167

제III부　한국 시민사회운동의 새판 짜기···공석기·임현진 ······· 183
　제7장　제도화의 새로운 길 ·· 185
　제8장　시민성 증진을 위한 풀뿌리 세계시민 교육 ············· 197
　제9장　기업-정부-시민사회의 선순환: ESG를 중심으로 ······ 211
　제10장　MZ세대 주도의 새로운 시민사회운동 ··················· 233

맺음말: 한국 시민사회운동의 미래를 위하여 ······················· 247

참고문헌 ·· 258

찾아보기 ·· 265

세부목차

기획의 글 ··· 5

서론: 한국 시민사회운동의 새로운 미래는 있는가 ··············· 15
    1. 초국적 연결사회, 한국 시민사회운동의 쇠락 ·············· 15
    2. 왜 '운동성'은 사라지는가? ·································· 18

제Ⅰ부   한국 시민사회운동의 성찰적 비판··············· 29
  제1장   공공사회학과 집단분석 방법 ························ 31
    1. 비판사회학에서 공공사회학으로 ···························· 31
    2. 집단분석 방법론이란 무엇인가? ··························· 34
    3. 해방 사회학과 강한 사회학적 개입 ······················· 39
    4. 한국 시민운동에 대한 집단분석 실험 ····················· 41

  제2장   한국 시민사회운동의 운동성 변화 ················· 55
    1. 1990년대 시민사회론의 등장 배경 ························ 55
    2. 한국 사회의 변화와 시민운동의 쇠퇴 ···················· 58

  제3장   한국 시민사회운동에 대한 집단분석 내용 ······· 65
    1. 시민운동의 정체성 ·· 66
    2. 시민운동과 정치 ··· 75
    3. 시민운동과 기업 ··· 82
    4. 시민운동과 MZ세대 ·· 97

  제4장   한국 시민사회운동 비판 ···························· 101
    1. 시민운동과 비판 담론의 약화 ···························· 101
    2. 시민운동과 한국인의 문화적 문법 ······················ 113

  3. 시민단체의 당면 과제 ·· 127
  4. 시민운동의 미래 전망 ·· 130
  5. 시민운동의 미래를 위한 성찰 ······························ 133
  6. 집단분석 이후의 공공사회학 ································ 139

제II부 한국 시민사회운동 지형변화와 글로컬 도전 ············ 141

제5장 한국 시민사회운동 담론 및 지형변화 ···················· 143
  1. 시민사회운동의 담론변화: 민주화, 제도화 그리고 전지구화 ·········· 143
  2. 시민사회운동의 지형변화: 다양성과 교차성의 시기 ············ 152
  3. 한국 시민사회운동의 역할변화: 문제제기자에서 문제해결자로 ········ 162

제6장 한국 시민사회운동의 글로컬 도전 ························ 167
  1. 코로나19 팬데믹과 한국 시민사회운동의 과제 ················ 167
  2. 지역 회복을 위한 '가벼운 공동체' 실험 ····················· 173
  3. 디지털 대전환, 빅테크의 부상과 집합행동 ··················· 175
  4. 디지털 대전환과 초국적 연결사회의 뒤안길 ·················· 178

제III부 한국 시민사회운동의 새판 짜기 ························ 183

제7장 제도화의 새로운 길 ·· 185
  1. 시민사회 운동의 제도화 전략의 한계 ························ 185
  2. 협치의 대원칙, 와일드카드(Wild Card) 전략 ················· 188
  3. 선순환적 자원동원을 위하여 ································ 190
  4. 선순환적 자원동원을 위한 새로운 파트너 ···················· 194

제8장 시민성 증진을 위한 풀뿌리 세계시민 교육 ················ 197
  1. 시민성을 갖춘 풀뿌리 세계시민 ······························ 197
  2. 디지털 플랫폼 시대의 시민성 교육 ··························· 201
  3. 풀뿌리 시민참여를 통한 시민교육 ····························· 203
  4. 창조적 혁신과 풀뿌리 세계시민 ······························· 207

제9장　기업-정부-시민사회의 선순환: ESG를 중심으로 ·············· 211
　1. 내셔널 챔피언으로서 기업 ································· 211
　2. 복합위기와 탄소중립의 도전 ····························· 215
　3. 국가와 시장 사이 그리고 변화하는 시민사회 ··············· 219
　4. ESG의 정치경제학 ······································· 223
　5. 시민사회운동의 반성 ····································· 230

제10장　MZ세대 주도의 새로운 시민사회운동 ··············· 233
　1. 시민사회운동에 등 돌린 MZ세대의 경력관리 ··············· 233
　2. MZ세대의 마음 읽기 ····································· 240
　3. MZ세대의 시민사회로의 복귀를 위하여 ···················· 242

맺음말: 한국 시민사회운동의 미래를 위하여 ················· 247
　1. 시민사회운동 현주소에 대한 성찰적 진단 ·················· 247
　2. 시민사회운동의 새로운 도전: 디지털 혁명과 알고리즘 지배 ············ 249
　3. 새로운 시민사회운동을 위한 5가지 제안 ···················· 254

참고문헌 ·· 258

찾아보기 ·· 265

서론
한국 시민사회운동의 새로운 미래는 있는가[*]

1. 초국적 연결사회, 한국 시민사회운동의 쇠락

한국 시민사회운동은 지금 쇠락과 쇠퇴라는 절체절명의 시간을 마주하고 있다. 젊은 활동가들이 들어오지 않는다. 들어와도 쉽게 떠난다. 다수의 시민사회단체가 대표와 사무국장 혹은 신임 간사가 정부나 기업의 정책연구 프로젝트를 수행하며 어렵사리 조직을 유지한다. 회원 참여나 역량 강화와 같은 중장기 과제는 우선순위에서 밀린다. 일단 운동 단체는 조직도 사람도 주문받은 사업수행으로 그 피로감이 정점으로 치닫고 있다. 그리고 시민사회운동의 전통적인 운동방식 즉, 당면과제나 이슈에 대응하기 위해 언론을 동원한 이슈 파이팅 전략은 더 이상 일반 국민의 시선을 끌지 못하고 있다. 광장에서 열리는 집회가 사라진 지 오래다. 2016년 촛불항쟁 이후 한국 시민사회 다수가 합의하고 참여하는 연대운동의 숫자는 손을 꼽을 정도이다. 반면에 광화문, 서울시청, 국회, 법원 검찰청 주변에서는 공공선과는 거리가 먼 진영과 이권으로 결집한 '떼쓰기' 운동만 반복되고 있다. 이제 한국 사회에는 공공선과 집단

---

* 본 장은 아래 글을 대폭 수정·보완한 것임.
임현진·공석기. "한국 시민사회운동의 새로운 미래는 있는가① 시민없는 시민운동, '운동성'까지 사라졌다." 『월간중앙』 2023년 1월호: 172-177쪽.

이익의 경계가 애매한 '가짜' 사회운동이 득세하며 누구나 사회운동 방식을 동원하는 사이비 '사회운동사회(social movement society)'이 되어버렸다. 이것은 구호를 외치며 참여자를 동원하여 특정 이익을 공익으로 포장하여 떼를 쓰면 최소한의 보상을 얻을 수 있다는 왜곡된 학습의 결과이다. 공공선을 위해 순수와 열정, 그리고 희생과 헌신에 기초한 '진짜' 사회운동은 이권을 둘러싼 집단적 요구나 진영 간 진흙탕 싸움과 구별되지 못한 채 점차 약화되고 있다.

왜 한국 시민사회운동은 일반 국민으로부터 신뢰를 잃고 쇠퇴하고 있을까? 한국 시민사회운동에는 더 이상 소망이 없다는 보수 언론의 주장이 과연 타당한 전망인가? 만약 이러한 비판에 다른 잣대를 들이대며 시민사회운동이 문제가 아니라 정부, 기업, 그리고 반(反)운동 단체의 문제라고 주장한다면, 진정 한국 시민사회운동의 미래는 밝아질 것인가? 이대로 간다면 한국 시민사회운동은 머지않아 정부에 단순 조력하는 '순응된 파트너(tamed partner)'로 전락할 것이라는 경고를 귓등으로 흘려서는 안 된다. 이웃 일본 시민사회운동이 제도화된 틀 안에서만 자원을 활용하여 파편화된 활동에 머무르고 있는 한계를 반면교사로 삼을 필요가 있다. 시민사회운동은 절체절명의 상황을 인정하고 겸허한 자세로 안팎의 변화와 현실을 성찰하는 일부터 다시 시작해야 한다. 이런 성찰 없이 새로운 운동에 대한 비전과 미래를 고민하는 것은 쉽게 허물어질 모래성을 쌓는 일이다. 아직도 전통적인 방식의 운동전략을 사용하면서 시민운동 자체의 문제를 진영 논리로 설명하거나 MZ세대의 문제로 치부하거나 변화된 정치 환경만 개탄하는 것은 새로운 변화에 나서는 것을 주저하는 나약한 모습에 불과하다.

한국 사회운동의 역사를 돌아보면 민주화를 위한 강한 시민사회연대, 노동자, 농민의 저항, 탈핵운동, 그리고 촛불집회를 떠올리게 된다. 사회운동이란 공공선에 반하는 국가정책의 변화를 목표로 직접행동 혹은 제도적 자원을 동원하여 정부에 도전하는 갈등적 집합행동으로 간략히 정의할 수 있다.[1] 이

---

[1] 한국 사회에 다양한 사회운동이 동시적으로 형성 및 발전하는 역동적인 변화를 보여주고 있기

러한 변화지향, 도전 그리고 갈등의 속성을 지속적으로 유지하지 못하면 사회운동의 운동성(activism)은 일시적인 의견표명에 그치거나 유사한 사업활동(activities) 혹은 수주한 프로그램 수행에 머무르게 된다. 이것은 시민사회운동이 결코 운동성만 고집해야 한다는 것을 의미하지 않는다. 그렇지만 이 운동성을 포기하는 순간 시민사회운동은 정체성, 도덕성, 진정성의 위기를 맞이할 가능성이 커진다. 국내외적으로 한국 시민사회는 민주화를 달성한 강한 시민사회로 자주 부각된다. 1960년대 이후 한국 시민사회운동은 지속적으로 운동성을 견지하며 정부와 기업에 도전하고, 변화를 추동하고 점차 갈등적인 관계를 유지했기에 '강한 시민사회'가 될 수 있었던 것이다. 그렇지만 1990년대 초 절차적 민주화를 달성하면서 한국 시민사회운동은 국가와의 새로운 관계를 고민하게 되었고, 점차 '제도화 길(institutionalization)'을 걷게 되었다. 2000년대 이후에는 소위 '거버넌스 시대(협치)'가 시작되었지만, 그것은 동시에 운동성이 약화되는 시간이기도 했다.

 1990년대 초 시민사회운동은 국민의 신뢰를 한 몸에 받았고 한국 사회의 실질적 민주화를 견인할 주체로 주목받았다. 당시 불안정한 정당정치의 한계를 보완하는 과정에서 시민사회운동은 과잉정치화의 길을 걷게 된다. 1990년대는 시민사회운동의 전성시대가 되었고, 시민사회운동의 분화 및 전문화가 급격히 진행되었다. 그 과정에서 시민사회운동 단체는 정부정책에 대한 '문제제기자'에서 '문제해결자'로 자리 이동을 하기 시작했다. 안타깝게도 시민사회운동 30년을 돌아볼 때, 한국 시민사회운동은 소위 시민 없는 시민운동, 백화점식 운동, 중앙 중심의 이슈 파이팅 운동이라는 한계를 돌림노래처럼 반복적으로 마주해 왔다. 그 사이에 한국 사회는 신자유주의 세계화를 준

에 본 연구에서는 서구에서 사용하는 협의의 '사회운동'보다는 확장적인 의미로 '시민사회운동'을 사용하고 있다. 한국 사회운동은 국가와 기업과의 관계에서 변화, 도전, 갈등 지향의 운동성을 강조했다. 그런데 절차적 민주화 이후 급격히 경쟁과 협력의 관계를 지향하는 시민운동이 급격히 성장했다. 물론 한국 시민운동이 갈등적 관계를 저버렸다는 것을 의미하지 않는다. 다만 이러한 다양한 관계성의 역동적 변화를 포함하기 위해 시민사회운동이란 포괄적 용어를 사용하고자 한다.

비 없이 직면하면서 각자도생의 능력주의와 승자독식을 당연시하는 사회로 변했다. 디지털 혁명과 인터넷 발전으로 초국적 연결이 가능해지면서, 수직적으로나 수평적으로 디지털 행위자는 더욱 촘촘히 연결되었다. 공익을 추구하는 시민의 시대는 이제 사익을 추구하는 개인의 시대에 자리를 내주었다. 가족과 공동체보다는 개인을 우선시하고, 타자와의 소통보다는 소셜미디어를 통한 익명의 다수와의 손쉬운 연결에 중독되고 말았다. 디지털 행위자는 전지구적 차원의 빠른 연결로 신속한 상품 구매, 정보나 지식공유를 마치 스스로가 글로벌 시민으로 성장한 것 같은 착각과 환상에 빠지게 되었다.

그러나 지난 3년 동안 전대미문의 코로나19 팬데믹을 경험하고, 플랫폼 자본주의 발흥을 목도하면서 우리는 전지구적 차원의 연대와 협동이 얼마나 어려운지를 절감했다. 시민사회운동이 지속가능한 네트워크를 구축하려면 풀뿌리 시민사회의 참여가 전제되어야 함을 확인했다. 디지털 플랫폼 경제가 강화되고 있는 상황 속에서 시민사회운동의 회복이 더욱 절실한 상황이다. 전지구적 차원에서 빅테크 기업들의 알고리즘 지배하에 시민들은 보이지 않게 관리되고 통제받는 디지털 자본주의로 급속히 전환되고 있다. 이에 대해 시민사회는 비판적 현실 인식을 통해 빅테크 기업들에 지속적으로 도전하여 그 지배에서 벗어나는 사회변화를 끌어내지 않으면 안 되는 상황이다. 이와 같은 국내외적 맥락의 변화를 성찰할 때 시민사회운동의 미래는 더욱 험난하고 과제는 더욱 막중한 것이 되었다.

2. 왜 '운동성'은 사라지는가?

한국 시민사회가 선의의 경쟁(competition)과 협력(collaboration)의 자세로 정부나 기업의 정책변화를 추동한다는 전략은 순진한 기대감에서 비롯된 것이다. 저자들은 한국 시민사회운동을 국내외적 도전 속에 매우 열악한 위치에 처하게 만든 중요한 요인 중의 하나로 '운동성의 상실'을 꼽는다. 시민사회운

그림 1 한국 시민사회운동 지형변화: SMO-NGO-NPO의 혼재와 부침
출처: 저자 작성

동을 국가 혹은 기업과의 관계에서 사회운동조직(Social Movement Organization, SMO), 비정부조직(Non-Governmental Organization, NGO), 비영리조직(Non-Profit Organization, NPO) 등으로 구분할 수 있다. 물론 어느 한 시민사회운동 단체를 그중 하나의 고정된 개념으로 규정하는 것은 타당하지도 바람직하지도 않다. 실제한 단체는 활동과정에서 세가지 속성을 복합적으로 나타낼 수 있기 때문이다.

우리는 한 시민단체를 사회운동조직의 지향만을 가질 수밖에 없는 것으로 보거나 그 반대로 비정부조직의 정체성을 갖는 단체로 규정하는 것을 경계해야 한다. 정부나 기업과의 관계에서 갈등, 도전, 경쟁, 협력의 관계는 상황에 따라 다양하게 나타날 수 있다. 그러나 연구진은 한국 시민사회 지형변화 연구 결과는 안타깝게도 많은 사회운동 단체가 상황에 따른 다양한 정체성으로의 전환을 어려운 것으로 보고 현실에 안주하는 것을 확인했다. 시민사회운동 단체가 과거의 운동 경험만을 고집하면서 새로운 정치기회구조의 변화에 능동적으로 대응하기를 포기할 때 시민사회는 갈등, 도전, 경쟁, 협력을 통해 자기 혁신과 변화를 꾀하기가 더욱 어려워질 것이다.

이런 견지에서 한국 시민사회운동의 운동성이 약화된 원인을 몇 가지 측면에서 살펴보자. 첫째, 시민사회운동이 소위 '공익활동'으로 전환되고 있음을 주목할 필요가 있다. 운동성의 약화는 무엇을 의미하는가? 파트너십을 구축한다는 명분으로 많은 시민사회운동 단체가 정부와의 거버넌스(협치) 공간으로 이동했다. 공익 개념을 확대하면서 좀 더 중립적인 활동에 초점을 맞추게 되었으며 이는 결과적으로 운동성 약화를 초래했다. 거버넌스는 시민운동 단체의 저변 확대를 가져왔고 전문화를 촉진했다. 그러나 그것이 시민사회운동의 역량강화에 기여했는가에 대해서는 회의적이다. 영역별 분화를 통해 다양한 사업과 관련 프로그램이 양적으로 증가했지만, 시민사회단체들 사이의 연대와 협력은 축소되었다. 다시 말해 사회변혁을 추동하는 시민사회운동의 운동성이 옅어졌다. 시민사회의 저변은 넓어지고 다양화되고 전문화되었지만, 다양화와 전문화가 시민사회운동의 영향력을 확대시켰는가에 대해서는 회의적일 수밖에 없다. 정부와 협력이 확대되었지만, 시민사회운동의 다양한 정책 요구와 제언은 정부의 다양한 문제해결 정책과정 속으로 흡수되고 말았다. 시민사회운동의 주장과 정부 정책 간의 차별성은 희박해졌다. 시민단체가 정부의 조력자 혹은 정책 수행자로 전락되었다는 사실이 좋게 평가하자면 파트너이지만, 나쁘게 보자면 10급 공무원 하청업자가 되었다고 폄하된다. 행정기관의 역할은 사회문제 및 이슈에 대한 정책 발굴 및 수행자 선정 및 평가라는 형식적인 과정에만 집중된다. 반면에 시민사회운동 단체는 프로젝트 기획, 그리고 사업 수행을 담당한다. 행정기관의 업무는 그저 사업을 선정하고 수치화하고 사업비를 집행하는 선에서 그치고 있다. 정부는 협치를 강조하지만, 정책과 사업결과에 대한 책임을 지지 않으려 한다. 정부 담당 공무원은 6개월마다 보직이 바뀌기 때문에 정책을 기획하고 사업을 제안하는 데만 관심이 있지 정책 집행 결과 및 사업의 지속가능성에 관해서는 관심이 적다. 그 결과 정책의 지속가능성을 높이기 위해 매년 정책사업을 객관적으로 평가하고 이를 개선하려는 의지가 없다. 그저 상관의 마음에 드는 정책과 아이디어만 마련하면 그만이다. 정부는 일종의 정책 만들기에 집중하기 때문에 협치라는 차원에서 참여한 시민사회단체도 어느덧 이런 악습에 영향을 받고 충실한 정책구현에 집중하지 못한다. 이러한 고질적인 문제와 악순환을 뛰어넘기 위해서도 사회운동 단체의 운동성 회복이 절실하다.

다른 한편, 시민사회 영역에 속한 대다수 단체는 과거의 비판적 사회운동(SMO) 영역과의 구별 짓기를 통해 안정적인 자원 확보에만 집중한다. 정부는 이를 주목하고 시민사회운동과 공익활동을 구별 짓기 시작했다. 전자는 도전과 갈등의 성향을 후자는 경쟁과 협력의 태도를 강조한다. 물론 이 두 가지는 서로 구별될 수 있지만 상호 연결될 수 있는 상호 보완적 관계이다. 그런데 다수의 NGO는 그 둘을 '우리'와 '그들'로 구분하고 자원 확보를 위해 경계 짓기를 진행했다. 그 경계 안에 있는 단체들은 보장된 재정지원을 누리지만 경계밖에 위치한 단체들은 차별적 자원 배분을 비판하고 있어 그 경계가 고착되고 있다. 한국 시민사회운동의 불안정성은 바로 이렇게 구별되어 고착된 정체성에 기초한다. 특히 국제개발협력 분야의 개발 NGO 다수는 아래와 같은 입장을 견지하며 지속적으로 경계와 구별짓기를 시도한다.

"왜 우리가 사회운동인가? 우리는 참여연대가 아니야. 우리는 빨갱이가 아니야. 우리는 운동권이 아니야! 우리는 자선이야, 가난한 사람들을 돕는 일이야. 신앙심의 발로야!"(『2022 집단분석 녹취록』, 11쪽)

개발협력 분야 NGO만이 아니라 여러 분야의 시민단체들이 거버넌스라는 이름 아래 소위 '수평적 파트너십'을 유지하는 것으로 스스로 경계를 짓고 있다. 그러나 진정한 의미의 개발협력을 위해서는 수원국 시민사회의 건강성, 역동성을 키우는 것은 매우 중요하다. 그것은 수원국 시민사회가 저항성, 비판성, 도전성, 자립성, 도덕성을 키우도록 돕는 것이다. 시민단체가 정부 정책을 구현하는 조력자로서 프로젝트를 대행하는 정책 수행자로서 머물게 될 때 위와 같은 국제적 차원의 시민사회 연대, 협력의 본질을 놓치게 된다. 시민단체는 정책옹호자(policy advocate) 혹은 서비스 전달자(service provider) 중의 어느 하나를 선택하는 경계 짓기에서 하루속히 벗어나야 한다.

둘째, 시민사회운동의 '비동시성의 동시성'을 주목할 필요가 있다. 〈그림 1〉과 같이 SMO, NGO, NPO는 공존하면서 서로 견제하고 갈등하고, 협력하고 연대할 수 있는 것이다. 어느 조직이라도 운동성, 협치 그리고 상생의 속성을 모두 갖추면서 상황에 따라 정부나 기업과의 관계를 능동적으로 유지 및 변화시킬 수 있는 것이다. 시민단체는 정부 수탁과제를 수행하기 위해 기존 단체 산하에 별개의 법인을 만들기도 한다. 그 과정에서 시민단체는 내부적으로 정체성 혼선을 초래하기도 한다. 최근에는 조직 자체를 법인으로 새롭게 전환하는 경우도 있는데 이것이 타당한 대응이다. 다만 법인으로 전환했다고 해서 정부 정책사업 수행만을 고려하여 운동성을 약화시키는 전략적 선택을 한다면 운동의 정체성 위기를 마주하게 된다. 이와같은 정부 정책 수행자로의 쏠림현상이 공익활동만이 아니라 시민사회운동 영역에도 일어났다. 그런데 오늘날 한국 사회는 너무나 다양한 이슈를 동시에 마주하고 있다. 불평등, 정의, 공정, 돌봄, 기후위기, 에너지 전환, 소수자 권리 등의 문제를 과연 사회운동이 아닌 공익활동 방식으로 해결 가능할까? 사회적 약자와 소수자의 문제는 정부의 정책 공간 안에서 제대로 수용되기 어려운 복잡한 과제가 존재한다. 운동성의 회복이 필요한 상황이다. 한국 시민사회운동은 제도화의 길에 너무 빠르게 들어섰다. 운동성 측면에서 살펴보면 한국 시민사회운동은 분명 쇠퇴의 길에 들어섰다. 한국 시민사회운동이 협치 공간을 마련한 것은 분명한 성과이다. 하지만 이 협치 공간은 정권 교체에 따라 쉽게 사라질 수 있을 정도로 한국 시민사회운동의 정치기회구조는 여전히 불안정하다. 서울시를 비롯한 지방자치단체의 리더십 변화에 따라 시민사회운동은 정치기회구조의 급격한 축소를 직면했다. 10년 가까이 추진해 온 풀뿌리 주도의 사회혁신 사업 즉 마을, 청년, 도시재생, 그리고 에너지 전환 등의 사업이 하루아침에 지속가능성을 상실하고 말았다. 그로 말미암아 시민사회운동은 물론 시민사회 전체가 큰 사회적 비용을 치르는 상황이다.

셋째, 운동성의 상실은 지식인의 결합과 이탈이라는 측면과도 관련이 있다. 지식인의 결합이 급격히 저하된 것은 2000년대부터이다. 학자나 전문가들이 운동성을 견지하는 시민사회운동과 거리를 두는 반면 정부나 기업과 정책적 자문을 통한 협력관계를 높이기 시작했다. 그 결과 과거 지식인이 보여준 운동성은 급격히 사라지고 있다. 오늘날 지식인들은 시민사회운동의 든든한 후원자 및 지식인 공동체로서 사회 이슈에 대한 비판적 해석과 프레임을 제공하는 역할에서 멀어졌다. 지식인 스스로 운동성을 견지하는데 치열한 고민을 하기보다는 정부와의 협치, 정책 자문이라는 중립적 역할로 자신의 정체성을 굳힌 것이다. 과거 시민사회단체에 참여했던 교수들도 이제는 시민사회단체보다는 정부나 기업에 자신의 학생들을 인턴으로 보내고 있다. 시민사회운동 단체는 청소년, 대학생 그리고 청년과의 접촉면이 약화되고 있다. 시민사회운동은 이러한 지식인의 이탈에 대해 실망하고 그들과 연대와 협력을 더 이상 적극적으로 모색하지 않게 되었다. 그러나 현실은 지식인의 시민사회운동과의 긴밀한 협력과 연대가 절실하게 필요한 상황이다.

넷째, 시민사회운동의 다양화 및 전문화 과정에서 보여준 분절, 분리, 및 분화가 운동성의 약화를 초래했다. 문제는 그 분화된 영역에 매몰된 채 영역을 교차하는 소위 '마스터 프레임'을 개발하고 연대함으로써 운동성을 견지하는 것을 간과하는 점이다. 각자 자기영역에서 시민단체들이 고군분투하고 있으나 협력과 시너지는 부족하다. 왜 그런가? 분절적 상황이 그렇게 만들 수 있다. 시민사회운동, 소비자, 사회적경제, 도시재생, 마을공동체, 자원봉사 등 다양한 영역이 서로 만나서 협력의 틀을 이루어 내지 못하고 있다. 이미 각자 안정적인 지원 생태계를 갖추었기 때문이다. 외부의 지원은 성과를 요구한다. 각자 성과를 내기 위해서 경계 안에 어쩔 수 없이 머물게 된다. 더 이상 경계를 넘어서는 창조적 파괴와 연대를 시도하지 않게 된다. 시민사회운동의 창조와 혁신은 바로 운동성에 기초한 도전과 갈등을 통한 변화에서 비롯된다. 자원봉사 영역은 새로운 참여자인 젊은 세대에게 적극적으로 호소하고자 그들의 제한된 감성과 취향에 맞춘 사업과 프로그램을 기획한다. 구조적 문제와 본질에 도전하고 저항하는 운동성을 실행하기 어렵다. 시민사회운동의 건강성과 역동성을 제공하는 자양분은 시민들의 헌신적 참여를 통한 가치관의 변화를 끌어내는 활동에서 만들어진다.

물론 현재 한국 시민사회운동이 저항성과 운동성을 완전히 잃어버렸다

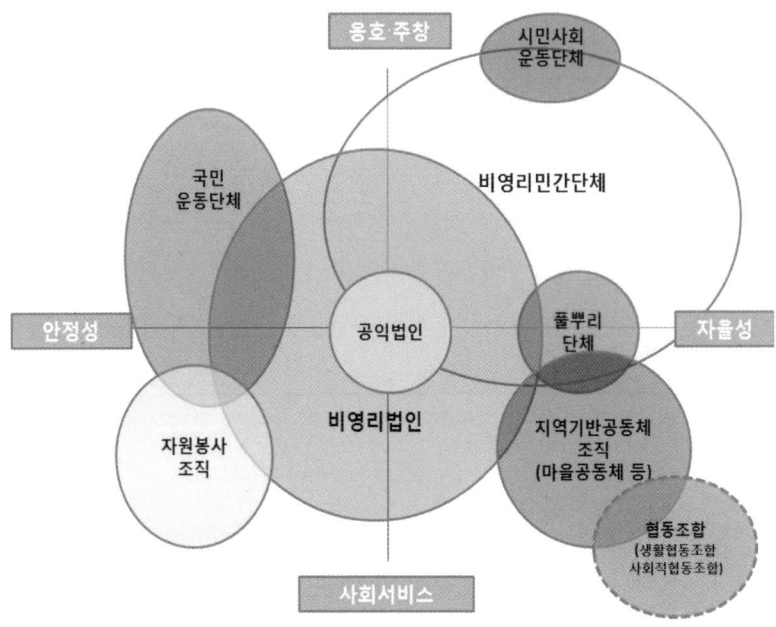

그림 2 **한국 시민사회 지형 분석틀**
출처: 공석기·유지연(2017: 36쪽 재인용)

고 평가하기는 어렵다. 분명 개별적 차원에서 저항성은 존재한다. 그러나 문제는 개별적으로 존재하는 저항성을 어떻게 시너지를 발휘하며 시민사회 연대의 힘으로 연결할 수 있는가이다. 협치를 거부하지 않지만, 운동성을 견지하는 것이 시민사회단체가 추구해야 하는 방향이다. 협치와 운동을 사안별로 언제든지 전략적으로 오갈 수 있고, 동시에 연대운동에 참여할 수 있어야 한다. 예를 들어, 사회적경제 영역이 매우 활성화되어 있는 이탈리아 경험을 보면, 개별 사회적기업과 협동조합은 자본주의 시장에서의 경쟁우위를 확보하기 위해 온 힘을 다하고 있다. 그러나 그와 동시에 사회적 가치에 반하는 정부와 기업의 정책에 대해서는 모두가 협력체를 만들어 연대운동으로 저항한다. 바로 광의의 시민사회에서 운동성이 아직도 건강하게 작동하고 있음을 보여주는 것이다. 지역별 사회적기업과 협동조합 연맹이 이러한 운동성을 견지하는 핵심적 역할을 담당한다. 한국 시민사회는 어떠한가? 사회적경제 영역, 자원봉사 영역, 마을공동체 영역은 이미 협치 틀 안에서 안주하고 있지 않은가? 정부나 기업이 시민사회의 가치와 충돌하는 사업과 정책을 추진할 때 강한 연대의 목소리를 모아내고 있는가? '협치를 선택하는 순간 운동성은 사라진다'는 착각에서 벗어나 협치를 하면서도 운동성을 견지해야 한다.

지금은 지난 30년의 한국 시민사회운동이 걸어온 과정에 대해 냉철하게 성찰할 때이다. 저항성과 운동성이 살아진 시민사회운동 단체를 중앙 정부와 지방자치단체는 진정한 수평적인 파트너로 생각하는가? 정당은 어떠한가? 정당과 국회는 시민사회단체를 진정한 파트너로 생각하는가? 그렇지 않다. 시민사회운동은 정부나 국회 모두 파트너십 차원에서 볼 때 홀대받고 있다. 기업 그리고 노동현장도 마찬가지이다. 현실의 상황은 더욱 파편화된 주체를 양산하고 그들은 더욱 고립되고 있다. 이주노동자, 특수고용노동자 그리고 플랫폼 노동자 등의 고용조건 및 사회적 안정망은 개선될 기미는커녕 더욱 악화되고 있다. 개별화된 저항은 힘을 얻지 못하고 있는데 이는 분절화 및 파편화의 결과이다. 연대의 방식으로 운동성이 강화되지 못한 결과이다. 동시에 디지털 혁명 그리고 인터넷 발전으로 대부분의 경제 활동이 이제는 플랫폼 경제로 수렴되고 있다. 그 결과 플랫폼 노동자는 물론 소비자들도 보이지 않는 통제와 종속의 과정을 겪고 있다. 이른바 인공지능에 기반을 둔 '알고리즘 지배(algocracy)'에 대한 저항운동이 절실한 상황이다. 그러나 분절화되고 파편화된 시민사회운동은 운동성을 잃은 채 이런 보이지 않는 지배에게 저항하지 못하고 있다. 우리가 마주하고 있는 알고리즘 지배는 시민사회운동의 독립성, 주체성, 자율성, 감시활동을 무용지물로 전락시킬 정도로 위협적이다. 어떻게 할 것인가?

시민사회운동의 궁극적인 목표는 구조적인 문제해결과 사람의 변화, 즉 시민성을 갖춘 성숙한 시민이 지속적으로 형성되는 생태계를 구축하는 것이다. 이를 위해서는 운동성과 정체성 문제가 치열하게 다뤄져야 한다. 때로 학생들이 난민을 위해 기부활동도 하고, 더 나아가 부모는 난민을 위한 홈스테이를 제공하며 자원봉사자로 나서기도 한다. 이러한 경험은 아름다운 추억과 기억으로 남을 수 있다. 그런데 학생들은 기부 및 자원봉사 활동을 자신의 스펙 쌓기 차원으로 제한하고 있지 않은가? 부모도 사회적 약자와 소수자의 권리를 요구하기 위한 연대의 공간으로 나아가는 것을 주저한다면 그 시민사회가 성장하기는 어려울 것이다. 쉽게 참여할 수 있지만 동시에 쉽게 떠날 수 있는 조직에서는 헌신된 활동가가 형성되기 어렵다. 최근의 기후위기에 대해 심각하게 문제의식을 갖는 청소년들이 기후위기를 막기 위한 온·오프라인 운동에 참여하고 있다. 이러한 귀한 경험과 기억이 대학 시절에 한때의 추억으로 머문 채 사회운동 참여로 연결되지 못하는 이유를 찾아야 한다. 물론 1990년대와 같이 학생운동을 경험한 헌신적 활동가를 기대할 수는 없다. 그러나 점증하는 기후위기를 마주한 청소년이 환경 동아리의 '줍깅' 캠페인에 참여하는 것으로 자족하는 것에 머물기 보다는 운동성을 견지한 지속적인 시민사회운동 단체 활동으로 이어져야 한다.

저자들은 그동안 한국 시민사회운동의 지형변화 및 도전과제와 관련하여 장기간 끊임없는 연구를 수행했다. 그러나 이제 더 이상 연구를 학문적 영역에 가두어둘 수 없다는 판단을 하게 되었다. 그래서 보다 실천적이고 정책적인 대안을 모색하고자 정부, 기업, 시민사회운동 영역의 다양한 전문가와의 소통과 공감의 자리를 기획했다. 집단분석 모임이 그것이다. 저자들이 마련한 집단분석 모임에서 참여자들은 자기 성찰을 넘어 조직과 영역 더 나아가 한국 시민사회에 대한 과제를 상호 토론을 통해 모색했다. 저자들은 일련의 집단분석 모임의 결과에 대한 내용 분석을 통해 중요한 키워드를 발견했다. 한국 시민사회운동이 새로운 미래를 준비하기 위해서는 운동성, 정체성, MZ세대, 선순환적 자원동원, 디지털 플랫폼, 그리고 풀뿌리 세계시민(rooted cosmopolitan) 등의 주제를 새롭게 성찰해야 함을 확인할 수 있었다. 운동성, 정체성 그리고 MZ세대 이슈는 한국 시민사회운동의 쇠락과 관련하여 '왜'라는 진단의 측면에서, 다른 키워드 즉, 선순환적 자원동원, 디지털 플랫폼 그리고 풀뿌리 세계시민은 '어떻게'라는 처방의 측면에서 새로운 시민사회운동의 방향과 관련한 키워드로 주목했다.

 저자들은 이 책에서 한국 사회의 구성원 누구도 소외당하지 않으면서 모두가 시민으로 올바로 성장하며 시민사회운동의 새로운 미래를 함께 고민할 수 있는 논의의 장을 펼치고 싶다. 특히 시민사회운동 단체가 앞장서서 개인, 사회, 국가 더 나아가 전지구적 차원에서 자신을 성찰하고, 상대방의 의견에 겸손히 귀를 기울이는 기회가 되기를 기대한다. 이러한 변화는 시민사회운동에 일정 정도 거리를 두었던 잠재적 시민들을 함께 궁리하고 실천하는 적극적 과정으로 초대할 수 있는 계기가 될 것이다. 그런 방향으로의 움직임이 계속될 때 한국 시민사회운동은 잃어버린 신뢰를 회복하고 공공선을 증진하는 진정한 파트너로 존중받을 수 있게 될 것이다. 이제 토론의 마당을 활짝 열어보자.

제 I 부

한국 시민사회운동의 성찰적 비판

제1장

공공사회학과 집단분석 방법

1. 비판사회학에서 공공사회학으로

사회과학 중에서도 사회학은 사회구조에 대한 분석과 사회적 행위자에 대한 분석을 결합하여 구조적 제한 조건 속에서 더 나은 사회를 만들기 위해 활동하는 집합적 행위자들에 의해 사회가 어떤 변화를 경험하는가를 집중적으로 연구해 왔다. 콩트에서 발원하여 마르크스, 뒤르케임, 베버 등 고전사회학자들을 거쳐 현대 사회학에 이르기까지 사회학 연구의 저변에는 현재의 사회보다 사회구성원 다수의 행복을 증진하는 미래의 사회 실현을 위한 염원이 자리잡고 있다. 그런 점에서 볼 때 사회학은 현실을 비판적으로 조망하고 재구성하는 데 필요한 지식을 생산하는 비판적 학문이라고 할 수 있다. 그러나 여러 대학의 사회학과를 중심으로 정부나 기업이 설립한 연구기관에서 수행하는 사회학 연구가 모두 '비판 사회학'(Critical Sociology) 하나로 환원되지는 않는다. 사회학 안에는 사회학이라는 학문의 연구 성과가 현실에서 어떻게 쓰여지는가라는 문제에는 관심을 두지 않고 사회학이라는 학문 내부에서 제기되는 이론적·방법론적 문제를 해결하는데 몰두하는 '아카데믹 사회학'(Academic Sociology)이 있다. 아카데믹 사회학 내부에는 다시 두 가지 경향이 있다. 먼저 현재까지 축적된 이론적 방법론적 지식을 활용하여 구체적인 주제를 연구하는 '순수 아카데믹 사회학'과 새로운 이론적·방법론적 성찰을 통해 순수 아카데믹 사회학의 보수적 한계를 지적하고 새로운 진보적 지식 패러다임의 형성을 추구하는 '비판적 아카데믹 사회학'이 있다. 아카데믹 사회학과 달리 현실 문제를 해결하는데 유용한 지식 생산을 지향하는 사회학을 '참여적 사회학'(Participant Sociology)이라고 부를 수 있다. 여기에는 정부나 기업 등 사회의 제도화된 질서를 유지하는 집단의 정책 형성에 기여하는 '정책 사회학'(Policy Sociolgy)과 공식 제도 밖에서 사회문제 해결을 위해 자발적으로 형성된 행위 주체들의 활동에 도움이 되는 지식을 산출하는 '공공사회학'(Public Sociology)이 있다.[1]

이 연구는 한국 시민운동에 대한 공공사회학을 지향한다. 사회운동 연구는 공공사회학의 가장 중요한 부분을 구성한다. 공공사회학은 사회운동을 사회가 병든 상태의 증상으로 보는 병리적 관점을 거부한다. 오히려 정의와 공익 증진을 목표로 하고 민주적인 방식으로 문제를 제기하는 사회운동이 활발하게 진행될 때 한 사회는 창조적이고 건강한 상태에 있다고 볼 수 있다. 사회운동이 사라지고 정부의 기술관료적 지배와 대기업이 제시하는 삶의 방식이 일반화될 때 사회적 행위자들의 창조적 문제 제기와 변동 추진력 또한 사라져버리기 때문이다. 모든 인간 사회는 질서를 유지하는 '지도세력'(Leading Force)과 때로 기존의 질서에 대항하고 대안을 제시하는 '대안세력'(Alternative Force)이 상호 견제하며 사회구성원들의 행복을 증진시키는 방향으로 경쟁할 때 가장 긍정적인 상태를 유지한다.[2] 지도세력이 창의성을 상실하고 억압성을

---

[1] 사회학 내부의 이러한 네 가지 경향의 구별은 뷰러웨이의 구별을 다소 변형시킨 것이다. Michael Burawoy. 2005. "For Public Sociology." *American Sociological Review* Vol. 70, No.1: pp.4-28. 뷰러웨이와 달리 한국 사회학의 학술장을 아카데믹 사회학, 비판사회학, 역사사회학으로 구별하고 있는 정수복. 2022. 『한국 사회학의 지성사』 1-4권. 푸른역사 참조.

[2] 이러한 관점에서 사회운동을 연구하는 보기로 프랑스 사회학자 알랭 투렌의 작업을 들 수 있다. Alain Touraine. 1973. *Production de la société*. Paris: Seuil 영어 번역본은 Alain Touraine. 1977. *The Self-Production of Society*. Chicago: The University of Chicago Press.

강화할 때 '지배세력'(Dominant Force)이 되고 대안세력이 수동적으로 되고 대안 제시 능력을 상실하면 '피지배 세력'(Dominated Force)이 된다. 사회가 이런 상태에 빠지면 정체되고 쇠퇴한다.

1960년대 이후 1970년대를 거치면서 한국 사회는 정부와 기업 사이의 긴밀한 협력관계를 기본 축으로 하여 경제성장을 지속하는 과정에서 밑으로부터의 민주화 요구를 일방적으로 억압하는 권위주의 정치체제를 유지했다.[3] 1980년 민주화의 봄은 권위주의적 정치체제를 유지하면서 경제성장을 추진하는 한국형 발전 모델에 대한 강력한 내부 저항을 불러일으켰다. 1960년 4.19 혁명 이후 비판세력으로 등장한 대학 캠퍼스를 거점으로 하는 학생운동은 이후 지속적으로 민주화운동을 견인하면서 1980년대에는 민주화 요구를 넘어 민중계급을 민족 통일의 주체로 내세우며 민주화의 걸림돌인 분단 상태 극복을 주장했다. 이런 상황에서 소장 사회과학자들을 중심으로 대학 밖 사회운동권과 연계된 지식인들은 체제의 근본적 전환을 모색하는 급진적 사회운동 노선을 실천과 연계시키려고 시도했다. 그러나 1987년 6월 항쟁으로 점진적 민주화가 시작되면서 급진적 사회운동을 비판하고 합법적인 방식으로 체제의 억압성과 경제적 불평등을 줄여나갈 것을 주장하는 시민운동이 활성화되었다. 1990년대는 그런 시민운동의 전성기였다. 그러나 1997년 말 외환위기에 의해 촉발된 광범위한 경제위기 이후 2000년대에 들어서 시민운동은 점차 운동력을 상실했고 시민들의 신뢰와 지지도 감소하기 시작했다. 2017년 전국적으로 확산된 '촛불항쟁' 이후 시민운동이 재활성화될 기회가 있었으나 이미 사회 전반적으로 확산된 '거버넌스 모델'을 대신할 운동 모델을 창출하지 못했다.

이런 상황에서 이번 연구는 시민운동의 지나온 날을 돌아보고 새로운 시민운동 모델을 모색하기 위해 이루어졌다. 우리의 연구는 연구자들이 관찰자

---

[3] 한국의 발전 모델을 라틴 아메리카 나라들의 발전 모델과 비교 연구한 임현진. 2017. 『비교 시각에서 본 박정희 발전모델』. 진인진 참조.

의 입장에 서서 기존의 자료를 정리하고 분석하는 전통적인 연구방법이 아니라 시민운동가들을 초청하여 그들과 함께 대화하고 토론하는 집단분석 방법론을 적용했다. 그런 과정에서 산출된 지식은 연구자와 활동가 공동의 산물이며 그 결과는 다시 시민운동 현장으로 돌아가 더 넓은 범위에서 대화와 토론을 거쳐 시민운동을 새롭게 하는 데 쓰일 것이다. 그런 점에서 이번 연구는 우리 학계 최초로 집단분석 방법론을 활용한 공공사회학 연구라고 할 수 있다.

2. 집단분석 방법론이란 무엇인가?

사회학자가 되기 위한 훈련 과정에서 꼭 필요한 학습 내용은 사회학 이론, 사회학사 그리고 사회학 연구방법론이다. 현재 한국 대학의 사회학과에서는 이론과 학사는 경시되는 반면 조사방법론과 사회통계학은 전공 필수의 가장 중요한 과목으로 자리잡고 있다. 이런 경향은 수량화된 자료를 만들고 그것을 통계적으로 처리를 하는 양적 연구방법론의 지배를 초래했다. 그 결과 쉽게 양화될 수 없는 연구 주제는 그 주제가 아무리 중요해도 아예 연구의 대상에서 제외되는 경향이 일반화되었다. 이에 대응해서 현장연구, 인터뷰, 구술방법, 생애사적 접근 등 질적 연구방법을 개발하고 이를 연구에 적용하는 사회학자들의 흐름이 형성되기도 했다.[4] 그러나 미국 사회학계와 마찬가지로 한국의 사회학계에도 질적 방법은 연구자에 따라 연구 결과가 달라질 수 있는 덜 과학적인 연구방법이라는 생각이 우세하다.[5] 그런데 문제는 양적 방법과 질적 방법 둘 중에 어느 것이 더 '과학적인' 방법인가에 있지 않다. 연구의 주제와

---

[4] 최종렬·김성경·김귀옥·김은정(편). 2018. 『문화사회학의 관점으로 본 질적 연구 방법론』. 휴머니스트.. 시민운동에 대한 체계적 면접 연구로는 신진욱. 2022. "한국 시민사회의 새로운 흐름에 대한 질적 면접 연구." 아름다운재단이 있다.

[5] 과학적 사회학이 아니라 예술로서의 사회학도 가능하다고 주장하는 정수복. 2015. 『응답하는 사회학: 인문학적 사회학의 귀환』. 문학과지성사 참조.

대상에 따라 그에 '적절한' 연구방법이 사용되어야 하기 때문이다. 예를 들어 인구 이동과 같은 연구 주제는 양적 방법이 유용하지만 정체성에 대한 연구는 질적 방법이 적절하다. 그렇다면 사회운동연구에 적합한 연구 방법은 무엇인가? 양적 방법인가 질적 방법인가? 양적 방법에서 흔히 사용하는 설문조사는 통계적으로 대표성이 있는 표본 집단을 만들고 이미 짜여진 질문과 응답 항목에 조사 대상자가 수동적으로 반응하는 방식으로 이루어진다. 이런 방법론은 상품 수요조사나 선거에서 선호하는 후보자 조사에는 유용하다. 연령, 성별, 교육정도, 직업, 주거지, 수입, 종교 등의 변수에 따라 어떤 상품, 어떤 후보자를 선택하는 경향이 있는가를 알아낼 수 있다. 그러나 사회운동의 연구에 설문 조사와 통계분석을 적용하는 데는 문제가 있다. 사회운동에 참여하는 활동가들은 자기 나름으로 사회를 개념화하고 분석하고 비판하고 문제 해결을 위한 대안을 제시하는 능동적인 집단이기 때문에 연구참여자가 수동적으로 반응하는 설문 조사보다는 적극적으로 자신들의 생각을 표현할 수 있는 질적 연구방법이 필요하다.[6] 지금까지 사회과학자들에 의해 이루어진 사회운동에 대한 연구성과를 검토해 보면 과거의 사회운동 연구에는 운동조직이 남긴 자료들이나 당시 신문 등에서 다루어진 내용을 수집하여 양적 질적 분석을 하는 방법을 사용했다. 물론 아직 생존한 운동 참여자를 인터뷰하는 방법을 보조적으로 사용한 연구도 있다.

그러나 이미 지나간 과거의 사회운동이 아니라 현재 진행되고 있는 사회운동 연구에는 그와 다른 연구방법의 개발이 필요하다. 만약 사회운동을 주어진 사회적 조건과 상황에 대한 '반응'으로만 본다면 사회운동 밖의 정치적 조건, 경제적 상황, 문화적 변동 등을 분석하면 될 것이다. 그러나 사회운동의 전개를 사회구조적 조건이나 정치적 상황의 변화에 대한 반응으로만 보는 이론

---

[6] 이효재, 한완상, 김진균 등 한국의 비판사회학자는 물론 인간주의 사회학을 내세운 아카데믹 사회학자 김경동도 그런 비판적 입장이나 이론적 주장에 걸맞는 연구방법론을 개척하지 못했다. 정수복. 2022. 『한국 사회학의 지성사』 1-4권. 푸른역사 참조

적 관점은 사회운동에 직접 참여하는 행위자들의 주체적 관점이나 적극적 의미구성, 조직화 등을 어둠 속에 묻어버린다. 그런 관점에서의 사회운동 연구는 사회운동을 마치 화산 폭발이나 지진 발생 같은 자연 현상처럼 연구하는 것이다. 이번 연구에서는 그런 외부 조건 결정론적 사회운동론을 벗어나 사회운동에 참여하는 집합적 행위자들의 창조적 행위 능력을 강조하는 행위자 중심의 이론적 관점에 선다. 행위자 중심론적 관점은 사회운동의 발생에 영향을 미치는 외부 조건보다 행위자들의 상황 정의와 의미구성 능력을 중시하고 그런 측면을 밝히려고 한다. 프랑스의 사회학자 알랭 투렌(Alain Touraine)은 그런 문제의식에서 '사회학적 개입'(Sociological Intervention)이라는 사회운동 연구방법론을 개발했다.[7] 우리의 연구에서는 알랭 투렌의 사회학적 개입이라는 방법론을 한국적 상황에 맞게 변형시켜 활용한다. 그리고 사회학적 개입이라는 용어 대신에 우리말의 어감에 적절하게 '집단분석 방법론'이라는 용어를 사용할 것이다.

집단분석 방법론은 사회학자가 사회운동에 참여하는 활동가들을 초청하여 그들이 어떤 사회적 문제를 어떤 방식으로 제기하며 자신의 행동에 어떤 의미를 부여하면서 운동을 전개하고 있는가를 분석한다. 연구자들은 연구에 참여하는 활동가들에게 분석의 마당을 제공하고 스스로 분석할 수 있는 분위기를 만들고 분석을 돕기 위해 질문을 던진다. 사회운동은 개인 행동이 아니라 집합행동이기 때문에 연구자들은 활동가들에게 첫째, 어떻게 자신들의 집합적 정체성을 구성하며, 둘째, 사회 문제를 일으키고 그 문제 해결을 저해하는 요인과 세력이 누구인지를 어떻게 설정하며, 셋째, 현재의 문제 상황을 극

---

[7] Alain Touraine. 1978a. *La voix et le regard*. Paris: Seuil. 이 책의 영어 번역본으로 Alain Touraine. 1981b. *The Voice and the Eye*. Cambridge: Cambridge University Press/Editions de la Maison des Sciences de l'Homme. 1981년 4~11월, 폴란드 자유노조운동을 6개 도시에서 사회학적 개입 방법론으로 현장에서 연구한 Alain Touraine, François Dubet, Michel Wieviorka, Jean Strzelecki. 1982b. *Solidarité: Analyse d'un mouvement social, Pologne 1980-1981*. Paris: Fayard 참조.

복한 상태와 그에 도달하기 위한 방법이 무엇인지를 질문하면서 분석과 성찰을 유도한다.

연구 과정에서 연구자와 활동가의 역할은 엄격하게 구별된다. 연구자는 사회운동에 대한 지식 생산을 목표로 한다. 활동가는 연구 과정을 통해 자신이 벌이고 있는 집합행동의 의미와 전략, 지금까지의 경과와 현재의 상황, 미래의 전망 등을 염두에 두고 집합적 정체성, 대립적인 사회적 관계, 문제 해결을 위한 대안 등을 가다듬는 기회로 삼는다. 연구자의 일차적 목표는 지식의 생산이고 활동가의 일차적 목표는 운동의 내실화다. 그러므로 집단분석 방법론은 사회학적 지식도 생산하고 사회운동의 성찰성을 높이는 일석이조의 연구 방법론이다. 그에 따라 연구자는 아무리 분석대상이 된 사회운동에 동조한다고 해서 활동가의 역할을 취해서는 안되고, 활동가는 자신들이 벌이는 사회운동에 대한 분석과 성찰에 진지하게 임하지만 결코 연구자가 되는 것은 아니다. 집단분석 방법론은 그와 같이 연구자와 활동가의 고유한 역할을 분명하게 인식한 지점에서 시작된다.

집단분석 방법론을 적용하기 위해서는 일단 특정 사회운동을 연구하려는 연구팀을 만들어야 한다. 사회운동에 관심이 있고 사회운동론에 대한 기초적인 지식을 가지고 있으며 특정 사회운동에 대한 관심을 가진 사회학자 2~3명이 연구팀을 구성한다. 그런 다음 사회운동에 참여하는 활동가들 가운데 스스로의 활동을 돌아보고 성찰하려는 의향을 가진 사람들을 교섭하여 토론 집단을 구성한다. 참여하는 활동가의 수는 상황에 따라 달라질 수 있지만 하나의 집단으로 토론하기 위해서는 10명 이내로 한정하는 것이 적절하다. 10명이 넘으면 관심이 분산되어 연구팀의 토론 과정 통제 능력이 감소하고 때로 두 개의 집단으로 분리될 가능성이 있다. 토론집단은 성격이 다른 구성원들로 두 개를 구성하여 진행하면서 두 집단의 토론 내용을 비교하는 것이 바람직하다. 어떤 집단이 분석을 더 열성적으로 하는지, 분석 내용상의 차이가 있는지, 중간에 어떤 변화를 일으키는지 등을 비교할 수 있는 이점이 있다. 그러나 부득이한 경우에는 하나의 집단만으로 집단분석을 진행할 수도 있다.

활동가들이 직접 참여하는 집단분석 과정에는 연구자들이 의도적으로 사회운동의 현장 상황과 유사한 상황을 조성함으로써 훨씬 더 생생하고 긴장감 있는 분석과 성찰이 이루어질 수 있다. 그래서 연구팀은 사전의 기초 연구와 활동가들의 의견을 참조하여 사회운동과 관련되거나 연루된 집단의 인물을 초청하여 활동가들과 대면시키는 방법을 사용할 수 있다. 예를 들어 노동운동의 경우에는 당연히 사용자단체의 대표를 초청할 수 있고 반핵운동의 경우에는 전력공사나 환경부를 대표하는 인사를 초청할 수 있으며, 학생운동의 경우 대학 본부나 교육부, 정당을 대표하는 사람을 초청할 수 있다. 꼭 대립적인 입장에 있는 사람만이 아니라 운동에 호의적인 다른 조직의 대표자를 초청할 수도 있다. 이런 대면 관계 분석을 통해 사회운동의 정체성, 대립성, 전체성이 좀 더 분명하게 드러날 수 있다.

개별 인터뷰는 아무리 여러 명을 대상으로 심층인터뷰(In Depth Interview)를 한다고 해도 인터뷰 참여자의 개인적 인식 차원을 넘어서기 어렵다. 그러나 운동의 상황을 염두에 두고 활동가 여러 명과 초대 손님을 같은 시간 같은 테이블에 마주 앉게 한 상황에서 이루어지는 집단분석은 각각의 발언자가 현장의 관계적 상황을 염두에 두고 발언하게 만든다. 또 초점집단면접(Focus Group Interview)은 개인 면접과 달리 공통점을 가진 여러 명으로 구성된 특정 집단의 특성을 추출하고 다른 집단과의 비교를 가능케 한다는 장점이 있지만 그 또한 집단분석 방법론에서 활용하는, 대립 관계에 있는 다른 집단의 구성원을 마주하는 대면 상황에서 이루어지는 관계적 차원을 상정하지 못하는 점은 마찬가지다.[8]

집단분석을 위한 모임 회수는 연구 대상과 연구 상황에 따라 달라질 수 있지만 심층분석을 위해서는 최소한 6개월에 4회 이상은 해야 적절한 분석이

---

[8] 집단 인터뷰의 장점과 단점에 대해서는 Robert Merton, Marjorie Fiske, Patricia L. Kendall. 1990. *The Focused Interview: A Manual of Problems and Procedures*. New York and London: The Free Press: pp.135-169 참조.

가능하다. 집단분석이 끝난 이후에 연구팀은 연구 결과를 일단 보고서로 만들어 참여자들에게 회람하고 그들의 의견을 경청하여 수정 보완한다. 그 다음에는 집단분석에 참여한 활동가들이 소속되어 있거나 관련이 있는 운동 단체나 지역을 방문하여 수정된 보고서 내용을 발표하고 다른 활동가들과 공동의 토론회를 주최하여 사회운동 전체의 성찰성을 높이며 운동의 지속과 발전에 기여한다. 연구팀은 활동가들의 요청에 응하여 추가로 토론회 등의 행사에 참여할 수 있다.

3. 해방 사회학과 강한 사회학적 개입

집단분석 방법론은 공공사회학을 실천하기 위한 연구방법론이다. 그런데 공공사회학 안에도 여러 가지 갈래가 있다. 알랭 투렌의 사회학적 개입이나 그것의 변형인 우리 연구팀의 집단분석 방법론은 연구팀이 활동가와는 구별되는 연구자로서의 정체성을 지키며 사회운동의 성찰성을 촉진시킨다는 점에서 어떻게 보면 사회운동 현장에 대한 소극적인 개입이라고 볼 수 있다. 이런 접근은 마이클 뷰러웨이의 공공사회학과 기본 가정을 공유한다. 이와 달리 조 페이건(Joe Feagin) 등이 발전시킨 '해방사회학'(Liberation Sociology)은 사회학자가 문제가 있는 현장에 개입하면서 지식을 산출하는 '연구자'(researcher)라는 정체성과 문제 해결을 위한 '활동가'(activist)라는 정체성을 동시에 갖는다.[9] 해방사회학은 정당하지 않다고 여겨지는 사회적 위계질서에 문제를 제기하면서 사회적으로 억압당하는 사람의 편에 서서 그들의 힘을 북돋우고 그들의 해

---

9   공공사회학과 해방사회학 사이의 차이점에 대해서는 Joe Feagin, Hernan Vera and Kimberly Ducey. 2014. *Liberation Sociology*. New York: Routledge: pp.35-37 참조. 2001년에 나온 이 책의 초판이 미국에서 널리 읽히면서 첫 번째 개정판이 2008년에 나왔고 2014년에 두 번째 개정판이 나왔다.

방을 도와 궁극적으로는 억압 없는 인간화된 사회를 지향하는 사회학이다. 그래서 해방사회학에서 연구자는 활동가들과 함께 문제 해결을 위해 적극적으로 개입한다. 그래서 연구자와 지역 활동가 사이의 연대와 의사소통이 강조된다.[10]

해방 사회학과 유사한 접근으로 알랭 투렌의 사회학적 개입 방법론을 중국 사회에 적용한 센 유안(Shen Yuan)의 '강한 사회학적 개입'이 있다. 그는 사회학적 개입을 '약한 사회학적 개입'(Weak Sociological Intervention)과 '강한 사회학적 개입'(Strong Sociological Intervention)으로 구별한 다음 투렌의 접근을 약한 사회학적 개입이라고 보고 자신의 접근을 강한 사회학적 개입이라고 구별했다.[11] 그는 서구 사회에는 시민사회가 이미 존재하고 시민사회라는 개념이 당연하게 수용되지만 중국에는 시민사회 영역이 없으므로 그걸 처음부터 만들어야 하는 상황이라면서 투렌의 사회학적 개입은 시민사회가 존재하는 서구 사회에서 적용 가능한 방법이지 중국에서 적용하기 위해서는 일정한 변용이 필요하다고 주장했다.[12] 그래서 투렌의 약한 사회학적 개입을 '강한 사회학적 개입'으로 변형시켜 중국 사회 연구에 적용했다. 그가 말하는 강한 사회학적 개입은 해방사회학의 입장과 유사하다. 센 유안 연구팀은 중국 농촌의 농민 운동 현장에서 강한 사회학적 개입의 방법을 사용하여 연구와 더불어 농민들이 겪는 구체적인 문제 해결을 위한 활동을 전개했다.[13]

1970년대와 1980년대의 한국 사회에서는 민주주의의 원칙이 지켜지지

---

10 Joe Feagin, Hernan Vera and Kimberly Ducey. 윗글. pp.11-21.

11 Shen Yuan. 2008. "Strong and Weak Intervention: Two Pathways for Sociological Intervention." *Current Sociology* 56: pp.399-404.

12 "Where society come from is an extremely important question. Because You Westerners are born in a country with society, the very concept of society is taken for granted. This is completely different for us. We have to start anew." Shen Yuan, 윗글.

13 Lina Hu. 2007. "Doing Public Sociology in the Field: A Strong Sociological Intervention Project in China." *The American Sociologist* Vol. 38, No. 3: pp.262-287.

않았고 시민사회도 억압되어 있었지만 1990년대 이후 2020년대에 이르면서 한국 사회는 민주주의와 인권이 보장되고 서구사회와는 다르지만 일정한 범위에서 시민사회 영역이 존재하는 사회가 되었다. 1970년대와 1980년대 한국의 비판사회학자들은 민주화를 위해 연구와 활동을 병행하면서 대학에서 해직당하기도 했지만 오늘날 한국 사회학자들은 자유로운 시민사회단체 활동이 가능해졌다. 조 페이건 연구팀의 해방사회학이나 센 유안 연구팀의 강한 사회학적 개입도 가능해졌다. 그러나 그럴 경우 사회학적 연구 결과는 운동단체의 성명서와 같은 성격의 주장으로 취급될 위험성이 있다. 사회학자가 연구자와 활동가의 정체성을 동시에 가지고 출발할 경우 도달점은 활동가로 귀결되기 쉽다. 연구 과정에서도 문제 해결에 강조점을 두기 때문에 활동가들의 주장과 비판적 거리를 두고 연구할 수 있는 객관점 시점을 취하기 어렵다. 그렇기 때문에 우리 연구팀은 한국 사회의 민주주의 심화와 성찰성 증진을 위해 시민사회와 시민운동이 중요하다는 생각을 갖고 있지만 스스로가 활동가가 되어 직접 시민운동을 하는 입장은 아니고, 연구자로서 시민사회 강화와 시민운동의 활성화를 위한 지식 생산에 연구의 목적을 한정했다. 그래서 우리가 사용한 집단분석 방법은 '약한 사회학적 개입'에 가깝다고 할 수 있다.

4. 한국 시민운동에 대한 집단분석 실험

사회학적 개입이 이루어지기 위해서는 민주주의가 제도화되고 집회와 결사의 자유, 양심과 사상의 자유, 표현의 자유, 언론과 출판의 자유 등 기본적 인권이 보장되어야 한다. 일체의 정부 비판을 용납하지 않는 전체주의나 권위주의 정권 하에서는 사회학적 개입이 불가능한다. 이를테면 1970년대 유신체제 하에서나, 1980년대 5공체제 하에서는 사회학적 개입이라는 방법을 활용할 수 없었다. 일단 사회운동 조직과 현장에 대한 경찰과 정보기관의 상시적 사찰이 이루어졌기 때문에 운동가들의 신분 노출이 불가능했고 비밀리에 사회학적 개입이 이루어졌다고 해도 그 연구 결과를 공식적으로 발표하거나 공유할 수 없었다. 1990년대 민주화가 시작되면서 활성화된 시민운동 연구에 사회학적 개입의 방법을 적용할 수 있었다. 당시 필자는 크리스찬 아카데미라는 사회단체에서 일하고 있었으며 환경운동연합, 경실련, 와이엠시에이 전국연맹, 참여연대 등에 직간접으로 관여하고 있었기 때문에 한국 시민운동에 대한 사회학적 개입을 시도할 생각을 가지고 있었다. 그러나 자원과 추진력이 부족했다. 일단 함께 연구할 연구팀을 구성할 수 없었다. 그래서 차선책으로 활동가들을 곁에서 주의깊게 관찰하고 여러 행사에 참여하며 발표된 자료를 분석하는 참여관찰의 방법을 사용하여 시민운동을 연구했다.[14]

이후 2002년에서 2011년 사이 프랑스에 체류하면서 시민운동에 대한 현장 연구는 중단되었지만 시민단체의 목소리를 대변하는『시민의 신문』파리 특파원 자격으로 프랑스 사회와 사회운동에 대한 기사와 비판적 지식인 대담 기사 등을 통해 시민운동과 관계를 이어갔다. 2012년 귀국 이후에는 시민운동 단체의 요구도 없었고 필자 스스로도 '사회학자/작가'로서 활동하면서 시민운동 연구와 거리를 두게 되었다. 그러나 주변의 지인들이 시민사회단체에서 활동하고 있었기 때문에 시민운동 전반의 변화에 대해서 어느 정도는 파악하고 있었다. 그러다가 2020년 서울대학교 아시아연구소 시민사회 프로그램에서 '나의 시민운동론'이라는 제목으로 발표할 기회가 있었다. 이후 임현진, 공석기 연구팀이 공동 연구를 제의해 와서 이번 기회에 늦었지만 한국 시민운동에 '사회학적 개입'이라는 연구방법론을 처음으로 적용해보기로 한 것이다. 서울대학교 아시아연구소라는 제도적 틀이 있었고, 임현진, 공석기 두 분과 함께 단일 연구팀을 구성할 수 있었으며, 두 분의 노력으로 토론 집단을 구성하고 적절한 대화 상대자를 초청할 수 있었다. 이번 연구는 한국 사회학계에서 최초로 사회학적 개입을 실험한 사례로서 연구 결과만이 아니라 연구 방법론을 널리 공유하는 기회가 되기를 기대한다. 앞으로 집단분석 방법론이 다

---

14 정수복. 2001.『시민의식과 시민참여』. 아르케.

른 여러 사회운동을 연구하는 과정에도 활용될 수 있기를 바라면서 연구방법론의 구체적 적용 과정을 최대한 상세하게 소개하려고 한다.

(1) 사회학적 개입으로 집단분석 기획

'사회학적 개입'이라는 알랭 투렌 연구팀의 연구방법론 명칭은 프랑스에서는 쉽게 이해되는 개념이다. 프랑스에서는 테러 현장 등 극심한 정신적 충격을 주는 현장에 있었던 사람들에게 심리학자들이 달려가 차후 이들이 겪게 될 정신적 고통을 덜어주는 사전 치료 작업을 '심리학적 개입'(Intervention Psy-chologique)이라고 부른다. 이와 대비하여 사회학적 개입은 사회학자들이 사회운동 현장에서 활동하는 운동가들에게 다가가 차후 사회운동의 전개에 도움이 될 성찰성을 증진시키기 위해 집단분석을 제안하는 것으로 시작된다. 프랑스 사회에서 사회학적 개입이라는 명칭은 심리학적 개입과 대비되어 쉽게 이해되고 수용된다. 그러나 한국 상황에서 사회학적 개입이라는 용어는 다소 이질감을 주는 것이 사실이다. 그래서 우리 연구팀은 '사회학적 개입'이라는 명칭 대신 여러 사람이 마주보며 함께 토론하면서 운동에 대한 성찰성을 높이며 운동에 대한 사회학적 지식을 산출하는 모임이라는 뜻으로 '사회학적 집단분석'(Sociological Group Analysis)이라는 명칭을 사용하기로 했다. 그리고 편의상 '사회학적'이라는 단어를 빼고 그냥 '집단분석'이라고 부르기로 했다.

연구를 시작하면서 정수복은 연구참여자들에게 집단분석을 "어떻게 하면 시민운동의 현장에서 일하시는 분들이 전체 환경을 더 잘 이해하고 더 잘 활동하게 할 수 있는가"라는 문제의식에서 나온 연구방법이라고 소개했다.[15] 공석기는 집단 구성을 위해 활동가들을 초청하면서 "저희가 여기 참여하는 선생님들에게 다 (각기) 개인적으로 부탁했을 때, 이 모임에 참여하는 이유로 가장 공감하시는 것이, (시민사회에 대한) 성찰에 대해서 많이들 공감하시고, (이

---

15 서울대학교 아시아연구소 시민사회 프로그램. 2023. 『2022 한국 시민운동연구: 비판적 성찰과 대안 연구-집단분석 녹취록』: 100쪽.

모임에 참여하면서) 적극적으로 성찰해 보고, 내 입장(만 생각하는 것)이 아니라, 내가 생각한 것을 다시 한 번 더 보고, 또 '이런 다른 입장도 있구나.'하면서 다른 얘기를 좀 들어보는 (것에 다들 공감하셨습니다.) 그래서 '어떻게 하면 시민사회가 힘을 찾고 활성화될 것인지?'(를 같이 논의하면서) 시민사회에 가능성이 있고 (시민사회가 그럼에도 불구하고 아직도) 희망적이라면 그것(=그 가능성)이 무엇인가를 찾아내는, 그런 (이야기들을) 함께 공유하는 그런 시간이 되면 좋겠다"는 얘기를 계속 반복했다. "(그렇다고 해서) 분명히 '과거를 회복하고, 옛날 운동(으로 돌아가자는) 이런 건 전혀 아니다. 왜냐하면 그 변화를 제대로 읽지 않으면 분명히 단절이고 큰 어려움이 봉착하게 될 것이다."라고 설명했다.[16] 한 활동가는 집단분석에 참여하면서 "이게 뭐냐 하면, 시민사회가 굉장히 다양화되어 있고, 오늘도 그 논의가 많이 되겠습니다만, 시민들이 경험하는 일상의 경험들이 굉장히 다각화됐습니다. 그래서 '이 시민사회를 어떻게 우리가 설명할까?'라는 게, 결국 자기에 대한 '자기 설명'이 굉장히 중요한 숙제가 될 거에요. 그걸 고민하고 있습니다."[17]라고 말했는데 집단분석은 시민운동가들이 시민사회와 그 안에서의 활동을 성찰하는 연구방법론이다. 다른 활동가는 집단분석에 참여하면서 "이런 길이 맞나, 우리가 하는 논의의 위상이 이게 맞나, 이런 생각이 계속들기는 하는 것 같아요. 처음 해보는 방식이라."라든가(『2022 집단분석 녹취록』, 41쪽). "제가 대표성을 갖고 있지 않아서 전체를 개괄할 수는 없지만"(『2022 집단분석 녹취록』, 55쪽) 등의 언급을 통해 집단분석 방법론과 자신의 역할에 대한 불확실성을 언급하기도 했다. 이에 연구진은 연구에 참여하는 활동가들에게 연구 방법의 의미를 분명하게 전달하기 위해 집단분석방법의 10가지 원칙을 다음과 같이 정리하고 연구참여자들과 공유했다.

---

16   서울대학교 아시아연구소 시민사회 프로그램. 윗글. 101쪽.

17   서울대학교 아시아연구소 시민사회 프로그램. 윗글. 103쪽.

(1) 연구 방법은 집담회가 아니라 집단분석이다.
(2) 집단분석의 주체는 시민활동가이다.
(3) 연구자는 분석을 돕는 보조 역할을 맡는다.
(4) 패널(시민사회활동가)은 자신이 속한 시민운동 진영에 관해 자기 의견을 개진한다.
(5) 연구자는 집단분석을 위한 질문과 가설을 제시한다.
(6) 집단분석을 촉진하기 위해 대화 상대자를 초청할 수 있다.
(7) 연구자는 집단분석의 결과를 정리하고 그 결과를 연구참여자들과 공유한다.
(8) 연구참여자는 연구 결과에 대한 비판적 의견을 제시할 수 있다.
(9) 연구자는 1차 보고서의 내용을 참여자에게 공유하고 의견을 수렴한다.
(10) 연구자는 모임의 결과를 종합하여 최종 보고서를 작성한다.

집단분석의 구체적 진행은 연구자들이 가설을 설정하고 시민운동 활동가 4인을 초청하여 4회에 걸친 집단분석을 실시하는 것으로 이루어졌다. 연구자는 활동가들이 자기분석을 할 수 있도록 돕는 '산파' 역할을 했다. 연구자 1인은 활동가들의 생각을 자극하는 다소 '선동가'(agitator) 역할을 하고 다른 1인은 다양한 생각을 정리하고 모아가는 '사회자' 역할을 담당했다. 1차 모임에서는 연구자가 시민운동의 쇠락에 대한 가설을 제시하고 시민운동의 정체성에 대한 활동가들의 자기분석을 유도했다. 2~4차 집단분석에는 다른 영역의 행위자를 초청하여 대면 관계 속에서 활동가들이 자기분석을 할 수 있도록 도왔다. 2차 모임에서는 정부-정당 관계자를 초청하여 활동가들과 대면시켜 정치와 시민운동의 관계를 분석했고 3차 모임에서는 기업에서 사회 기여활동을 담당하는 직원과 시민운동에 관심이 있는 기업인을 초청하여 활동가들과 함께 시장/기업과 시민운동의 관계를 분석했다. 4차 모임에서는 젊은 세대 시민운동 활동가를 초청하여 시민운동의 과거 현재 미래를 조망했다.

집단분석 준비과정, 1~4회 집단분석 진행, 녹취록 작성을 종합하여 최종 보고서를 작성했고 집단분석의 결과가 책으로 출간되면 참여했던 활동가들의 현장으로 가서 그들이 주도하는 후속 토론모임을 진행할 예정이다.

(2) 집단분석 참여자 선정 문제

집단분석에 참여할 인물 선정은 연구진이 협의하여 구성하되 시민운동 활동가는 공석기가 섭외했고 외부 초청자는 임현진이 교섭했다.[18] 먼저 시민운동 활동가 20명의 명단을 만들고 그 가운데서 4명을 선정했다. 지역이나 특정 분야에서 활동하면서 전국적 시각에서 시민운동 전체를 바라보는 안목을 가진 사람을 선정하려고 애썼다. 시민활동가로 선정된 A는 1차 집단분석을 시작하면서 과거에 자신은 참여연대에서 활동한 시민운동가였지만 현재 자신은 시민운동가가 아니라 시민사회 정책분야 연구자라면서 집단분석의 주체가 될 수 있는가라는 문제를 제기했다(『2022 집단분석 녹취록』, 8쪽). 그것은 시민운동을 대표해서 발언할 수 있는 사람은 누구인가라는 문제이다. 연구진은 현재 현장에서 활동하는 운동 주체는 아니지만 과거에 운동 경험이 있고 현재 시민운동을 곁에서 관찰하며 연구하고 있으며 중앙과 지자체의 관계를 넓은 시야에서 볼 수 있을 것 같아서 A를 선정했다고 답했다. 다른 활동가들은 자신의 시민사회운동 '대표성'에 대해 다소 부담스럽다는 입장을 표명했다. 연구진은 A, B, C, D 네 명의 활동가들 모두에게 집단분석 과정에서 개인 체험을 바탕으로 하되 시민운동 전체의 관점에서 발언해주기를 요청했다.

연구에 참여하는 활동가들은 집단분석을 통해 스스로를 돌아보고 새로운 운동의 방향을 모색하는 계기가 되기를 기대했다. B는 지금까지의 활동을 "한 축으로 정리해 내고, 이제 뭔가 새롭게 한 번 더 나가는 시기가 아니냐? 그래서 제가 기대하는 것은 뭔가 (지금 시점) 그 다음의 것을 만들어내는 데에 힌트를 얻거나, 힘을 얻거나, 아이디어를 얻거나, 이런 기회가 되면 좋겠다"는 기대를 표명했다(『2022 집단분석 녹취록』, 165쪽).

프랑스의 사회운동 집단분석 경험을 보면 집단분석에서 운동 상층부의

---

18 서울대학교 아시아연구소 시민사회 프로그램. 윗글. 102쪽.

지도자들을 초청했을 경우 자기들의 활동을 정당화하는 발언을 하면서 자기 분석으로 넘어가는 데 어려움을 겪었다. 이번 한국 시민운동에 대한 1차 집단 분석에서도 유사한 현상이 나타났다. B의 경우 대구 시민운동의 성격이나 중간지원조직협의회 대표로 활동한 경험이 작용했고, A의 경우는 협치를 강조하는 시민운동의 틀 안에서 연구해온 의식의 관성이 작용했는지 모르겠다. C의 경우 다른 지역과 다른 광주 시민운동의 성격이 작용하는 듯하고, D의 경우는 개발협력 분야의 특수성이 작용했을 수 있다.

  2~4차 분석에서는 시민운동가들의 자기 성찰을 증진시키기 위해 현실에 존재하는 관련 집단을 대표하는 사람을 초대해서 대면하게 하는 방식을 취했다. 2차 분석에서는 시민운동과 정부 또는 정치권과의 관계를 살펴보기 위해 전직 국회의원과 국무총리 산하 시민사회위원회 담당자를 초청했다. 3차 분석에서는 시민운동과 기업의 관계를 알아보기 위해 대기업을 대표하는 두 기업에서 시민사회와의 관계를 담당하는 두 사람을 초대했다. 초대 손님 선정은 매우 예민한 문제였는데 그 분야 인사들과 소통이 있는 임현진과 공석기에 의해 매우 적절하게 잘 선정되었다. 그러나 2차 집단분석에서 시민운동과 정부/정당과의 관계라는 주제에 촛점을 맞추어야 했다면 생협운동을 하고 있는 G의 초청이 적절했는지 질문할 수 있다. G의 발언은 E, F와 분리되어 전체적인 집단분석의 흐름과 잘 이어지지 못했다. 3차 집단분석에서는 기업 쪽을 대표하는 두 사람을 초청했는데 거기에 자원 봉사활동을 하는 J를 함께 초청한 것도 집단분석의 효과를 떨어지게 만들었다. 집단분석에 상시 참여하는 활동가가 네 명인데 세 명의 초대 손님은 다소 많았다. 각자 발언 시간을 확보하고 초점이 있는 집단분석을 위해 연구자 2명, 활동가 4명, 초대 손님 2명이 적합할 듯하다.

  집단분석에서 참여자 선정 문제는 통계분석에서와 같은 표본집단을 만드는 작업은 아니지만 서울과 지방, 호남과 영남 등 지역 변수를 크게 고려했다.[19] 하지만 정작 경실련, 참여연대, 환경운동연합 등 1990년대부터 활동해

---

19 참고로 말하자면 집단분석에서 '대표성'은 '통계학적 대표성'이 아니라 연구의 이론적 관심

온 주요 시민단체 소속 활동가 집단분석에 참여하지 않았다. 그들이 참여했더라면 시민운동 내부의 변화나 앞으로의 진로에 대해 더욱 풍부한 집단분석이 이루어졌을 가능성이 높다.[20] 4차 분석에 참여한 청년 활동가들의 선정도 중간지원조직이나 사회적경제 그리고 개발 협력 분야 활동가로 한정됨으로써 집단분석이 운동성보다는 거버넌스와 협치라는 틀 안으로 제한될 수 있는 가능성이 높았다.

(3) 연구진 사이의 역할 분담 문제

집단분석을 위해서는 연구팀을 구성하는 두 명의 연구자 사이의 긴밀한 협력이 필요하다. 한 사람은 차분하고 중립적으로 거리를 유지하며 연구참여자들의 발언을 유도하는 차가운 '사회자'(moderator) 역할을 담당한다. 다른 한 사람은 참여자들의 성찰을 촉진하고 대화를 활성화시키기 위해 다소 자극적이고 때로 도발적인 의견을 제시하는 뜨거운 '선동가' 역할을 한다. 집단분석을 원활하고 효과적으로 진행하기 위해서 두 사람 사이의 적절한 상호이해가 필요하다. 두 사람의 역할이 상호보완적으로 잘 수행될 때 참여자들의 성찰성이 증진되며 평소에 희미하던 생각을 좀 더 분명하게 만들 수 있다. 사회자는 기본적으로 시간을 관리하고 발언 순서를 적절하게 정해주고 참여자들이 차분하게 자기분석을 할 수 있도록 요약 정리하며 안정화시키는 역할을 담당한다. 반면에 촉진자는 연구의 가설과 토론 주제를 제시하면서 활동가들의 사고

을 뒷받침해줄 수 있는 '이론적 대표성'을 요구한다. Jacques Hamel. 2000. "Sociology, Common Sense, and Qualitative Methodology: The Position of Pierre Bourdieu and Alain Touraine." in Derrek Robbins(ed), *Pierre Bourdieu*, Volume 3, London: Sage Publications: p.157.

20 집단분석의 부족한 부분은 다른 자료 분석으로 보충할 것이다. 참고로 경실련은 "시민의 뜻과 힘과 지혜를 합하여 일한 만큼 대접받고 약자가 보호받는 정의로운 사회건설을 위해 기여합니다"라고 자신을 소개하고 있으며, 참여연대는 자신의 활동을 "정부와 국회, 재벌을 감시하고 부족한 제도를 개선하고 꼭 필요한 법과 정책을 제시합니다"로 정의하고 있다.

를 촉발하고 자극하고 성찰을 유도한다. 사회자는 집단분석 참여자들이 사용하는 용어를 분명하게 정리해 줄 필요가 있다. 이번 분석에서 보자면 "담론, 이데올로기, 비전, 깃발, 시대정신, 이슈, 프레임, 가치, 의미, 동기체계" 등등 참여자들 각자가 동일한 용어를 다른 뜻으로 이해하고 사용할 경우 생기는 소통의 어려움을 해소해야 했다. 사회자는 활동가들이 쓰는 용어가 불투명할 경우 명확하게 하고 활동가들의 발언이 가설 밖으로 나가면 이를 다시 원래 설정한 논의의 틀로 끌어들이는 역할을 담당한다.

4차에 걸친 집단분석에서 연구자 두 사람이 교대로 사회자와 촉진자 역할을 번갈아 가면서 진행했다. 처음 시도하는 집단분석이었기 때문에 연구 방법을 익히고 앞으로 이루어질 집단분석을 위해 실행과정에서의 문제점을 보완하는 기회로 삼았다. 1차 분석에서는 공석기가 사회자 역할을 했고 2차 분석에서는 정수복이 사회자 역할을 했다. 1차 분석은 보완관계가 형성되지 못했고 2차 분석에서도 연구진의 보완관계 형성이 다소 미흡했다. 정수복은 사회를 보기에 바빠서 개입을 하기 어려웠고 공석기는 활동가와 초대 손님들의 발언을 경청하느라 적극적으로 개입하지 못했다. 3차 분석에서는 공석기가 사회를 보고 정수복이 적극적으로 개입해서 후속 질문을 하는 방식으로 진행하면서 연구자들 사이의 보완 관계 형성에 진전이 있었다. 4차 분석은 정수복이 사회를 보고 공석기가 촉진자 역할을 했다. 1차 분석에서 4차 분석으로 가면서 연구자 사이의 보완관계 형성에 진전이 있었으나 차후의 연구를 위해서 사회자와 촉진자의 역할 분할과 개입 방법에 대해 방법론적 논의가 필요하다.

구체적인 문제점을 지적하자면 연구참여자들이 발언한 다음에 그에 대한 후속 질문을 풍부하게 던지지 못해서 각자 돌아가면서 이야기하는 걸로 집단분석이 진행된 측면이 있다. 연구진과 활동가, 활동가와 활동가, 활동가와 초대 손님 사이에서 생긴 이견을 충분한 토론으로 이끌지 못했다. 연구진은 활동가들 사이에 이견이 있을 경우 그것을 토론으로 심화시켜야 했는데 그렇게 하지 못했다. 예를 들어 거버넌스 문제에서 B와 A가 그 틀 안에서 일어나는 활동을 강조한 데 비해 C는 거버넌스 체제에 대해 들러리를 서는 것 같나는 회의적 의견을 표명했다. 그 때 연구진이 개입하여 두 입장 사이의 토론을 이어가면서 거버넌스 체제에 앞으로 어떻게 대응할 것인가에 대해서 논의했으면 좋았을 것이다. 집단분석 참여자들 사이의 토론은 활동가들의 자기 성찰을 이끌어내기 위해 꼭 필요한 과정이다. 물론 연구자들이 던진 가설이 참여자들의 반응을 이끌어낸 것은 성과이지만 참여자들이 평소에 하던 생각을 넘어 진정으로 깊이 있는 자기분석과 운동 분석으로 넘어갔는지는 의문이다. 그것은 연구자들의 한계일 수도 있고, 활동가들의 자족적 자기 분석에서 비롯된 것일 수도 있다. 연구진이 참여자들의 반응을 듣고 적극적으로 후속 질문을 하면서 자기분석으로의 심화를 이끌어내는 방식으로 집단분석을 진행했더라면 더 나은 결과가 나올 수도 있었다. 촉진자 역할을 하는 연구진이 후속 질문으로 성찰을 유발하지 못한다면 집단분석이 집담회와 큰 구별점을 가질 수 없을 것이다. 후속 질문으로 집단분석을 심화시키기 위해서 연구자는 현장에 대한 풍부한 정보와 지식을 갖추어야 한다. 녹취록을 보면 연구진의 역할 수행에 다소 부족함이 있었다. 활동가들이 자신들의 현장 경험을 이야기한 다음 어떻게 하면 효과적으로 자기분석과 성찰로 유도할 수 있는지에 대한 논의가 필요하다. 활동가들이 평소에 사고하던 관습에서 벗어나 연구자들이 제기하는 가설을 받아들이고 자기분석을 하는 단계로 진입하는 과정을 '전환'(conversion)이라고 부를 수 있다. 집단분석의 성패는 연구진이 참여자들에게서 확실한 '전환'이 일어나도록 설득력 있는 가설을 설정하고 토론을 이끌 수 있는 능력에 달려 있다. 사회자와 촉진자라는 연구자 사이의 분업과 협업은 차후 집단분석 방법을 활용할 때 보완해야 할 부분으로 남아있다.

(4) 성찰로의 전환이라는 문제

집단분석은 연구자들과 참여자들 사이의 상호작용 과정에서 평소의 구체적이고 실천적인 과제 해결을 위한 생각의 차원에서 벗어나 그 밑에 깔려 있던 기본 가치, 가정, 전제 등 평소에 당연하게 생각하고 깊게 생각하지 않았던 근본 문제들이 자연스럽게 떠오르게 하여 그것에 대해 함께 논의하고 성찰하는 과정이다. 그런 과정을 통해 집단분석은 운동가들에게는 새로운 운동의 가능성을 모색하는 기회를 마련하고 연구자들에게는 운동의 의미체계를 분석할 수 있는 기회를 제공한다. 그런 뜻에서 이번 4차에 걸친 집단분석은 의미 있는 작업이었다. 4명의 활동가들이 개인적 활동 영역과 경험에 따라 다소 차이를 보였지만 평소에 묻어두었던 문제들을 공개적으로 드러내고 함께 논의하는 성찰의 과정을 경험했다.

이번 집단분석의 목표는 한국 시민운동의 비판적 성찰과 대안 모색이었다. 그 목표에 도달하기 위해서는 분석 참여자들이 평소의 습관적인 사고방식에 스스로 의문을 제기하며 사고의 전제를 논의의 대상으로 놓게 되는 의식의 '전환'이 일어나야 했다. 그러나 집단분석 4회를 실시하는 것으로 '전환'이 제대로 이루어지기는 어려웠다. 연구참여자들이 깊이 있는 성찰로 전환하고 그런 상태에서 대안을 모색하는 단계로 이행하기 위해서는 집단분석이 8회에서 10회 정도 이루어질 필요가 있다. 연구참여자 가운데 두 명은 연구진의 가설에 지속적으로 '저항'(resistance)하면서 연구의 내용과 방향에 대한 자기 나름의 주장을 하기도 했다(『2022 집단분석 녹취록』, 55쪽). 이는 연구진이 연구 목표로 제시한 비판적 성찰과 대안 모색으로의 전환이 제대로 이루어지지 못했음을 뜻한다. 그 결과 실제로 현재 진행되고 있는 시민 활동의 운동성 회복을 위한 대안 모색이 깊이 있게 이루어지지 못했다.

집단분석의 연구 대상은 활동가 개인의 개인적 체험이 아니라 시민운동이라는 집단적 체험에 대한 성찰이다. 그런데 4차 분석에서 선배 활동가와 후배 활동가가 얼굴을 마주하고 앉아 각자 개인적 체험을 이야기하는 시간에 자기 성찰적인 이야기가 많이 나왔다. 한 활동가는 뒷풀이 시간에 마지막 4차 분석이 가장 좋았다는 소감을 말하기도 했다(『2022 집단분석 녹취록』, 224쪽). 물론 앞의 3차에 걸쳐 이루어진 집단분석이 쌓이면서 나타난 효과이기도 하고 후배 활동가들과의 대면 상황이 만들어낸 효과일 수도 있다. 이는 시민운동이라는 집단적 현상을 연구하더라도 시민운동가 개개인의 체험을 진지하게 경청해야 함을 말해준다. 그래서 차후에 또 다른 집단분석을 하게 된다면 집단분

석 첫 회에 각자 자신의 개인적 체험을 진솔하게 이야기할 수 있도록 배려하는 것이 유요할 것이다.[21]

(5) 토의 주제의 적절성 문제

연구의 중심 가설은 한국 시민운동의 역사를 세 시기로 나누어서 첫 번째 시기(A)를 1987년 민주화 이후 1997년 외환위기까지, 두 번째 시기(B)를 이후부터 2017년 촛불항쟁과 문재인 정부까지, 세 번째 시기(C)를 그 이후 현재까지로 정하고, 시민운동이 가장 활발했던 A에서 B시기로 가면서 시민운동이 점차 운동성을 상실하고 제도화되었는데, C의 시기는 1987년 이후 전개된 시민운동의 한 사이클이 쇠락으로 마무리되고 새로운 시민운동이 등장할 시기라고 보았다.

4차에 걸쳐 이루어진 집단분석에서 연구자들은 각 회마다 3~4개의 질문 또는 토의 주제를 설정하여 제시했다. 보기를 들어 1차 집단분석에서는 한국 시민운동의 정체성, 시민운동 에너지 소진과 제도화의 딜레마, 시민사회 생태계 등에 대해 논의했다. 2차 집단분석에서는 2000년대 들어 등장한 기존의 운동방식과 다른 시민운동의 사례와 그것을 추동하는 사람들, 한국 시민사회운동의 신뢰도 저하, 시민운동의 대안 담론 존재 여부, 시민사회단체의 자생 가능성, 중앙과 지역의 시민사회의 차이점, 시민사회 생태계의 건강성 회복 방안 등을 주제로 제시했다. 3차 분석에서는 실험적으로 연구자들이 질문을 정하지 않고 자유롭게 생각하고 문제를 제기하도록 했다. 실험을 통해 집단분석 방법은 연구자들이 적극적으로 개입해서 토론 주제를 만들고 활동가들과 초

---

21   프랑스의 알랭 투렌 연구팀의 '사회학적 개입'에서는 개인적 차원의 경험 분석은 배제하고 사회운동 차원만 연구 대상으로 한다. 이는 사회운동에 대한 사회학적 연구가 심리학적 연구로 환원되는 것을 방지하기 위한 것이다. 프랑스 사회의 경우 개인 차원의 감정을 통제하면서 공적 토론을 할 수 있는 능력이 상대적으로 높다. 그러나 정서적 차원의 교감을 중시하는 한국에서는 의사 소통 이전에 감정 소통이 이루어져야 한다. 그러므로 한국에서 실시되는 집단분석에서는 개인 차원의 분석을 포함하면서 사회적 차원의 분석으로 나아가는 것이 필요할 것으로 보인다.

대 손님 사이의 토론이 활발하게 이루어지도록 자극하고 추동해야 함을 확인했다. 이에 따라 4차 분석에서는 다시 연구진이 토론 주제를 결정하고 활동가들과 초대 손님 사이의 대화를 이끌었다. 4차 집단분석에서는 사회적기업이나 마을 만들기 사업 등에서 활동한 2030 청년활동가들을 초청하여 거버넌스틀 안에서의 시민운동의 성과와 한계, 시민운동의 세대교체 문제, 시민운동 체험의 세대 간 전달 문제 등을 토의했다. 4차에 걸친 집단분석을 실시하면서 연구진은 매번 평가모임을 갖고 문제 제기는 적절했는가? 제기된 문제가 충분히 분석되었는가? 개선할 점은 무엇인가? 등을 토론했다. 매회 집단분석을 시작할 때 사회자가 문제의식을 분명하게 정리해주고 중간에 개입하는 연구자도 보충설명을 통해 문제의식을 분명히 해주는 적극적 개입이 필요함을 확인했다. 연구진이 집단분석을 돕기 위해 활동가들에게 표나 그림, 자료, 도표 등을 미리 만들어 제시한 것은 유용했다.

(6) 집단분석 진행과 녹취록 작성

집단분석에서는 무엇보다 시간 관리가 중요하다. 연구진은 1회 3시간으로 한정된 시간을 효과적으로 활용하기 위해 4개의 질문을 제기할 경우 1개의 질문당 40분 정도를 사용했다. 참여자들이 연구진 포함하여 10인이라면 각각 한 개의 질문 당 4~5분 발언하고 총 20분 내외의 발언 시간이 가능함을 알렸다.

집단분석에서는 발언의 순서가 중요하다. 초대 손님 없이 연구자와 활동가만으로 이루어진 1차 분석에서는 활동가들이 앉은 순서대로 돌아가면서 자기 경험과 생각을 자유롭게 발표할 수 있는 방법을 취했다. 그러나 2차 분석부터 각자 순서대로 문제에 답변하는 내신 1인 발언 후 다른 사람이 후속 질문을 할 수 있다는 원칙을 세웠다. 연구자, 다른 활동가, 초대 손님 누구라도 활동가 발언 후 후속 질문(follow-up questions)을 던지면서 토론을 할 수 있도록 유도했다.

집단분석 테이블에서 좌석 배치의 문제도 고려했다. 연구자와 활동가, 활동가와 초대 손님이 사이의 대화를 촉진하기 위해 상호 대면하는 방식으로 좌석을 배치했다. 2차에서는 활동가와 대화 초청자를 대면시켜 마주 보게 하고 연구자는 양쪽 옆으로 배치했다. 명패에는 소속 단체 대신 집단분석 모임에서의 지위를 넣어 자기 단체의 대표가 아니라 각자 집단분석에서 맡은 역할을 분명하게 인식하기 위해 이름 뒤에 연구자, 활동가, 초대 손님으로 명기했다.

집단분석의 과정을 자료로 보존해야 차후 연구진의 연구가 가능하다. 프랑스 알랭 투렌 연구팀의 경우 집단분석을 동영상으로 기록했다. 그럴 경우 집단분석이 이루어지는 현장의 분위기가 생생하게 전달되고 발언하는 참여자들의 목소리뿐만 아니라 얼굴 표정과 몸짓을 살필 수 있으며 발언을 듣는 사람들의 반응도 더불어 살필 수 있는 이점이 있다. 그러나 참여자들이 카메라에 신경을 써서 발언이 자연스럽지 않을 수 있으며 자유롭게 생각을 발표하기보다는 차후 동영상을 볼 사람들을 염두에 두고 무의식적 자체 검열이 이루어질 수 있다. 그와 더불어 녹화를 위해서는 인력과 장비가 필요하고 집단분석이 이루어지는 공간도 달라져야 한다. 이에 따라 본 연구에서는 일단 녹음을 하는 것에 만족하기로 했다. 집단분석 결과를 내용 분석하기 위해 매회 두 명의 조교가 두 대의 녹음기를 사용하여 분석 과정에서의 전 발언을 녹음하고 차후 이를 녹취록으로 작성하여 분석 자료로 만들었다. 녹취록 작성은 오탈자 확인본으로 쪽 수를 고정시켜 연구진이 공동으로 인용할 수 있게 했다. 발언 내용이 이해 안 되는 부분은 윤색하지 않고 그대로 놓아두도록 했다. 매회 녹취록을 작성하고 4차 분석이 끝난 뒤 전체를 하나로 묶어 최종본을 만들어 공유하고 보고서 작성에는 참여자 발언을 인용 및 언급할 때 이 최종본의 쪽 수를 명기했다. 이 녹취록을 기본 텍스트로 하여 연구진의 분석과 해석이 진행되었다.

· · · ·

제2장

한국 시민사회운동의 운동성 변화

어떤 이데올로기와도 어떤 권력과도 자신을 동일시하지 않을 준비가 된 사람들로만 손꼽아야 할 것. - 한나 아렌트

1. 1990년대 시민사회론의 등장 배경

국내적으로는 민주화가 이루어지고 전지구적 차원에서는 베를린 장벽이 붕괴되고 소련이 해체된 이후 전 세계 사회과학계에서 강력하게 부상한 이론 또는 담론이 있다. 시민사회론이 그것이다. 과거 사회운동권을 지배했던 이론은 마르크스-레닌주의였다. 흔히 정통 좌익으로 불리는 마르크스-레닌주의 노선은 자본가계급이 국가를 도구로 삼아 노동계급을 착취하고 있기 때문에 비판 이론으로 무장한 지식인들과 의식화된 노동자들이 힘을 합쳐 전위적인 운동조직을 만들고 노동계급을 조직화하여 일상적으로는 기업 내부에서 노동조합활동을 통해 노동자의 권익을 증진시키고 정치적 위기 상황이 오면 노동계급은 물론 도시빈민, 농민, 각성된 중간계급 등이 연합하여 국가 권력을 장악한 다음, 자본가계급을 해체하고 생산수단을 국유화하여 노동자들이 기업을 자율경영하고 전국적인 차원에서 합리적인 계획을 세워 생산과 분배를 효율적으

로 집행하는 평등한 사회를 만들어야 한다고 주장했다. 1917년 레닌이 주도한 러시아 혁명이 성공하면서 1920년대 독일과 프랑스, 이탈리아를 중심으로 노동자계급을 대변하는 급진적 정당들이 만들어지고 급진노선과 개혁노선 사이의 이론적 실천적 투쟁이 전개되었다. 그 결과 유럽의 좌파 정당은 러시아 혁명 모델을 지지하는 공산당과 민주적인 방식으로 개혁을 추구하는 사회민주당으로 분화되었다. 1930년대 독일과 이탈리아의 파시즘은 양대 좌파 정당의 노동계급 운동에 대항하여 민족이라는 이름으로 위로부터 민중을 동원한 인종차별주의적인 정권이었다.

1차대전 이후 서구 제국의 식민지였던 아시아, 아프리카, 라틴아메리카 여러 나라에서 농민들이 중심이 된 제3세계 혁명운동 조직이 만들어지고, 2차 대전이 종전되면서 1949년 마오쩌둥이 이끈 중국공산당이 정권을 장악함으로써 마르크스-레닌주의 이론은 2차대전 이후 많은 신생국의 지식인들에게 하나의 실현가능한 모델로 인식되었다. 1950년대 미국을 중심으로 하는 서방과 소련을 중심으로 하는 동방 사이의 동서 냉전이 심화되면서 1955년에는 인도네시아의 반둥회의를 통해 미소 양진영에 수동적으로 흡수되는 것을 벗어나 새로운 길을 모색하는 제3세계의 정치적 운동이 일어났다. 1960년대 북한의 반제·반미 자력갱생 노력이나 쿠바의 반제·반미 혁명은 1970년대까지도 제3세계 지식인들에게 마르크스-레닌주의 혁명 가능성을 보여주었다. 그러나 1980년대에 들어서 소련의 계획경제가 풀기 어려운 상황에 도달하고 공산당의 일당독재가 무능과 부패로 이어지면서 소련 체제 내부의 지속가능성 문제가 제기되었다. 솔제니친이 정치적 강제수용소의 존재를 밝히고 사할로프가 인권운동을 통해 공산주의 체제의 비민주성과 억압성을 폭로하면서 서구의 비판적 지식인들은 마르크스-레닌주의 모델에서 이탈했다. 1980년대 초반 중국이 개혁개방으로 문호를 개방하고 1980년대 중반 이후 동서냉전이 완화되면서 소련과 동유럽이 공산주의 체제를 벗어나자 마르크스-레닌주의 모델은 더 이상 지배적인 좌파 모델의 자리를 유지할 수 없게 되었다.

이런 이념적인 상황에서 등장한 것이 시민사회론이다. 솔리다리노스크

자유노조운동을 통해 소련의 지배체제에서 벗어난 폴란드나 바츨라프 하벨 등의 반체제 지식인들이 벨벳혁명을 이룩한 체코슬로바키아의 경험은 강력한 국가에 의한 평등지향 정책이 결국은 권력의 집중과 새로운 불평등, 부패와 무능한 정권으로 이어진다는 것을 보여주었다. 이에 따라 1990년대에 동유럽 여러 나라들은 정치적으로는 공산당 일당 독재에서 다당제 민주주의로 전환하고, 경제적으로는 계획적 통제경제를 버리고 시장경제로 전환하는 역사적 대변동이 일어났다. 이런 역사적 전환은 노동자와 시민 등 밑으로부터 자발적으로 형성된 민중의 힘이 억압적 국가 권력을 통제해야 할 필요성과 불평등을 증가시키는 자본주의적 시장 논리에 대응해야 할 필요성을 불러왔다. 그래서 국가와 시장의 지배논리에 대응하는 시민사회 영역이 필요하고 중요하다는 이론적 논의가 등장했다. 시민사회론은 민주주의와 시장경제라는 두 개의 기본 노선을 수용하면서 그것이 자아내는 부정적 효과를 방지하고 규제하는 민주적이고 실천적인 방안 모색의 이론적 결과물이었다. 1990년대 한국의 주도적 사회운동도 1980년대 마르크스-레닌주의에 근거한 운동에서 벗어나 이와 같은 시민사회론을 수용하면서 진행되었다.

시민사회론에 따르면 시민운동의 정체성은 국가의 영역과 구별되고 시장의 논리로 환원되지 않는 독자성과 자율성을 기본 구성요소로 한다. 시민운동의 이론적 근거인 시민사회론은 행정부, 국회, 사법부를 포함하는 국가 영역과 기업으로 대표되는 시장 영역, 그 두 영역과 구별되는 시민사회라는 독자적 영역이 존재하고 강화되어야 질서를 내세우는 국가의 지배 논리, 집권을 최대의 목표로 하는 정당의 논리, 수익을 최고의 목표로 삼는 기업의 논리를 벗어나 자유롭고 평등하며 인간적인 사회가 가능하다고 보는 이론적 입장이다. 문제는 시민사회에는 정부나 기업처럼 일상적으로 활동하는 상설 조직이 약하다는 것이다. 시민사회는 하버마스가 생활세계라고 표현한 영역과 겹치는데 생활세계는 시민들의 일상생활이 이루어지는 비공식 영역이다. 그래서 생활세계의 질서가 교란되고 문제가 발생하면 시민들이 나서서 문제를 제기하고 그것을 국가와 시장 영역에 전달하는 시민사회 조직들이 만들어진다.

시민사회단체들은 생활세계와 시민사회를 수원지와 저수지로 하여 만들어진 대표 조직이라고 할 수 있다. 경실련, 참여연대, 환경운동연합, 여성단체 연합 등은 모두 특정 시민이 아니라 시민 일반을 대표하는 조직이었다. 말하자면 1990년대 한국의 시민단체는 시민들의 광범위한 지지를 받는 시민사회를 대표하는 조직으로 활동했다. 그러나 민주화가 진행되고 민주화운동을 했던 야당 정치세력이 집권하면서 시민운동이 주장하는 정치개혁과 경제개혁 등의 주장을 정당 중심의 정치 영역이 전유하기 시작했다. 그에 따라 시민운동은 민주화운동을 했던 김영삼, 김대중, 노무현, 문재인 정부의 정책 입안과 실행을 지지하게 되었고 점차 독자성과 운동성, 자율성과 주체성을 잃게 되었다. 정부 정책에 대한 비판적 지지에서 점차 '비판'의 부분이 사라지고 정권을 획득하면서 생긴 '자리'와 '이권'을 공유하게 되었다. 이에 따라 보수 진영에서 나온 비판이 '시민운동은 정권의 2중대'라는 표현이다. 이런 상황에서 2010년대를 거치면서 협치와 거버넌스라는 프레임이 만들어졌고 시민운동과 정부의 협력 사업이 진행되었다. 그 과정에서 약화된 것이 시민운동의 운동성과 자율성이다. 지금부터라도 이에 대한 진지한 반성과 성찰, 비판과 대안 모색이 없다면 시민운동의 근거가 사라지고 모든 공적인 문제를 정치와 국가의 영역이 독점하고 시장의 논리가 일방적으로 관철되면서 억압과 규제, 불평등과 불공정이 점점 더 커지는 상황이 도래할 것이다. 시민운동 본래의 정체성을 재확인하고 새로운 시민운동의 방향과 행동 방식을 모색해야 할 필요성이 절실해졌다. 집단분석은 이런 상황에서 기획되었다.

2. 한국 사회의 변화와 시민운동의 쇠퇴

한국 사회운동의 역사를 보면 1960년대에는 4.19에서 시작하여 한일회담과 국교정상화 반대투쟁으로 이어졌고 1970년대에는 반독재 민주화운동이 지속되었으며 1980년대 사회운동의 급진화로 학생운동과 노동운동, 통일운동이 결합되면서 민족주의, 민중주의, 민주주의라는 세 가지 이념이 종합되었다. 1987년 민주화 이후 1990년대에 시민운동은 크게 활성화되었다. 1980년대 민중을 주체로 내세운 노동운동, 농민운동, 빈민운동이 지속되면서 평화통일운동도 가시화되었다. 시민운동은 재벌개혁, 사법개혁, 언론개혁 운동을 비롯하여 환경, 도시, 교통, 여성, 장애인 운동 등 여러 방면으로 다양화되었다. 그러나 1997년 외환 위기 이후 노동운동이 약화되면서 시민운동도 변화를 경험했다. 2000년대 들어서 정부와 시민사회의 파트너십이 논의되고 복지국가론이 널리 확산되었다. 이에 따라 시민운동은 생활세계에서 발생하는 문제를 해결하고 생활의 질을 높이는 정책 제안 운동을 적극적으로 실천했다. 그러나 2010년대에 들어서 시민사회는 자생적인 활동기반을 확대하지 못하고 지속가능한 시민운동이 어려운 상태가 되었다. 2013년에 나온 사단법인 '시민'의 창립 선언문은 그 사정을 잘 반영한다.

"1990년대 이후 본격화한 시민단체의 등장과 시민활동의 성장에도 불구하고 시민사회 활성화를 위한 제도적 기반이 취약함으로써 자구적 노력에 의존한 단체와 개인의 활동은 지속가능성에 많은 도전을 받고 있다. 또 한편으로 한국 사회는 무한경쟁과 승자독식이라는 시장의 원리가 정치, 경제, 사회 각 영역에서 중요한 가치와 질서로 내면화되면서 공공성의 위기를 맞고 있다. 이는 개인으로 하여금 자기생존과 이를 위한 경쟁에 몰두하게 함으로써 시민사회의 활력을 잠식하고 있다."[1]

그러면서 사단법인 시민은 '강한 시민사회를 통한 공동체의 발전'이라는 비전을 내세웠다. "민주주의와 인권이 확고히 뿌리내리고, 평화와 환경 가치가 일상생활에 스며있으며, 차별 없이 누구나 존중받는 사회"를 이상적인 사회의 모습으로 제시했다. 그러나 그후 10년이 지났지만 한국 사회의 현실은

---

1 사단법인 시민 창립 발기인 일동. 2013. "사단법인 시민 창립 선언문." 2월 26일.

아직 그런 이상으로부터 멀리 떨어져 있다. 그런 사회를 만들기 위한 시민사회는 강해지기보다는 오히려 약해지고 있다.

한국 사회는 1987년 민주화 시작, 1989년 베를린장벽 붕괴, 1990년 한소수교, 1991년 소련해체, 1992년 한중수교 이후 세계화, 정보화, 신자유주의 강화, IMF 금융위기를 거쳐 비정규직 증가, 불평등 증가, 출생률 저하, 높은 자살률, 우울증 증가, 노령사회, 지방소멸 등 산적한 문제 앞에 서 있다. 대기업이 국민 경제에서 차지하는 비중이 점점 더 커지고 반도체, 전자, 자동차, 배터리 사업 등에서 혁신 기술의 중요성이 강조되면서 정보통신기술, 인공지능, 나노기술, 유전자 복제기술 등 첨단기술이 미래를 결정하리라는 기술결정주의 담론이 강화되었다. 경제성장주의와 기술결정론이 결합하면서 노동운동은 물론 시민운동의 대안 담론이 크게 약화되었다. 소비사회가 확대되고 심화되고 강화되고 있으며 미디어 판의 변화가 일어나 컴퓨터, 스마트폰, 인터넷, SNS의 지배력이 엄청나게 확산되었다. 주식시장의 개방에 이어 금융상품 시장이 확대되고 신용카드 사용이 전면화되었다. 이기주의, 쾌락주의, 향락주의, 한탕주의 생활방식이 널리 퍼졌다. 주식 열풍, 비트코인 열풍, 부동산 열풍, 내 집 마련을 위한 '영끌'이 극성을 부렸다. '개인주의 없는 개인화'가 진행되면서 고립된 개인이 증가하고 개인 간 경쟁이 강화되었다. 불평등이 증가하면서 재산의 대물림을 풍자하는 흙수저 금수저론과 청년 실업이 증가하면서 '헬조선'이란 말이 나왔다. 비정규직과 정규직의 차별이 커지면서 공정성 시비가 일어나고, 대학입시와 취업, 연공서열적 보수체계, 여성이나 사회적 약자 할당제, 군복무 의무 등에서 공정성 시비가 일어났다. 정의란 무엇인가? 능력주의란 무엇인가? 라는 문제가 제기되었지만 잘나가는 젊은이들일수록 취직과 승진에 목매달고 내 집 마련과 재산증식에 올인했다. 공익과 공공선에 대한 관심이 소진되고 현실 적응주의가 만연하면서 안정과 실리 추구가 대세가 되었다.

2017년 경실련 사무총장 윤순철의 다음과 같은 자성은 시민운동이 맞이하고 있는 어려운 상태를 잘 보여준다.

"경실련이 어느덧 창립 30주년을 앞두고 있지만 지속가능성을 염려할 만큼 허약한 것도 사실이다. 시민운동 단체인 경실련은 시대적 요구에 항상적으로 응답하려는 노력이 필요하다. 하지만 모든 조직이 그렇듯이 경실련도 관성이 있어서 혁신적인 변화나 실패를 두려워한다. 이러한 조직 여건에서는 비효율성이 증가되는 반면 운동의 창의성이나 독창성은 사라진다. 위험을 감수하려는 운동성도 사라질 것이다. 결국 경실련이 추구하는 경제정의와 사회정의 실현을 통한 모두가 함께 잘 사는 민주공동체의 비전을 실현시키지 못하고 조직의 간판만 부둥켜안고 있는, 존재이유를 상실한 조직이 될 것이다."[2]

그러면서 그는 경실련의 앞으로의 변화 방향을 다음과 같이 제시했다.

"우선적으로는 시민사회가 이미 종합형 운동에서 전문 분야 운동으로 재편되고 있듯이 경실련도 비전에 걸맞는 의제를 선택하고 역량을 집중하는 전략이 필요하다. 아울러 지난 30년간 사회적 요구에 부응하다 보니 어느새 비대해지고 형해화된 조직체계와 운영 방식을 대폭 정비하여 슬림화해야 한다. 그리고 전국 경실련 조직이 일정한 수준의 운동역량을 갖추고 또는 유지하는 것이 중요한데 교육과 훈련이 체계화되어 있지 않고, 각 조직에서 진행된 사업들이 양적으로 질적으로 편차가 크다. 또한 상근활동가들의 생활이 불안하여 지속성을 담보할 수 없다. 이러한 문제들을 해결하기 위하여 회원, 전문가, 자원봉사자, 상근활동가가 참여하는 전국교육대회를 부활시키고, 반복되는 사업들은 매뉴얼화하여 사업의 질적 수준을 향상하고, 상근활동가들의 안정적 운동여건을 조성하기 위해 급여의 현실화와 발전기금을 조성해야한다. 마지막으로 우리는 〈시민의 신문〉의 독립화 이후 자체적인 소통수단 갖추지 않았는데 전문화된 SNS 전략이 필요하다. SNS

---

2 "윤순철 신임 사무총장 인터뷰." 『월간 경실련』 2017년 3·4월호.

는 지리적 한계를 넘나드는 공간성, 폭넓고 간편한 관계성, 다양한 여론을 빠르게 파악할 수 있는 신속성 등의 특성을 갖는 데 이를 경실련 운동에 반영해야 한다."[3]

2017년 그는 경실련 핵심 사업을 다음과 같이 제시했다.

"그동안 우리나라에서는 국민들로부터 박수를 받거나 아쉬움 속에 청와대를 떠난 대통령이 한 분도 없었듯이 권력구조 개편을 비롯한 시대적 흐름을 반영하는 헌법 개정이 중요하게 논의될 것으로 보인다. 그리고 독선과 독단 그리고 공식이 아닌 비선들에 의지한 국정운영 때문에 임기 내내 국민들과 불화하고 냉소 속에서 탄핵을 초래한 과정에서 드러났듯이 권력형 비리와 부정부패의 고리인 정치-경제-언론-사법의 유착을 끊을 제도적 체계를 정비해야한다. 또한 재벌과 대기업의 기득권의 독식과 특혜를 보장하는 경제구조를 해체하고 일자리 불안, 가계부채 폭증, 전월세 대란의 주거불안, 구호뿐인 복지와 취약한 사회안전망 등 민생을 안정화하는 시급한 일들이 있다. 경실련은 시대적 흐름과 시민들의 요구를 반영하는 헌법 개정, 재벌개혁이나 4차 산업혁명에 대응한 경제체제의 개선, 정경유착과 권력형 부패 근절을 위한 권력기관의 개혁, 그리고 주거와 소득, 일자리 등 민생안정을 위한 활동을 집중적으로 할 계획이다."[4]

윤순철은 2022년 말 사무총장직을 마감하고 경실련을 떠나면서 다음과 같은 소회를 밝혔다.

"(창립) 당시 사회 곳곳에 만연한 부동산 투기와 빈곤한 시민의 삶을 더 이

---

3   윤순철, 윗글.

4   윤순철, 윗글.

상 방치할 수 없다고 자각한 몇몇 시민들이 '부동산투기와 싸우는 시민의 모임'을 만들어 시작한 경실련이 경제에 정의를 붙여 경제정의의 좌표를 설정하고 시민운동의 장을 열었다. 시민단체들의 토론회, 기자회견, 집회, 정책제안 등 일반화된 활동 방식이 '경실련식'으로 명명되고, '시민 없는 시민운동, 백화점식 시민운동'이란 비판도 받았지만 지난 33년의 경실련은 우리 사회의 변화를 이끈 시간이었다. 그동안 한국의 시민운동은 우리 사회 전반의 정치적, 경제적 민주주의를 견인하며 환경, 여성, 소비자, 지역공동체 등 다양한 분야에서 시민들의 권리와 책임을 확장해 왔다. 이제 시민운동은 경실련, 참여연대 같은 대변형(advocacy) 시민단체들로 대표될 수 없을 정도로 그 폭과 범위가 확대되었고, 활동 의제와 방식에서 다양성이 증가했다. 시민들의 일상의 요구에 부응한 소규모 단체들이 다수를 차지하고 있고, 중간 지원조직이나 사회적경제와 같은 새로운 활동영역으로 확대되었다. 어느덧 시민운동 29년째이다. 다음 달이면 6년의 사무총장직을 마치고 활동가로서의 생활을 마감한다. 시민운동의 주인은 시민이다. 시민들 스스로 만들고 키운다. 지금 시민운동은 구성원들의 다양한 사회적 경험과 인식이 충돌하고, 먹고사는 실존적 고민을 해결하지 못하고 있으며, 냉혹한 현실을 외면한 채 정체성을 놓아버린 소수의 단체들에 대한 시민들의 따가운 시선에 직면해 있다. 조직의 규모가 크든 작든, 활동의 범위가 서울이든 전국이든, 미션이 전문적이든 종합적이든 예외 없이 변화를 겪고 있다. 그 변화가 거부할 수 없는, 되돌릴 수 없는, 조직이 원하는 것이 아닌 시민이 원하는 활동을, 조직을 지키려는 것이 아닌 시민의 삶의 문제를 해결하는 변화이면 좋겠다. 국가가 무소불위의 권력을 휘두르고, 자본이 정치와 결탁하여 탐욕을 드러내는 이 시기에 시민운동의 역할이 중요하다. 시민사회가 권력과 자본에 눌려 제 역할을 못했던 때가 불과 30여 년 전임을 기억하자."[5]

---

5 윤순철. 2022. "시민운동의 주인은 시민." 『월간 경실련』 11·12월호.

시민운동의 침체 상태에서 구자인, 김기현, 김춘식, 서정훈, 이형용 등 나름 진지하고 경력 있는 시민운동가들이 2022년 '성찰과 파트너십 시민사회 네트워크'라는 이름으로 모여 시민사회운동에 대한 진지한 성찰의 기록을 남겼다. 이형용 거버넌스센터 이사장은 "전체 사회에서 시민운동의 위상, 메시지의 힘, 어젠다 세팅력 등이 상대적으로 약화되고, 신뢰도가 저하"되면서 이제는 "시민운동을 할 사람이 없고 지역사회는 거의 초토화되었다"는 진단을 내렸다. "시민운동 자체의 지속가능성의 위기를 이야기할 정도로 시민운동이 절대적으로 약화되었다"는 진단이다.[6] 서정훈 광주NGO센터장도 "저는 요즘 개인적으로 여러 가지 회의감에 빠져있습니다. 오늘의 정치 상황이 그런거고 시민사회운동이 그렇습니다."라고 인정했다.[7] 이형용은 시민운동의 관성화, 보수화, 기득권화, 진보우월주의 편향, 운동권 권위주의, 운동권 패거리 문화 등과 함께 시민사회운동 내부의 성찰성 부족을 시민운동 쇠퇴의 내적 요인으로 지적했다.[8] 시민사회 활동가들은 "시민사회 내의 풍부하고도 열린 집단적인 성찰과 그에 따른 원칙있는 대응과 진출, 내부 대중과 외부 대중의 동의와 공감을 받는 그런 대응"이 필요하다면서 진지한 자기성찰을 바탕으로 정부와 기업과의 관계를 재정립해야 한다는 점에 동의했다.[9] 바로 이런 상황에서 서울대학교 아시아연구소 시민사회프로그램의 한국시민운동에 대한 집단분석이 실시되었다.

---

[6] 성찰과 파트너십 시민사회네트워크(엮음). 2022.『한국 시민사회운동을 이야기하다』. 휴머니즘: 12-13쪽. 시민단체 상근자들이 떠나는 이유에 대해서는 민범기·이효석. 2023.『청주에서 비영리 활동을 떠난 사람들의 이야기』. 사단법인 시민 참조.

[7] 성찰과 파트너십 시민사회네트워크(엮음), 윗글, 19쪽.

[8] 성찰과 파트너십 시민사회네트워크(엮음), 윗글, 51-53쪽.

[9] 성찰과 파트너십 시민사회네트워크(엮음), 윗글, 60-61쪽.

제3장

한국 시민사회운동에 대한 집단분석 내용

사회운동은 부당한 사회적 관계를 바꾸려는 집합적 노력이다. 1990년대 이후 "시민운동과 노동운동이 서로 협력하여 시너지 효과를 낼 수 있었다면 한국 사회는 훨씬 평등하고 공정한 사회로 갔을 것"이라는 일부의 의견이 있지만(『2022 집단분석 녹취록』, 63쪽) 시민운동과 노동운동은 기본 패러다임을 달리한다. 시민운동은 궁극적으로 국가, 시민사회, 정치사회, 시장 사이의 관계를 바꾸려는 운동이다. 그것은 노동자계급과 자본가계급 사이의 관계를 사회적 중심 갈등을 설정하는 사회계급론적 사회운동과 구별된다. 그리고 시민운동은 정부의 지원을 받아 정부의 보조 역할을 하는 관변단체 활동과도 구별된다. 1990년대에 들어서 시민운동은 노동운동과 구별되는 독자적인 운동영역을 구성했다. 노동운동이 임금, 노동시간, 노동조건 등에 대한 요구를 내세워 사용자 측과의 교섭하는 운동이라면 시민운동은 국가-시민사회-시장 3자 관계에서 시민사회의 영향력을 높이고 시민사회의 관점에서 국가와 시장을 견제하고 다양한 사회문제 해결을 요구하면서 사회 전체의 비전을 제시하는 역할을 담당하는 운동이다. 따라서 시민운동의 기본은 정부, 정당, 기업 등 어느 조직에게도 종속되지 않는 독자성, 자율성, 자주성, 독립성을 지키는 일이다. 그런 정체성에 바탕해서 정부와 기업을 상대로 부정의, 불공정, 문제점, 비리에 대한 감시와 조사, 성명서 발표, 기자회견 보고서 작성 및 배포, 문제의 시정을 위한 서명운동, 시위, 법적 소송, 당사자 면담 요청 등의 운동 레퍼토리 사용한다.

이 연구는 1970년대 후반에 프랑스 사회학자 알랭 투렌(Touraine,1984; 1982a; 1982b; 1981a; 1981b; 1980; 1978a; 1978b)이 프랑스의 사회운동 연구를 위해 개발한 이후 사회운동을 비롯한 다양한 연구 영역에 활용한 '사회학적 개입'(sociological intervention)이라는 방법론(Cousin and Rui, 2011; 2010)을 한국 상황에 맞게 집단분석 방법으로 변형시켜 한국의 시민운동 연구에 최초로 적용한 공공사회학(public sociology) 연구이다(Burawoy, 2005). 연구의 중심 질문은 한국의 시민운동은 쇠락하고 있는가? 아니면 옛 시민운동 사이클의 소진되고, 새로운 사이클의 시작되고 있는가?이다. 집단분석은 4명의 활동가를 초청하여 4차에 걸쳐서 진행했고 2~4차 분석에는 외부 손님을 각각 3명씩 초청하여 진행했다. 그러니까 연구진 2명이 고정 참석했고 활동가 4명 초대 손님 9명, 총 15명이 참여했다.

1. 시민운동의 정체성

1990년대 초창기 시민운동에서는 시민운동과 정부, 시민운동과 기업 사이에는 대립과 갈등 관계가 깔려 있었다. 예를 들어 1993년 환경운동연합의 창립 선언문은 그런 분위기를 반영한다.

> "새로 출발하는 우리는 생활 속에서 이루어지는 모든 환경파괴, 오염 행위를 근절하고, 새로운 환경의식과 실천으로 스스로 자신의 삶터를 건강하게 가꾸어 나가는 시민운동을 펼쳐나가고자 한다. 또한 우리는 기업들이 환경을 지키는데 앞장설 수 있도록 파수꾼으로서의 역할을 더욱 철저히 할 것이며, 정부 역시 환경보전에 대한 굳은 의지를 갖고 정책을 펴도록 강력히 촉구할 것이다. 더 나아가 우리는 서구문명의 소산인 인간 이기주의의 틀을 깨고 인간과 환경이 조화를 이루는 순환의 질서를 되찾고, 자연과 더불

어 모든 인류가 자유롭고 평등하게 살아가는 공동체적 삶을 이루기 위해 노력할 것이다."[1]

그러나 2000년대 들어서 거버넌스, 협치, 파트너십, 협력, 상생, 호혜, 공익, 공공성 등의 용어가 시민사회 영역에서 널리 확산되었다. 1차 집단분석에서 연구진은 "시민운동이 체제 내에 제도화되면서 운동성을 상실한 것이 아니냐?", "시민운동이 정부와 기업의 파트너 역할로 한정되다 보면 시민운동이 사라지는 것 아니냐?"와 같은 공세적 질문을 던지면서 활동가들의 성찰을 유도했다. 참여자 네 명 가운데 특히 활동가 A와 활동가 B의 발언에는 갈등과 대립보다는 파트너십과 협치의 방향으로 전환한 것을 정당화하려는 분위기가 강했다. 그에 비해 활동가 C와 활동가 D는 시민운동의 체제내화에 대한 경계심이 있는 편이었다.

시민운동의 쇠락 또는 소멸이라는 연구진의 가설에 대해 참여자들은 "달라진 시대에는 달라진 개념, 범주가 필요하다.", 민주화 이후에는 "정부 비판적이고 대립적인 옛 운동 방식은 더 이상 통하지 않는다.", 2000년대에 들어서는 "파트너십, 거버넌스가 중요해졌다.", "거버넌스와 협치는 시민운동의 힘이 '제도화'된 것이다."라는 수세적 반응을 보였다.

활동가 A는 "공석기 선생님으로부터 통화하면서 이야기를 듣고 이런 방법론에 대해서 흥미도 있어서 '성찰'이라는 말에 꽂히기도 했고, '쇠락'은 아닌 것 같은데, 그건 너무 나간 것 같아요."(『2022 집단분석 녹취록』, 5쪽)라면서 "거버넌스 때문에 문제 생겼다고 생각 안 해요. YMCA는 유치원 등 예전에도 했어요. 광주 민주화운동을 할 때 역할을 오늘날 YMCA에서 왜 못하는가는 다른 면이 있을 듯해요. 정부의 역할과 시민사회의 역할이 따로 있다고 생각합니다. 낮은 시민사회의 주도성, 정부의 영향력이 높다는 것을 어떻게 볼 것인가. 이 둘이 대립적인 것이 아니라, 각자의 역할이 어떻게 되어야 할지, 균형이 깨질

---

1 "'환경운동연합 창립선언문' 중에서."(1993년 4월 2일).

때 어떻게 해야 하는지에 대해서. 거버넌스의 위험성도 있지만 그것을 의식적으로 활용하는 전략적 실천이 공유 활동의 물적 기반 만드는 경우도 있었어요. 단일 사례나 국면만 갖고 전체를 평가하는 것은 위험하다고 봅니다. 운동성이 쇠퇴했다는 평가가 가능하다면 예전에 과잉 대표되었던 시민단체를 통한 활동이 쇠퇴했다고는 볼 수 있을 것 같습니다."(『2022 집단분석 녹취록』, 21쪽)라는 의견을 제시했다. 활동가 A는 다른 사람들의 의견을 들은 뒤 시민운동의 변화를 다음과 같이 설명했다.

> "'희미해지는'이라고 표현했던 새로운 운동성이 도처에 있는 듯합니다. 시민사회운동이 접촉하는 시민들의 범주가 넓어진 듯합니다. 예전에는 고도로 훈련된 사람들이 시민단체에 와서 회원 활동을 통해 운동의 욕구를 표출하고 북한이탈주민 돕기 활동 시에는 직장인이 거의 활동가처럼 와서 활동했어요. 하지만 이제는 각 활동의 욕구와 에너지를 지닌 사람들이 다양한 곳으로 확산되어서 활동하고 있는 듯합니다. 자원봉사인가 자원 활동인가 논쟁을 되풀이할 필요는 없을 듯합니다. 우리가 만난 운동들이 농도는 옅어지고 과잉 대표된 것이 약화되었으나, 새로운 가능성이 있어 보입니다."(『2022 집단분석 녹취록』, 26쪽).

대구 지역 시민운동가 B는 시민운동의 정체성과 비전의 위기에 대해 "시간의 흐름에 따라 시민사회운동의 정체성이 고정되어 있지 않고 변화해왔고, 지금은 정체성이 불확실한 상태에 처해 있는 것 같습니다."(『2022 집단분석 녹취록』, 13쪽)라면서 "1990년대와 2000년대 시민운동이 지닌 대항성이 약화되는 것은 그것이 이루어낸 성과로 인해 사회적 역사적 책무가 줄어드는 맥락으로 인한 것인 듯합니다. 새로운 것을 창출해 내야 한다는 것에 대한 책무, 과제까지 점차 확대되는 것에 부응해 왔던 것이 있었는데, 앞에서 안 보인다고 말씀드린 것은, 두 가지 혼란에 동시에 빠져 있는 듯합니다. 우선, '우리'라고 표현할 수 있는 실체가 확인이 안 되고 있습니다. 이것이 가장 큰 혼란인 듯합니다.

과거에는 특정 영역이나 분야를 두 손으로 꼽아 테두리를 명확히 할 수 있었어요. 하지만 현재는 그렇지 않습니다. 활동이 넓어진 것으로 보입니다. 과거의 단체 중심으로 분석해낸 기준을 유지한다면 오늘날의 운동을 나누는 범주의 기준, 분석하는 기준도 바꾸고, 무엇을 실체라고 볼 것인가의 기준도 바뀌어야 합니다. 그것을 통해 결론에서 새로운 시각을 찾아낼 수 있기를 바랍니다. 공익적 활동하려는 청년이 있을 때 요즘은 시민운동을 만들기보다는 스스로의 정체성은 시민운동이라고도 기업이라고도 안 부릅니다. 정체성의 혼란은 고전적 방식에서의 혼란도 있겠지만 우리가 가진 시선의 한계가 있다고 생각합니다."(『2022 집단분석 녹취록』, 13쪽)는 의견을 표명했다.

활동가 B는 이어서 시민운동의 운동성 약화에 대해서도 "운동성이 있는가 없는가의 기준이 달라져야 그 운동성이 확인될 수 있다는 의견입니다. 기존 기준에서 보면 운동성이 없다고 볼 수 있습니다. 하지만 희미한 운동성이나 뭉쳐지지 않은 운동성은 있고, 이것이 뚜렷해지고 뭉쳐질 가능성이 있다고 봅니다. 청년들의 소셜벤처, 마을공동체 운동 등 자기들도 모르지만 그것이 국가 권력의 본질이나 자본주의의 본질을 건드릴 수도 있다고 봅니다. 적어도 운동가는 그러한 사고를 가질 수밖에 없다고 봅니다. 이후가 안 보인다는 것이 문제입니다. 거버넌스 효과의 긍정적 측면을 부정하는 것은 아니나 앞으로 나아갈 방향을 안 보이게 한 듯합니다. 경계를 넘나들면서 독립 사업도 하고 정부 사업도 하는 방식, 세력화되고 영향을 미치고 변화를 만들려면 길이 보여야 하는데 이것이 안 보이는 상황인 듯합니다. 공정이나 공익 등 시민운동을 규정했던 중요한 개념들이 정치적 행위, 대선 등을 거치면서 보니 시민운동하는 우리가 일반 대중들이 생각하는 공정, 공익 개념과 다른 세상에서 살아온 것이 아닌가 생각합니다."(『2022 집단분석 녹취록』, 15~16쪽)는 의견을 표명했다.

개발협력 분야에서 활동하는 활동가 C는 위의 두 사람과 톤을 조금 달리하면서 개발 협력 분야에서 시민운동의 체제내화에 대한 우려를 다음과 같이 표명했다.

"그 질문을 저희 개발 협력 활동가들에게 하면, '왜 우리가 사회운동이야? 우리는 참여연대 아니야. 우리는 빨갱이 아니야. 우리는 운동권이 아니야.' 라는 이야기가 2000년대, 2010년대까지 주류였습니다. 굳이 표현하자면 '우리는 자선이야, 가난한 사람들을 돕는 일이야. 신앙심의 발로야.'라고 생각합니다. 최근에는 '우리는 인도주의야'라는 이념적 베이스가 나오고 있습니다. 말씀을 정리하면, 한국 사회에서 개발협력 분야 시민사회라는 것이 성장했고 확대되고 있고 정부나 기업의 좋은 파트너로 인정되고 있습니다. 거버넌스라는 통치성 하에서 파트너십이라는 이름으로 굉장히 좋은 파트너가 되고 있지만, 그 개발협력 시민사회라는 것이 〈그림 1〉에 나오는 NPO나 NGO처럼 정부와 협력하는 관계나 정책을 구현하는 수단화되고 있지는 않은지, 과연 그것으로 충분한지. 이에 대한 성찰도 부족하고 분석도 부족하고 자각도 부족한 이런 상황이라는 말씀드리겠습니다."(『2022 집단분석 녹취록』, 9~10쪽).

활동가 C는 정부 지원이 시민운동에 미친 부정적 영향을 다음과 같이 지적하기도 했다.

"2000년부터 김대중 정부 때 민간단체지원법이 되고 그 후에 많은 단체들이 재정 지원을 받았어요. 그러나 20~30년이 지나다 보니까 거버넌스라는 틀 안에 갇혀서 시민사회 생태계 자체의 육성 주체가 정부가 되는 것이 아닌가, 그렇게 되고 그것에 대해 문제의식이 있다 하더라도 다른 헤어날 구석이 없게 된 것이죠. (...) 정부가 지원을 매개로 시민사회시민단체들을 줄을 세운다든지, 정부에 비판적인 단체는 배제한다든지 하는 순간 거버넌스는 정부의 하부 장치화할 가능성이 있는 거죠."(『2022 집단분석 녹취록』, 35쪽).

그럼에도 불구하고 활동가 C는 "한국 시민사회운동은 많이 어려워졌지만 한국 시민사회에 참여하는 활동들은 그 범위가 넓어지면서 한국 시민사회에도 조금 새로운 모색이 존재하고 다양한 활동이 다면적으로 다루어지는 것은 아닌가 하는 관점을 합류해 볼 필요도 있다."는 의견을 덧붙였다.(『2022 집단분석 녹취록』, 19쪽) 예를 들어 국제개발 협력 분야에서는 2010년대 들어서 "이전에는 청년들이 기존단체의 간사나 실무자로 일했지만 이제는 자기 단체를 세우거나 네트워크를 하면서 단순한 서비스 전달이 아니라 사회적경제, 공정무역, 공정여행, 사회적 투자로 접근하면서 확장되고 있다."(『2022 집단분석 녹취록』, 54~55쪽)는 것이다.

광주 지역 시민운동가 활동가 D는 시민운동의 거버넌스 체제 편입에 가장 큰 회의감을 보였다.

> "2010년부터 학술적으로도 그렇고, 시민사회 영역에서도, 거버넌스는 깊숙이 들어왔다고 생각해요. (...) 그렇더라도 관에서, 즉 행정이 가지고 있는 거버넌스에 대한 시각하고, 우리 시민단체가 가지고 있는 거버넌스의 수준과 형태와 폭 사이에는 너무 간격이 큰겁니다. 그래서 쉽게 얘기하면, 저희도 거버넌스 관련 무슨 회의에 가면, '내가 오늘 또 들러리 서는 거 아닌가?' 이런 회의감이 들거든요. (...) 정말 비판이 필요할 때 목소리를 톤다운 한다던지, 자기 소리를 못한다든가, 이런 경우들이 굉장히 많은데, 어찌 됐든 제 생각에는 지금 상황에서는 거버넌스가 시민사회 영역으로 깊숙이 들어와 있다고 봅니다. 그런데 '여전히 한계가 있는 거 아니야' 이런 생각을 좀 합니다."(『2022 집단분석 녹취록』, 79쪽).

활동가 D는 지역 시민단체들 가운데 "중간조직하고 연결돼서 위수탁을 많이 하는 단체는 직업적으로 딱 떨어져 나가서 제 개인적인 판단인데 운동성이 거의 사라진 거예요."(『2022 집단분석 녹취록』, 38쪽)라면서 시민운동의 새로운 정체성과 미션 모색이 필요하다는 입장을 다음과 같이 표명했다.

"정수복 선생님 말씀 듣고 광주 시민사회단체협의회 회장 3년 하면서 고민한 것들을 다시 생각하게 됩니다. 지방정부는 끊임없이 거버넌스를 표방하고 있는데 그 가운데에서 어떤 스탠스를 어떻게 취할지 고민이었습니다. 정부의 파트너가 되면 시민단체의 정체성에 위기를 느끼게 됩니다. 그렇다고 비판 견제만 하면 너희는 시대가 변했는데 아직도 비판만 하냐는 이야기가 나오죠. 지방정부는 구색을 갖추기 위해서라도 시민사회에 함께 하자고 손을 내밀기도 합니다. 시민사회의 대표성을 가진 사람으로서 중간에서의 줄타기를 어떻게 해야 할지 고민입니다. 1997년 아시아 외환위기 이후 광주에서 시민사회의 생태계에 대한 위협을 느껴서 진보연대, 민주노총까지 포괄해서 어떻게 대응할지 이야기했습니다. 어려운 숙제입니다. 시민운동의 정체성이나 미션이 무엇인가. 어떤 비전을 어떻게 가질 것인가. 그것을 위해 구체적으로 무엇을 할까를 고민하고 있습니다. 시민참여가 전제되어야 하지만, 사람이 하는 일이니까 인력의 충원과 물적 토대를 어떻게 마련할 것인가라는 문제가 상존합니다."(『2022 집단분석 녹취록』, 37쪽).

활동가 D의 비판적인 입장에 대해 활동가 A는 시민사회 생태계 조성을 위한 정부의 역할이 있고 시민사회의 역할이 있다면서 정부의 지원을 부정적으로만 보기보다는 공적 활동의 물적 기반을 마련한 측면이 있다고 평가했다. 활동가 A와 활동가 B는 줄곧 거버넌스 체제를 문제로 보기보다는 적극적으로 이용하자는 입장을 견지했다. 두 사람은 거버넌스로 인한 운동성 약화라는 부정적 측면보다는 시민활동의 저변이 확장된 긍정적 측면을 강조했다. 시민단체의 종속이나 의존 문제보다는 시민단체가 그것을 적극적으로 주체적으로 활용하지 못하는 것을 문제로 보았다.

이에 대해 연구진(공석기)은 기존의 시민운동 단체를 거부하고 새로운 공익 활동을 하고 있는 청년세대 활동가들이 "자본과 국가라든지 가정이라든지 이익사회, 집단에 매몰되면, 자신들이 생각하는 공익성이, 시민사회 생태계가 강하지 않으면, 좋은 생각이, 다 무너지고 녹아버리거든요."(『2022 집단분석 녹취록』, 28쪽)라는 견해를 표명하기도 했지만 활동가 B와 활동가 A는 자신들의 입장을 유지했다.

그렇다면 다음과 같은 질문이 생긴다. 2000년대 이후 시민사회의 저변이 확대되었다고 한다면 그것을 무엇으로 입증할 것인가? 2016년 촛불운동은 민주당 집권으로 이어졌지만 시민사회의 강화로 이어지지 않았다. 민주당이 촛불 정신을 구체적 정책으로 바꿔내지 못했기에 지난 대선에서 국민의 힘이 집권하는 정권 교체가 일어났다. 문재인 정부와 박원순 시장 집권 시기에 이루어진 거버넌스를 내세운 여러 협력 사업들을 어떻게 볼 것인가? 시대가 바뀌어도 변하지 말아야 할 시민단체의 역할은 무엇인가? 앞으로 시민운동은 어떻게 변화해야 하는가?

1990년대 시민운동은 중앙정치 비판형이었기에 시민사회 전체를 대변한다는 의식이 강했다. 그에 반해 2010년대 시민운동은 중앙정치 수준에서 제도적 민주화가 이루어졌다는 가정하에 특정 지역이나 특정 분야에 자신의 활동이 갖는 의미를 제한하는 경향을 보였다. 전체적으로 볼 때 시민단체의 활동이 자율성, 독립성, 독자성, 주체성을 가져야 한다는 인식이 미약해지면서 장기적 전망을 가진 운동성이 약화되고 단기적 프로젝트 수행형 활동이 증가한 것으로 보인다. 그렇다면 사회적기업, 소셜 벤처, 도시재생사업, 마을만들기, 청년운동 등 활동가들이 긍정적으로 평가하는 부분을 어떻게 볼 것인가? 공익성과 수익성을 함께 추구하는 시민운동을 어떻게 볼 것인가? 그것은 시장에 포섭된 시민 활동이 아닌가? 정부의 지원금이 지속되는 한에서만 계속되다가 지원금이 끊어지면 끝날 가능성이 높은 한시적 활동이 아닌가? 체제 내로 편입된 운동은 운동성을 상실할 수밖에 없지 않은가? 정부 주도의 청년실업 대책 차원에서 이루어진 일시적 협력 활동 아닌가? 한국의 사회적기업 가운데 스페인의 몬드라곤 같은 자주성, 독립성, 대안성을 가지고 발전할 가능성을 가진 사례가 있는가? 지역운동의 차원에서 보더라도 오래 전에 시작된 홍성과 옥천 등의 지역운동 사례가 보여주는 자주성, 자율성을 정부 지원이나 거버넌스 차원에서 이루어지는 활동과 결합시킨 성공적인 사례를 찾아볼 수 있는가? 이런 문제들을 고려할 때 2000년대 이후 이루어진 시민활동의 변화를 다양화와 전문화라고 보는 입장도 있지만 다른 눈으로 보면 분절되고 분열되면서 운동성을 상실하고 제도화되었다고 볼 수도 있다. 제도화란 결국 운동의 갈등적·대립적·대항적 측면이 사라지고 제도 내에서 활동하게 된 것을 의미한다. 그것은 사회운동의 종결을 뜻한다. 그에 따라 '시민운동'이라는 용어 대신 '시민활동'을 선호하게 되고 '운동가'라는 말 대신 스스로의 정체성을 '활동가'로 정의하게 된 것이다. 자원활동 또는 자원봉사가 보수를 받지 않고 개인 수준에서 자발적으로 참여하는 공익 활동이라면 시민활동은 단체를 만들어 공적 지원을 받으면서 하는 공익 활동이 되어가는 측면이 있다. 자원봉사가 비정치적이라면 공익 활동에는 정치영역과 혼합되는 측면이 있다.

　　1990년대 전성기를 누렸던 한국의 시민운동은 외환위기 이후 위축되었다가 김대중, 노무현 정부라는 민주화운동세력의 집권으로 행정부와 협력관계를 유지했다. 그러다가 이명박, 박근혜 정부에서는 다시 정부에 대한 비판적 활동을 수행하다가 2016년 촛불항쟁을 맞이했다. 촛불항쟁 이후 문재인 정부가 들어서고 박원순 서울 시정이 계속되면서 다시 시민운동과 정부 사이의 협력적 관계가 만들어졌다. 그런 관계 속에서 시민운동 단체의 운동성이 약화되었고 거버넌스로 제도화된 새롭게 등장한 공익 추구 시민활동은 운동성을 거의 갖지 못하게 되었다. 시민운동은 정부나 기업과 독립된 자율성을 유지하면서 사안에 따라 정부와 기업을 비판하거나 협력하는 활동을 해야 하는데 독자적 정체성이 약화되면서 정부의 활동에 과도하게 포섭되었고 기업에 대한 견제의 자세와 비판적 감시의 역할이 약화되었다. 이는 정부와 협력하는 관계에서 공익활동을 하고, 사회적기업이라는 이름으로 공익성과 함께 수익성을 추구하기 때문에 생긴 결과이다. 공익성 증진이 정부의 목표이고, 수익성 확보가 기업의 목표라면 시민사회의 목표는 그것으로 환원되지 않는 도덕성 강화에 있다. 도덕성에 기초한 대중적 신뢰를 바탕으로 정부와 기업을 감시, 비판, 견제하는 역할이 시민사회의 변하지 않는 기본 역할이다. 이 기본을 상실할 때 시민사회는 약화되고 소멸될 수 밖에 없다. 그래서 나오는 말이

"기본으로 돌아가자!"(Back to the basic!)이다.

2. 시민운동과 정치

1차 집단분석에서 연구진의 임현진은 "한국의 정치체도는 양당제도가 아니고 일종의 지배정당제도다. 그리고 다수결주의다. 그러다보니 승자독식이 일어나서 다양성과 교차성을 수용할 수 없다."고 비판했다(『2022 집단분석 녹취록』, 6쪽). 연구진은 그에 이어 다음과 같은 질문을 가지고 2차 집단분석에 임했다. 정당체제가 시민사회의 요구와 문제를 잘 대변하고 있는가? 정치권으로부터 자율적인 시민사회는 존재하는가? 정치인(정당인)의 시민운동에 대한 생각은 무엇인가? 정치인은 시민운동의 자율성과 중요성을 제대로 인식하고 있는가, 아니면 시민운동을 선거 시 지지 확보와 집권 시기 정책 집행을 위한 동원 대상으로 보는가?

2차 집단분석에는 초대 손님 세 사람이 함께 참여해서 1차 집단분석 때보다 활기가 있었다. 전반적으로 초대 손님들의 발언이 강했고 활동가들의 발언이 약했다. 정부쪽 대표 전직 고위공무원 E와 정치인을 대표하는 전직 국회의원 F의 시민운동에 대한 공격적 비판에 활동가들의 반응은 방어적이었다.

먼저 전직 국회의원 F는 현재의 시민운동을 다음과 같이 비판했다. 첫째, 시민운동이 불평등 심화, 고용불안, 비정규직, 생태위기, 젠더, 세대 갈등 등 사회 전반의 중요한 문제를 다루지 못하고 있다. 둘째, 정당체제의 붕괴로 정치가 마비되고 있는데 이에 대한 시민운동의 개입이 전혀 없다. 셋째, 시민운동에 대한 시민들의 리스펙트가 없는 상태이다. "시민들이 리스펙트를 해줘야 시민운동이 발전이 되는 건데 지금은 과거에 시민들이 시민운동에 대해 갖고 있었던 '저 분들 참 귀한 분들이다. 고마운 분들이다' 이런 식의 리스펙트가 많이 사라져버렸거든요."(『2022 집단분석 녹취록』, 63쪽). 한마디로 요약하자면 지금 시민운동의 현재는 "어디 목이 딱 걸려있는 상태다"라는 혹독한 비판이었다(『2022 집단분석 녹취록』, 63쪽).

　　전직 언론인이고 국무총리 비서실장으로 국무총리 산하 시민사회위원회를 운영했던 전직 고위공무원 E도 현재 시민운동의 상태를 다음과 같이 진단했다. 첫째, 시민운동은 도덕성을 상실했다. 시민들의 신뢰가 없다. "시민사회의 큰 존립 근거 중의 하나가 신뢰성인데 그것이 무너지고 있는 것이죠."(『2022 집단분석 녹취록』, 59쪽). 둘째, 윤석열 정부, 오세훈 시정의 등장으로 시민운동을 둘러싼 정치적 환경은 어려워졌다. "시민사회와 교류나 참여해 본적이 없는 시민사회에 적대적인 권력이 출현했습니다."(『2022 집단분석 녹취록』, 59쪽). 셋째, 시민운동이 불평등, 지방소멸, 인구감소, 고령화, 다문화 등의 문제 등 우리사회의 중요한 문제들을 다루지 못하고 있다. 넷째, 시민운동은 위기 상태다. 시민운동은 태동기-전성기-침체기 뒤에 암흑기를 맞이할 것이다. 그는 앞으로 시민운동이 다시 살아나려면 헌신과 봉사 개념으로 국민 속으로 더 깊이 들어가 진정성을 보여야 한다고 말했다. 전직 고위공무원 E는 시민운동이란 용어를 혁신계, 민주화운동, 재야, 민중운동, 시민운동이라는 해방 이후 한국 사회운동의 연속과 단절이라는 맥락에서 이해할 것을 주장하면서 한국 사회운동의 역사 속의 시민운동의 과거 현재 미래를 논의할 것을 요구했다.

　　전직 국회의원 F와 전직 고위공무원 E의 시민운동에 대한 혹독한 비판에 대해서 활동가 B와 활동가 A는 계속해서 거버넌스 틀 안에서 이루어진 시민운동을 옹호하는 발언을 계속했다. 두 사람의 주요 주장은 첫째, 운동의 판이 바뀌었다. 둘째, 운동의 주체가 달라졌다(청년 세대 등등). 셋째, 운동이 다양화되고 전문화되었다. 넷째, 이익과 재미를 결합하는 운동이 되었다. 다섯째, 당사자 정체성이 중요해졌다. 여섯째, 1인 활동가가 등장했다. 일곱째, 협치 틀 안에서 이루어진 시민운동과 앞으로의 새로운 시민운동은 단절이 아닌 확산으로 보아야 한다 등의 주장으로 대응했다. 활동가 두 사람의 주장은 시민운동과 정부 사이의 '갈등적 협력' 관계에서 갈등보다는 협력의 틀 안에서 이루어진 성과를 긍정적으로 해석하는 입장이다. 시민운동의 도덕성 위기, 비판적 담론 부재에 대해서도 성찰이 약하고 거의 방관하고 있는 상황이다. 초대 손님 두 사람의 강력한 시민운동 비판에 대한 시민활동가 두 사람의 대응 발언은 지금까지의 거버넌스 틀 안에서 이루어진 시민운동을 비판하고 다음 단계로 나갈 준비를 하지 못하고 있음을 보여준다.

활동가 D와 C는 활동가 A와 B와는 달리 다소 성찰적인 태도를 보였다. 활동가 D는 네 사람 가운데 거버넌스 체제에 대해 가장 성찰적 태도를 보이며 새로운 방향을 모색하는 태도를 취했으나 아직 적극적인 방안은 제시하지 못하고 있다. 활동가 C는 자신의 경험에 비추어 발언 내용을 국제협력 분야로 한정하고 있어 시민운동 전반에 대한 의견 피력은 하지 않고 있다. 하지만 현재의 시민운동에 대해 반성하고 새로운 길을 모색하려는 태도를 보이고 있다. 2차 집단분석 마지막 마무리 발언에서 세 사람의 활동가는 발언을 사양하고 활동가 B에게 시간을 몰아주었다. 이것은 초대 손님 두 사람의 가혹한 비판에 대해 적극적으로 방어하고 주장할 내용이 없기 때문에 기존의 민관 협치 틀 안에서 이루어진 시민운동을 강하게 옹호한 활동가 B에게 방어의 책임을 떠넘긴 것이라고 해석할 수 있다.

시민운동 약화의 원인 가운데 하나로 시민운동가의 정치권 진출이 거론되곤 한다. 시민운동 단체의 대표적 활동가들이 시민사회를 떠나 청와대나 정당과 국회 아니면 서울시와 지방자치단체 등 다른 공직으로 활동의 무대를 바꾸는 현상을 자연스럽게 바라보는 경향이 우세하지만 그럼에도 불구하고 시민사회 내부에서 지속적인 비판이 있어왔다. 예를 들면 2001년 이석연 경실련 당시 사무총장은 '한국 시민운동의 과제와 방향'이란 제목의 특강에서 시민운동의 방향을 다음과 같이 비판했다.

> "시민단체의 정치참여는 도덕성과 순수성을 바탕으로 한 시민운동의 정치적 중립성을 해치는 결과를 가져올 것이다. (…) 현재 시민운동은 초법화 경향, 시민단체 및 운동가의 관료화, 권력기관화, 연대를 통한 획일주의화와 센세이셔널리즘, 무오류 등의 자만에 빠져 있다. (…) 시민단체가 특정

정당이나 정파, 세력을 지지하고 이들과 연계돼 활동하는 것은 시민운동에 대한 배신행위나 마찬가지며 운동가의 자질과 양식의 문제다. (…) 시민운동의 상징은 다양성과 자율성이며, 언론사 세무조사처럼 하나의 사안에 대해 시민단체와 정치권이 극단적인 대립을 보이는 것은 거부감을 줄뿐 아니라 침묵하는 다수인의 비판적, 중립적 세력을 포용하지 못해 시민단체가 시민에 뿌리를 내리지 못하고 있다."[2]

부천YMCA 총무 김기현도 거대 양당정치 구조로 인해 시민사회가 입는 피해가 크다면서 "시민사회 역시 시민적 정당성을 확보하려면 자율성, 독립성, 그리고 우리는 시민단체의 정치적 중립성이라고 말하는데 그것보다는 비정파성(non-partisan)이 정확한 표현입니다. 시민사회의 비정파성이 중요한데 시민사회도 편가르기를 하고 있으니까요. 이것이 시민적 신뢰가 무너지는 형태로 오랜 시간 진행되지 않았나, 안타깝게 생각합니다."라는 의견을 표명했다.[3] 그는 기존의 시민단체들이 장기적으로 시민들의 역량을 키우는 일을 하기보다는 급하게 움직이면서 성과를 내고 서울시, 청와대에 많은 시민사회 인사들이 들어갔지만 시민사회의 기반은 여전히 허약하다고 지적했다.[4]

'공도일소'라는 지역단체의 소장인 구자인도 같은 맥락에서 다음과 같이 말했다.

"시민단체의 역할은 하나의 편에 서는 게 아니라 사회현상을 종합적으로 볼 수 있게 해야 하는데 이런 역할 자체가 굉장히 떨어지는 거예요. 그러니까 시민들로부터 신뢰가 추락할 수밖에 없죠. '저 시민단체는 어디 편이야'

---

2   장윤선. 2001. "이석연 경실련 사무총장 발언파문의 진실찾기." 『월간참여사회』 9월호.
3   성찰과 파트너십 시민사회네트워크(엮음). 2022. 『한국 시민사회운동을 이야기하다』. 휴머니즘: 25-26쪽.
4   성찰과 파트너십 시민사회네트워크(엮음), 윗글, 29-30쪽.

라는 생각에. 시민단체가 사회 전반을 위하고, 편향되지 않도록 공익을 위해 일하고, 건강한 시민을 육성하고, 시민 개개인의 역량을 키울 수 있는 역할을 하고, 사회적으로 그런 부분에 대한 신뢰를 받는 것이 주요한 과제입니다."[5]

그러나 2010년대에 활성화된 청년운동 세대는 국회 보좌관, 정당원, 행정직, 기초의원을 포함하는 시민사회 밖의 영역으로 진출하는 것을 자연스럽고 당연한 것으로 보고 있다. 이것은 시민사회의 공동화를 가져올 뿐만 아니라 시민들이 시민운동을 정치활동을 위한 발판으로 인식하여 시민운동에 대한 신뢰와 지지를 철회하고 만들고 있다. 2차 집단분석 내내 활동가들은 이런 문제에 대한 문제의식을 거의 표명하지 않았다. 이는 정치권과 구별되는 시민사회 전체 역량의 강화를 위한 프로젝트가 거의 없음을 의미한다. 전직 국회의원 F는 정치권이 "진영논리를 증폭시키고 그것을 시민사회에 투영하는 측면, 포획하는 측면, 악용하는 측면"(『2022 집단분석 녹취록』, 52쪽)이 있다고 주장하면서 거대 양당이 지배하는 정치권 개혁의 필요성을 암시했지만 집단분석에 참여한 활동가들은 이 문제를 전혀 논의하지 못했다.[6] 전직 국회의원 F는 정치권과 시민운동의 관계에 대해 "저는 정치가 엉망인 상태에서, 정치권의 요구에 의해서든, 정말 국민의, 즉 시민들의 요구에 의해서든, 좋아 보이는 활동가들, 시민운동가들이 정치권에 충원되는 것은 자연스러운 일이라고 생각합니다."(『2022 집단분석 녹취록』, 61쪽)라면서 문제는 "정치권에 가서도 기득권적인 연대가 아니라 시민운동의 정신을 이어서 활동을 하느냐 혹은 자발적으로 밑으로부디의 어젠다 생산 능력을 바탕으로 해서 일반 시민의 목소리

---

5   성찰과 파트너십 시민사회네트워크(엮음), 윗글, 81쪽. '공도일소'는 "공부만 하면 도깨비, 일만하면 소"의 약자이다.

6   한나 아렌트는 시민사회의 활동가는 "어떤 이데올로기와도 어떤 권력과도 자신을 동일시하지 않을 준비가 된 사람들로만 손꼽아야 할 것"이라고 주장했다.

를 대변해 주는 이런 방향으로 갔느냐"에 있다고 말했다(『2022 집단분석 녹취록』, 61~62쪽). 그는 "시민정치와 제도정치 혹은 시민정치와 의회정치가 결합하는" 민주 정치 모델을 지향해야 한다"는 입장을 표명했다(『2022 집단분석 녹취록』, 62쪽).

다른 한편 전직 고위공무원 E는 정부-정당-시민사회 3자 간의 선순환이 이루어지지 않는 이유를 다음과 같이 설명했다.

"정부-정당-시민사회 3자관계. 사실은 3자관계가 아니라고 봐요. 3자는 서로 키 높이가 다릅니다. 대학생과 초등학생의 관계 같은 거죠. 엄격히 말해서 균형있는 3자관계가 형성돼 있지 않아요. 정부에서 시민단체는 안중에도 없습니다. 여러분들 겪어보셨잖아요. (…) 정부나 정당이 필요할 때 도움받거나 써먹을 가능성이 높아요."(『2022 집단분석 녹취록』, 68-69쪽).

전직 고위공무원 E는 청년운동 활동가들이 시민사회보다는 정당 쪽에 더 큰 관심을 보이고 그쪽으로 향하는 경향을 비판하면서 시민사회 강화 방안을 다음과 같이 제시했다.

"정부는 절대 시민사회를 앉은 자리 테이블에, 같은 의자에 안 앉힐 겁니다. 3자관계를 대등한 관계로 끌어올리려면 시민의식이 좀 높아져야돼요. 시민사회나 시민단체 진영을 국민이 키워야죠. (…) 시민사회가 더 깊이 국민 속으로 들어가야죠. 더 깊숙이 들어가고 더 진정성을 보여주고 그럴 수밖에 없습니다. 어쩔 수 없어요. 정부나 정당에서 여러분의 키를 안 높여준다고요. 시민들이 정부나 정당에게 '너희들 뭐하는 거야. 이 사람들이 이렇게 애쓰는데 똑같은 의자 줘!', 이렇게 해줘야 평등한 3자관계를 만들 수 있다고 봅니다."(『2022 집단분석 녹취록』, 70-71쪽).

정부 지원이나 정당과의 협력으로 시민사회의 힘을 키울 수는 없으니 시민사회 스스로 국민 속으로 들어가 신뢰를 회복하고 지지를 높이고 참여를 유도해야 한다는 전직 고위공무원 E의 주장에 대해 활동가 B는 다음과 같은 의견을 제시했다.

"저는 일단 정부에 대한 생각을 말씀드리고 싶습니다. 정부가 시민사회에 대해 지닌 관점이 바뀌어야 된다는 거죠. 시민사회위원회에서 지난 해에 '시민사회 활성화 기본계획' 이런 것을 수립했는데, 처음으로 국가의 의무를 규정하고 규명하기 시작했던 거죠. 단순하게 지원 정책 몇 개 만드는 것이 아니라, 국가가 하는 일이 시민사회를 활성화시키는 일이다. 이런 식으로 국가의 책무를 시민사회의 생태계를 만드는 것으로 봐주어야 될 것이고, 정당도 방금 얘기했듯이, 정치개혁이라든가 이런 측면과 함께 가주어야지…. 지금은 시민사회나 시민운동 세력을 정당이 인정 안하고 아예 외면하고 있는 거잖아요. 이러다가 저는 시민운동과 정당이 서로 따로 갈 것 같아요. 시민운동은 시민운동이고 정당은 정당이고… (물론) 시민사회가 정치에 영향력을 행사하기 위해서는 이제 시민운동에서 많은 노력이 필요한 거죠."(『2022 집단분석 녹취록』, 73쪽).

활동가 B는 정부 비판적 시민운동만이 아니라 거버넌스 틀 안에서 이루어지는 새로운 시민운동도 장기적으로 시민사회를 강화시키는 활동이라고 보면서 정부가 시민사회 생태계 조성을 자신이 해야 할 과제로 인식시키는 일이 중요하다고 강조했다. 전직 고위공무원 E는 시민사회가 강화되어 정부에 압력을 주어야 한다는 입장인데 반해 활동가 B는 정부가 시민사회 생태계 조성에 적극적으로 나설 것을 요구하는 입장으로 두 주장 사이에 차이가 있었다. 두 방향 모두가 필요하지만 무엇을 먼저 해야할 지는 분명하다. 시민사회가 스스로의 자생적인 힘을 키우지 않는 한 전직 고위공무원 E의 말대로 "정부나 정당에서 시민사회의 키를 안 높여"주기 때문이다.

2차 집단분석에서 활동가들의 정부와 정치권에 대한 예리한 비판과 확고한 개선 의지는 찾아보기 어려웠다. 그에 반해 정부와 의회 쪽을 대표하는 초대 손님들의 시민운동에 대한 비판은 날카로웠다. 활동가들은 그에 대한 방어를 제대로 하지 못했다. 이것은 시민운동이 정부 비판이나 정당제도 변화를 위한 의지와 역량이 매우 약한 상태에 있음을 보여준다.

3. 시민운동과 기업

1990년대 이후 정부와 언론매체들이 가장 크게 확산시킨 주제는 세계화와 국가경쟁력 강화 담론이다. 일본, 한국에 이어 중국경제가 세계시장에서 크게 부상함에 따라 동북아시대라는 말도 널리 회자되었다. 미소간의 동서냉전이 마감되면서 세계는 하나의 시장으로 개편되었다. 2000년대 들어서 이런 세계시장 단일화 경향은 더욱 가속화되었다. 이런 상황에서 경제의 중요성이 더욱 커졌다. 그에 따라 세계시장에서 활동하는 한국의 대기업들의 영향력이 증대되고 재벌의 이미지가 긍정적으로 변하기 시작했다. 1993년 김영삼 정부에서만 해도 재벌 개혁이라는 말이 널리 쓰였지만 2000년대에는 그 말 대신 경제민주화라는 용어가 등장하더니 지금은 그마저도 거의 사라졌다. 그 대신 기업의 사회적 책임(Corporate Social Responsibility)에 이어 ESG—친환경(Environment), 사회적 책임(Social), 투명한 협치구조(Governance)— 경영이 널리 이야기되고 있다. 기업은 더 이상 비난의 대상이 아니라 오히려 자기 혁신의 주체로 스스로를 내세우고 있다.

2차 집단분석은 기업이 중심 주체인 시장의 논리 앞에 시민운동이 어떻게 대응할 것인가를 논의하기 위한 자리였다. 1차 집단분석을 시작하면서 연구진의 임현진은 오늘날같이 세계화된 상황에서 고삐 풀린 자본주의를 조절하지 않으면 미래가 없다면서 "지금의 자본주의를 그대로 놔둬서는 안된다. 공익을 늘리고 다양성의 시대에서 합의를 할 수 있는 사회로 가야 한다"고 말했다(『2022 집단분석 녹취록』, 6~7쪽). 그렇다면 시민운동 활동가들의 시장과 기업에 대한 인식은 어떠한가? 대구지역 활동가 B의 다음과 같은 발언은 시민운동이 기업을 바라보는 관점이 변화하고 있음을 보여준다.

> "그런데 시민운동과 기업은 사실 굉장히 적대적인 관계에 있었죠. 1990년대에 상당히 많이 대립하는 관계에 있었고, 경제권력에 대한 민주화, 이런 얘기도 같이 있었고, 대기업이 사실 그 정점에 있었던 건데, 최근에 한 대기업이 RE100을 선언했더라구요. 굉장히 놀라운 거죠. (…) 이제 기업이 크게 도전을 하고 있는건데, 큰 틀에서 보면 '기업이 이런 식으로 우리 사회가 안고 있는 근본적이고 본질적인 문제에 어떻게 대응하고 접근하고 혹은 리드하는가? 수세적으로 따라가는게 아닌가? 면피용으로 알리바이용으로 지금까지 살아왔던 것이 아닌가? 솔직하게 말하면 시민운동, 시민사회운동도 '기업의 본질이 그런 것이다'라고 인정해 주는 것이 아니라, 뭔가 기부를 받기 위해서 기업이 갖고 있는 것으로부터 도움을 받기 위한 방편으로 이렇게 활용을 했던 거죠. 그런데 사실은 양자가 제대로 만나지 못한 것 같아요. 물론 절대 권력은 기업이 갖고 있죠."(『2022 집단분석 녹취록』, 108쪽).

활동가 B는 대기업이 공익재단을 만들어 청년들의 공익활동, NGO들의 활동 등을 지원하면서 시민들이 현장에서 스스로 문제 해결하는 능력을 키워주는 활동을 '올바른 방향'이라고 평가하면서 "시민사회운동도 기업을 시민사회와 함께 사회문제를 풀어낼 수 있는 주체다. 이런 식으로 인식할 때 제대로 갈 수 있을 거라고 보고요. 기업도 하나의 어떤 유행으로 ESG를 겉으로만 흉내 내고 따르는 게 아니라 기업도 그렇게 가지 않으면 기업도 못살고, 지구도 못살고 우리 사회도 유지가 안되는 것을 아니까 서서히 그렇게 한다고 보고, 기업도 진짜 변화하지 않으면 안 된다는 어떤 절박함을 갖고 있다고 이제는 좀 느낍니다."(『2022 집단분석 녹취록』, 108쪽)라고 말했다.

이에 대해 활동가 D는 다소 비판적인 의견을 내놓았다. "요새 한참 기업에서 ESG 얘기를 하는데, 이것도 기업들의 방패죠. 기업친화적으로 해석하고 또 만들어가려고 하는 것 같습니다. 저뿐만이 아니라 시민사회 활동가들도 이에 대해 상당히 부정적인 입장인 거죠."(『2022 집단분석 녹취록』, 79쪽)라는 기본 입장을 밝혔다. 활동가 D는 자신의 입장을 다음과 같이 설명했다.

"저 같은 경우에는 시민운동을 하면서 기업과 직접적으로 갈등하고 비판한 경험은 별로 없거든요. 지방 정부나 권력, 정치인에 대한 것은 있었는데… 그러면서도 막연히 가지고 있는 생각은 '대기업은 경제민주화의 대상, 특히 재벌은 해체의 대상', 그런 운동적 마인드가 제 내면에 그대로 지금도 깔려 있다고 보죠. 그러니까 기업과의 협력이나 '기업을 공동 파트너로 해서 무엇을 한다' 이런 생각 자제가 안 드는거예요. (…) 최근에 기업이 ESG를 계속 얘기하는 것을 보면서, 좀 막연하게 '한국의 기업들이 변화를 많이 모색하고 있구나'라는 생각이 들었습니다. 그런데 아직까지 크게 와닿는 것은 없기도 하구요."(『2022 집단분석 녹취록』, 117쪽).

활동가 D는 이어서 광주·전남 지역에서 일어나는 다음과 같은 변화의 양상을 덧붙였다.

"요즘 시민사회와 기업을 대척점에 놓고 보는 입장은 많이 없어요. 줄어든 것 같아요. 특히 환경이라든가 복지같이 재정적인 지원이나 보조가 들어가야 되는 부분은, 시민사회가 아무리 목소리를 낸다 해도 자체적으로 채울 수가 없기 때문에 그건 것들을 시민사회가 느껴서 우리가 한전, 농어촌공사 등 공기업 하고는 요새 광장히 관계가 활발하고요. 그러나 일반 사기업 하고는 아직도 그런 부분들이 논의되거나 정기적인 채널이 만들어지거나 서로 무언가를 함께 모색하는 자리는 아직 없는 것 같습니다."(『2022 집단분석 녹취록』, 118쪽).

활동가 A도 시민사회와 기업이 과거의 관계에서 벗어나 새로운 관계로 나아갈 것을 다음과 같이 주장했다.

"기업 쪽에서 생각할 때는, 시민사회가 마치 기업을 꾸짖거나 비판하거나 이런 이미지가 너무 많은 것 같습니다. 이미지뿐만은 아니겠죠. 일단 기본 전제는 기업이 어떤 문제가 있거나 해악을 끼쳤을 때, 당연히 시민사회는 애드보커시(advocacy)라는 기능이 있으니까 그런 역할을 할 수 있지만, 시민사회와 기업의 기본 관계는 그런 꾸짖는 관계는 당연히 아니라는 것이죠. 그런 이미지가 형성된 데는 일정 부분 책임이 있지만, 그런 것들을 조장하는 언론이나 이런 것들도 문제가 아닐까 이런 생각이 좀 들어서, 그런 부분이 먼저 완화되었으면 좋겠다는 생각이 듭니다. 시민사회와 기업은 상호 독립적인 것이다. 그런 식으로 관계를 설정하고 사소한 대화든, 섹터 간의 관계든, 개별 기업과 개별 단체 간의 관계든 이런 것들이 맺어져야 한다. 이런 얘기를 좀 드리고 싶어요."(『2022 집단분석 녹취록』, 119쪽).

활동가 A는 이어서 과거와 달리 오늘날에는 기업이 시민사회보다 사회문제 해결에 앞선 측면이 있다고 인정했다.

"언제부터인가 기업이 시민사회에 비해 훨씬 더 이니셔티브를 많이 갖고 있다는 생각이 들어요. (…) 요즈음에는 기업에서 사회문제 해결을 선도하는 쪽이 소셜 벤처, IT, 이런 쪽이잖아요. 여컨대 카카오 임팩트 같은 데서 만든 문제정의해결 툴킷(toolkit) 같은 것을 각 지역의 시민사회 활동가들이 매뉴얼처럼 들고 다녀요. '문제를 어떻게 정의하고 어떻게 해결할 것인가' 라고 하는 측면에서 보면 기업의 논리구조가 굉장히 합리적이기 때문에 시민사회가 개별 단체든 아니면 지역사회가 봉착한 문제를 해결하는데 유용한 인사이트를 준단 말이죠. 과거에 기업은 시민사회의 선도성, 현실성에 비해 후진적이라든가 아니면 문제를 일으키는 집단이었지만 지금은 문제 해결 능력 등 이런 부분에서 이니셔티브를 많이 쥐고 있다. 이런 생각을 합니다."(『2022 집단분석 녹취록』, 119-120쪽).

이에 대해 기업 쪽에서 온 초대 손님 K는 "아시겠지만 전통적으로 기업과 시민사회가 갈등적이고 적대적인 관계에서 처음에 출발을 했고, 그러한 상황은 충분히 이유가 있었을 겁니다. 기업은 그 당시에는 시민사회가 제기하는 어젠다나 방향성에 대한 이해도 없었고, '그런 부분까지 대응해 가면서 대한민국에서 기업을 해 나가야하나' 그런 입장이었습니다. (…) 저는 그런 과정 속에서 지금까지 쭈욱 한 30년을 돌아보니까 시민사회가 기업에 미친 영향이 일정 정도 있는 것 같습니다."(『2022 집단분석 녹취록』, 112쪽)라는 생각도 표명했다. 그는 대한민국의 기업이 반도체, 배터리, 바이오 등의 분야에서 세계적인 기업으로 올라선 과정에서 시민사회단체의 비판이 SHE(Safety, Health, Environment) 문제 해결과 ESG 문제에 있어서 앞서갈 수 있는 동력이 되었음을 인정하면 앞으로도 기업과 시민사회의 협력관계 형성이 가능함을 시사했다.(『2022 집단분석 녹취록』, 112-113쪽).

기업 쪽 초대 손님 L은 기업은 시민사회단체를 두 가지로 나누어 보는 시각을 제시했다. 하나는 기업을 개혁 대상으로 보는 애드보커시 그룹(advocacy group)이고 다른 하나는 기업을 스폰서로 보는 구호 그룹이다. 기업으로서는 모든 시민단체와 호혜적 파트너가 되는 것을 목표로 하고 있으며 시민사회단체와 협력하여 해결할 수 있는 사회적 요구(social needs)에 적극적으로 참여하고 싶지만 아직까지 애드보커시 그룹의 목소리가 강해 적극적인 활동을 못하고 있다고 밝혔다.

기업 쪽 초대 손님 L은 과거와 달리 ESG 개념을 가지고 시민단체와 협력 방법을 모색하다보니 다음과 같이 변화가 생겼다고 진술했다.

"과거에는 '사회의 어려운 부분을 많이 도와 드려야지' 이런 생각이었지만 ESG개념으로 저희도 좀 더 개선을 하다 보니까 ESG는 그냥 잉여자원을 밖으로 이렇게 드리는게 아니고 비즈니스 영역으로 자꾸 들어오게 되죠. 그래서 '이 사업을 시민단체와 같이 한다'고 하면 성과가 명확히 나와야 한다는 저희 내부적인 부담이 생긴 겁니다. 이 얘기는 '시민사회의 파트너가 이것을 해낼 수 있을까'를 고려하게 된다는 겁니다. 그러다 보니 기업이 '갑질'한다는 오해도 나오고 시민사회 내의 지원 대상이 점점 줄어드는 겁니다. 그래서 저희 기업의 방향은 역량있는 시민사회단체들이 많이 나와서 기업들에게 '우리가 이런 혁신성과 역량이 있어, 너희와 같이 사업을 할만해'라는 제안과 이런 자리를 좀 많이 만들어주시면 좋겠다는 겁니다."(『2022 집단분석 녹취록』, 125쪽).

기업 쪽 초대 손님의 위와 같은 입장에 대해 시민사회 활동가 C는 다음과 같이 대응했다.

"기업의 시민사회와의 협력 방향이 전통적인 사회공헌에서 ESG로 넘어가면서, ESG가 참 좋고 그런 것 같지만, 시민사회에서 'ESG는 새로운 마케팅에 불과한 것이다'라는 비판적 시각도 있습니다. 'CSR(Corporate Social Responsibility, 기업의 사회적 책임), CSV(Creating Shared Value, 공유가치창출), ESG는 모두 기업이 활용하는 새로운 마케팅이고 2030년에 SDG(Sustainable Development Goal, 지속가능한 개발 목표)가 끝나고 새로운 국제개발모델이 나오고 하면 이거 또 뭐가 바뀔지 모른다' 이런 관측도 있거든요. 그런데 ESG로 들어가면서 시민사회와의 관계에서 기업에 의해서 협력할 시민단체가 선정된다면 '누가 선정되나?' 하면 능력 있는 단체가 선정되고, '그 능력은 어떻게 표현되나?' 하면 성과로 표현되고 '성과는 뭐냐?' 하면 기업의 ESG 성과 목표에 연결되는 것이다. 이렇게 생각하면 그건 굉장히 또 다른 갈등의 소지가 된다는 거지요."(『2022 집단분석 녹취록』, 126쪽).

그래서 활동가 C는 기업의 ESG 경영과 관련해서 기업의 입장은 100% 인정하지만, 시민사회의 입장에서 보자면 기업과 협력하는 사업은 그것대로 하고 "기업의 ESG 전략에는 100% 부합하지 않지만, 우리 사회에 정말 고질적이고 큰 문제들을 해결하는, 대 사회적인 측면에서 기여하는 활동도 놓치지 말아야 되는 게 아닌가 싶습니다. 그 두 가지 방향을 동시에 추구하는게 필요" 하다는 의견을 제시했다(『2022 집단분석 녹취록』, 126쪽).

활동가 C에 이어 활동가 B도 '성과'를 낼 수 있는 능력 있는 시민단체를 선별하여 협력하겠다는 기업의 입장에 다음과 같이 반응했다.

"크고 역량 있는 단체와 기업이 만나는 게 중요한 게 아니라 작거나 서투르거나 아직은 능력이 없다라도, 진정으로 그런 문제를 해결하고자 하는 단체나 개인들의 연합체나 연대가 있으면 오히려 그런데를 더 찾아내 지원해야 하는거죠. 성과도 중요하지만 우리 식으로 보면 '사람을 남긴다'고 얘기를 하는 거잖아요. (…) 그게 기업과 시민사회의 협력이라는 주제에서 앞으로 가야 할 방향이라고 봅니다."(『2022 집단분석 녹취록』, 129쪽).

3차 집단분석에 초대 손님으로 참석한 자원봉사 영역에서 활동하는 M도 성과보다는 경험을 통해 시민의식을 갖는 교육 기능을 강조했다.

"자원봉사를 제도화할 때 경험을 통해 자발적 시민의식을 갖게 하는 것보다 서비스 생산을 목표로 제도화했습니다. 그러다 보니까 구체적인 아웃풋(output)에 초점이 가 있어요. 그런데 제가 봤을 때는 봉사의 '경험'을 제공하는 것이 훨씬 더 아웃풋이 크다고 봅니다. 시민 형성이거든요. 사실은 공익적 활동을 하고 나면 태도가 달라지는 거잖아요."(『2022 집단분석 녹취록』, 131쪽).

3차 집단분석에서 연구진은 기업 쪽 초대 손님 두 사람의 발언을 통해 기업 쪽에서는 시민단체와 갈등 관계에 들어서는 것을 피하고 어떻게 해서든지 협력관계를 유지하려는 의지하려는 모습을 확인했다. 기업 쪽에서는 기업을 감시 견제 비판하는 시민운동 집단에는 적극적으로 대응하면서 포괄하고, 사회복지나 구호사업 등을 하는 시민사회단체를 통해 기업의 이미지를 밝게 만들면서 기업의 사회적 공헌 활동을 적극적으로 홍보하는 방향으로 대외관계 사업을 진행하고 있음을 확인할 수 있었다.

시민운동과 기업의 관계를 주제로 이루어진 3차 분석은 주로 기업의 시민운동 지원사업과 관련된 논의에 집중되었다. 개발협력 분야에서 활동하는 활동가 C는 기업이 시민단체 활동을 지원하는 방식에 문제를 제기했다. 그는 "기업이 사회공헌을 하는데, 꼭 본인들의 공장이 있는 지역에, 본인들의 가치와 이름이 들어간 것을 우선시 한다"(『2022 집단분석 녹취록』, 116쪽)고 지적한 다음 "기업 측에서 들으면 기분 나쁠지 모르겠지만" 시민사회와 기업의 협력 과정에서 기업이 '갑'이 되고 시민사회가 '을'이 되는 상황을 비판했다. 환경이나 인권 분야에서는 그래도 시민사회가 문제를 제기하고 기업이 수세적인 입장이지만 국제개발협력이나 자원봉사 같이 '구호'의 측면이 강한 분야에서는 기업이 확실한 '갑'의 위치에 있어서 기업 쪽의 문제가 있어도 "찍힐까 봐" 성명을 내거나 문제를 제기하지 못한다면서 다음과 같이 말했다.

"그러나 그런 관계가 광장히 고착되면, 이런 표현까지 나옵니다. '시민사회는 기업 사회공헌의 하청업체냐 서브컨트랙터(sub-contractor)냐?' 실제로 NGO를 그렇게 대하는 기업을 제가 알고 있습니다. (...) 기업의 마케팅 전략의 일환으로 추진되는 부분이 없지 않다는 겁니다. 이게 진정한 협력으로 가려면, 기업은 단기간에 결과가 나오는 게 아니라 중장기적인 결과를 위해서 NGO가 정한 그 지역에서 필요한 대상, 사업 분야를 후원하면서 기업의 이름이 나올 수도 있고 안 나올 수도 있고 하는 식으로 관계를 설정하는 것이 필요합니다."(『2022 집단분석 녹취록』, 116쪽).

자원봉사 활동가 M은 시민사회와 기업이 함께 추구하는 공동의 목표, 공동의 성과를 설정해야 실질적인 협력이 가능하다면서 21세기 인재 양성 프로그램을 다음과 같이 제시했다.

> "예를 들어 21세기에 필요한 미래 인재 역량을 키우기 위해 필요한 사회적 경험이나 공익활동에 대한 경험을 시민사회와 기업이 협력해서 집중적으로 제공하는 프로그램을 생각해볼 수 있습니다. 이런 것을 통해서 양성된 미래 인재가 시민사회도 풍성하게 만들고, 기업도 융성하게 만드는 그런 공통의 인재가 될 수 있습니다. 저는 시민사회와 기업이 이런 협력관계를 한번 합의해볼 수 있지 않을까 생각합니다."(『2022 집단분석 녹취록』, 135~136쪽).

활동가 A는 기업과 시민사회의 협력이 제대로 이루어지기 위해서는 두 영역이 함께 지향하는 목표, 즉 "'어디로 향해 갈 것인가?'에 대한 합의와 그 과정에서 구현해야 하는 가치도 공유해야 한다"면서 다음과 같이 문제를 제기했다.

> "기업이 사회공헌을 한 지가 오래되었는데 시민사회 쪽에서 불만과 볼멘소리가 나오는 것은 시민사회와 기업이 어떻게 만나야 될 지에 대한 합의가 안 되었기 때문인 것 같아요. 그 중 하나가 과연 기업이 시민사회의 균형적 발전이라든지 생태계를 만드는 데도 역할이 있다는 인식을 하고 있을까? 저는 그 부분에서 시민사회와 기업의 인식 차이가 되게 클 거라고 생각하고든요. 기업이 '시민사회의 사람을 키우는 일을 자기 일로 받아들이는가?' 저는 이런 부분에서 아직 확신이 없습니다."(『2022 집단분석 녹취록』, 138-139쪽).

활동가 C는 '법치가 잘 되는 국가', '생산적인 기업', '민주주의와 협동, 협치 같은 가치와 규범을 지키고 교육하고 실천하는 시민사회'라는 세 영역의 공존을 이상적 상태로 보면서 기업과 시민사회의 협력 방향을 거시적인 차원에서 다음과 같이 제안했다.

"그렇게 형성된 시민들이 정부를 견제하고 협력도 할 수 있고, 그런 시민들이 기업에 들어가서 다양한 창의적 활동으로 기여할 수 있는 그런 방향으로 가야 합니다. 그렇게 보아야 기업이 개별 시민단체 지원을 넘어서 시민사회 전체가 활성화될 수 있도록 지원하는 명분이 생깁니다. 시민사회가 활성화되어야 거기서 길러진 좋은 시민들이 결국 기업의 창의성과 혁신에도 기여한다고 생각해야 기업이 시민사회의 발전을 위해 나서게 되지 않을까, 이런 생각이 좀 들었습니다."(『2022 집단분석 녹취록』, 134쪽).

활동가 A는 "기업이 시민사회를 이제 하나의 사회발전의 주체로 인정하고 시민사회 섹터가 균형 성장할 수 있도록 하는 그런 촉진의 역할을 맡는다는 부분과 그 다음에 시민사회와 기업이 공동으로 지향해야 할 어떤 사회비전을 공유해야"(『2022 집단분석 녹취록』, 139쪽) 생산적인 협력관계가 가능할 것이라는 생각을 밝혔다.

시민사회 활동가들은 기업쪽 초대 손님을 향해 기업이 목표와 방향을 세우고 거기에 응하는 시민단체를 지원하는 활동과 더불어 시민사회의 역량 강화와 인재양성을 위해 포괄적으로 지원하는 활동을 병행할 것을 주문했다. 이에 대해 기업 쪽 초대 손님 K는 1990년대까지는 시민사회가 '압도적인 도덕적 우월성'으로 기업을 압박했지만 기업 활동이 세계화되면서 기업은 글로벌 파트너와 글로벌 기구들의 압박을 받으면서 중장기적으로 지속가능한 기업으로 변신하기 위해 글로벌 스텐더드에 맞추는 노력을 계속해 왔다면서 이제는 시민사회가 기업을 "혼내고 손가락질하고 그런 방식"이 아니라 전문성을 가지고 기업 활동이 "국민경제와 민생에 영향을 미치는 부분을 딱딱 지적해 주는" 역할을 기대했다(『2022 집단분석 녹취록』, 144쪽). K는 시민사회가 기업에게 시민사회의 인재 양성에 기여해 달라는 주문에 대해서 그것은 시민사회 스스로 할 일이라는 생각을 다음과 같이 넌지시 비쳤다.

"저희가 요새 경력직 채용을 할 때 깜짝깜짝 놀라는게 시민사회에서 중간 간부까지 했던 친구들이 많이 지원해서 들어옵니다. 저는 '그렇게 훌륭한 친구들이 왜 시민사회 영역에서 계속해서 머무르고 성장해서 대한민국의 공적인 것을 키워가는 인재로서 자기 인생을 투자하지 못하고, 결국 대기업 트랙으로 오게 되는 거냐?' 그런 질문을 하게 됩니다. (…) 그런 친구들이 자신의 역량과 품성을 던져가지고 공적 영역에서 일할 수 있는 그런 기회나 분위기를 만들어주는 그런 정도의 일을 과연 대기업이 할 수 있을까? 그것은 사실 기업이 할 수 없을 겁니다. 기업은 그런 친구들이 있으면 기업 안으로 들어서 쓰는 것이지요. 그런데 사실 우리가 시민사회로부터 기대하는 것은 그런 역량을 가진 친구들의 공적 활동인데 그런 친구들이 왜 시민사회에 머물지 않고 기업으로 들어올까? 그걸 보면서 상당히 안타깝다는 느낌을 받았습니다."(『2022 집단분석 녹취록』, 144쪽).

시민사회 쪽 활동가와 기업 쪽 초대 손님들은 앞으로 성공적인 협력 모델을 만들어야 한다는 점에서는 합의했다. 먼저 기업쪽 초대 손님은 다음과 같이 말했다.

"기업 쪽에서 뭔가 시민사회에다 말씀드릴 수 있는 대안이 뭐냐고 하면, 저희는 빨리 좋은 모델을 하나 만들었으면 좋겠습니다. 협력의 좋은 모델을. (…) 그러니까 뭔가 질서 있는 매뉴얼, 저희가 보기에는 좋은 성공 모델이 하나 나왔으면 좋겠다. 그럼 그 모델을 따라서 앞으로 협력의 방향성들이 이렇게 잡혀가지 않을까 그런 생각을 좀 해보거든요."(『2022 집단분석 녹취록』, 147쪽).

이에 대해 시민사회 활동가 활동가 B는 기업이 사회와 맺는 관계에서 빚어지는 갈등적 문제를 풀어가는 일과 기업과 시민사회가 공동의 협력을 통해 함께 사회적 문제를 해결해나가는 과제를 구별한 다음 두 번째 과제에 대한 자신의 생각을 다음과 같이 밝혔다.

"저는 그 두 가지 문제 중 후자를 계속 강조했던 것이고, 그것과 관련되어 지금까지 수 년 동안 해왔던 방식을 좀 극복할 수 있다면, 뭔가 협력적인 시민사회와 기업 간의 협력 모델을 만들어볼 수 있지 않을까? 이런 생각입니다."(『2022 집단분석 녹취록』, 149쪽).

기업쪽 초대 손님도 이에 동의하면서 다음과 같이 말했다.

"앞으로 대한민국의 건강한 발전을 위해서 기업과 시민사회는 계속해서 서로가 서로를 필요로 하고 때때로 견제하고 파트너가 되기도 하는 그런 다양한 관계를 만들어가야 한다는 점을 100% 인정하고요. 그것을 어떻게 할 수 있는 것인지, 저희는 또 기업 차원에서 계속 고민을 해나가도록 하겠습니다."(『2022 집단분석 녹취록』, 151쪽).

ESG 경영과 관련하여 기업 쪽 초대 손님 L은 과거에는 시민단체의 기업에 대한 감시와 비판이 기업의 사회적 가치 실현이나 ESG 경영 능력 향상에 도움이 되었지만 정작 현재의 시점에서 보았을 때 기업과 파트너가 되어 일할 수 있는 역량을 가진 시민단체를 찾아보기 어렵다고 말했다.

"저희는 소셜 밸류(social values)랄지, ESG랄지, 이런 것 등등에 적극적으로 나서는, 스스로 어젠다를 만들어가는 과정들에 있는데, 그렇다면 그것을 할 수 있는 카운터 파트너로서 역할을 할 수 있는, 시민사회의 손을 잡고 갈 수 있는 역량이 비례적으로 좀 같이 커서 했으면 좋았을텐데, 이제는 어떻게 보면, 그런 부분에 있어서는 기업의 목소리가 좀 과잉적으로 나오고 그걸 함께 손잡고서 할 수 있는 시민사회의 목소리가 같이 나오지 못하고 있습니다. (...) 이제는 30년 전에 저희가 시민사회로부터 푸시(push)를 받아야만 눈치 보면서 했던 환경적인 실천들이 이제 스스로가 하게 되는, 그런 어떤 사이클이 만들어지고 있는 게 지금은 차이점이 되고 있는 게 아닌가 싶습니다."(『2022 집단분석 녹취록』, 114쪽).

이에 대해 활동가 B는 "기업도 ESG 등의 거대담론과 RE100선언 등 구체적 방법으로 변하지 않으면 안 된다는 어떤 절박함을 느끼면서 어떤 변화를 추구하고 있다고 봅니다. 그렇게 하지 않으면 기업도 못살고 지구도 못살고 우리 사회가 유지되기 어렵다는 것을 아니까 서서히 그렇게 가고 있습니다."는 견해를 제시했다(『2022 집단분석 녹취록』, 109쪽). 이에 대해 기업 쪽 초대 손님은 활동가들을 향해 기업의 RE100 선언이나 탄소중립 선언도 환경단체의 압력에서 비롯된 것이 아니라 "글로벌 체인 밸류에 있어서 그렇게 하지 않으면 살아갈 수 없는 냉정한 현실"에서 비롯된 것이라고 밝혔다(『2022 집단분석 녹취록』, 114쪽). 시민운동가들은 이에 대해 적절하게 반응하지 못함으로써 현실적으로 환경문제 해결에 기업이 주도적 역할을 하고 있는듯한 인상을 주었다. 기업 쪽 초대 손님은 시민단체에서 일하던 사람이 기업으로 이직하는 사례를 예로 들면서 '왜 시민단체가 능력 있는 활동가를 지속적으로 키워내지 못하는가'라며 시민운동 진영을 몰아붙였다.

이에 대해 활동가 A는 시민사회와 기업의 관계에서 탄소중립이나 기후위기 등 공동의 문제에 대해서는 누가 더 문제 해결에 유용한가?'를 놓고 서로 경쟁하면서 협력하는 관계를 만들 수 있다면서 세 가지 근본 문제를 제기했다. 첫째는 기업이 정권의 변화에 따라 시민사회를 대하는 태도가 달라진다는 점이고, 둘째는 기업의 평판에 문제가 발생했을 이를 경제적 물질적 지원으로 무마시키려는 상습적 태도이며, 셋째로 어떤 점에서는 글로벌 스텐더드들 선도적으로 이끌면서 다른 점에서는 '야만적이고 후진적인 측면'을 보이는 이중적 성격이 문제라는 지적이다(『2022 집단분석 녹취록』, 121쪽). 연구진의 공석기도 활동가 A의 발언에 이어 기업들이 "중앙에서라든가 글로벌 차원에서는 혁신의 이미지를 강조하고 실천하지만, 지역에서는 건설이라든지, 땅이라든지 아니면 재생에너지 확보 같은 문제에서 정부의 보조금에 대한 이해를 가지고 이전투구를 벌인다."면서 그런 부분에 대해서는 시민사회가 기업에 대한 챌린지라든지 애드보커시가 필요하다"고 덧붙였다(『2022 집단분석 녹취록』, 121~122쪽).

3차 집단분석에서는 전체적으로 기업과 환경 문제를 논의할 때 RE100 재생에너지 100% 사용 문제에 한정되어 그 밖의 거시적 환경 문제에 대한 기업의 책임을 추궁하지 못한 느낌이다. 그리고 기업과 협력하는 사회공익 증진 활동에서는 기업이 주도권을 잡고 있는 상황임을 확인했다. 기업과 시민사회의 관계에서 기업이 환경과 보건 관련 시민단체들의 주장을 수용하여 문제를 해결하고 있으나 이에 대해 시민단체들이 적절하게 비판 감시활동을 하지 못하고 있는 상태이며 기업이 세계 시장으로부터 압력을 받아 전문성을 가지고 주도하는 상황에서 시민단체의 영향력 있는 비판자 역할이 약화되고 있음도 확인할 수 있었다.

3차 집단분석에서 시민운동가들은 ESG에서 친환경 문제(E)에 대해서는 어느 정도 논의했지만 사회적 책임문제(S)와 투명한 협치구조(G)에 해당하는 부분에 대해서는 깊이 있게 논의하지 못했다. 기업 내부 거버넌스와 관련하여 노동조합과 노사협의, 사외이사, 노동이사, 총수세습, 탈세방지책, 소액주주 권익 문제 등은 거의 논의되지 않았다. 이것은 활동가들이 시민사회(시민단체)의 독자성과 시장(기업)에 대한 비판과 감시 견제의 기능을 철저하게 인식하지 못하고 있음을 보여주는 것이다.

2000년대 초부터 세계화의 심화에 따라 기업의 글로벌 활동이 중요해졌다. 앞으로도 청와대나 정치권(정당, 의회)의 역할 못지않게 대기업 기획실과 전경련, 경총 등 기업가 단체의 역할이 두드러질 것이다. 기업 쪽에서는 오히려 선제적으로 사회적 책임, 환경문제에 대한 대응, 거버넌스 문제를 적극 검토하고 대응하고 있다. 초대 손님으로 온 기업 쪽 대표는 시민단체를 비판형 문제제기 집단과 구호형 복지활동 집단으로 구별하고 비판할 것은 비판하되 기업과 협력하여 공동으로 활동하는 부분을 효과적으로 수행하자는 입장을 취했다.

일반적으로 기업의 대외관계는 지역주민과 시민단체의 구체적 사안에 따른 이슈별 문제제기를 처리하는 데 집중되어 있다. 내부로는 노동조합과의 교섭이 중요하지만 그 문제는 비정규직 확대와 사내 복지 증진으로 해결하고 있다. 기업 내부의 거버넌스는 기업 내부의 경영권이 크게 침해받지 않는 범위 안에서 처리되고 있다. 기업의 대외관계 활동은 기본적으로 영리를 추구하는 조직(For Profit Organization)인 기업 활동의 연장이다. 이것은 삼성이나 현대, SK나 LG 다 마찬가지로 보인다. 다만 SK가 적극적 공세적으로 기업의 사회적 책임 문제를 스스로의 문제로 받아들이고 있는 듯한 담론을 내세우고 다른 기업보다 적극적으로 활동하고 있다는 점이 다르다. 시민운동가들은 기업의 이런 담론적 공세에 대한 비판적 대안 담론을 제시하지 못했다. 이렇게 되면 앞으로 기업의 자유로운 활동 폭이 넓어지고 시민사회의 비판적 담론은 더욱 약화될 수밖에 없을 것이다.

시민사회의 기업에 대한 견제는 비시장 또는 사회적경제 영역을 활성화시키는데 있다. 지역에서 신용조합운동을 오랜 기간 해온 N은 3차 집단분석에 초대 손님으로 참석해서 사회적경제 부문과 신용조합 운동 사이의 접점에 대해 다음과 같이 이야기했다.

"사회적경제 내에서 사회적 금융은 정말 중요한 근간이거든요. 그런데 대부분 사회적경제 조직들이 선뜻 정책 공모를 통해 선정된 팀을 지원하는 기금들로 눈을 돌려 신협과 같은 사회적 금융 부문이 조성한 '자조금'이라는 영역을 놓치는데 그런 부분에 있어서 사회적경제 조직들이 앞으로 신협과 함께 하는 파트너십을 공고히 해야 합니다. 더군다나 시민사회 영역에 대한 정부의 지원이 축소될 것으로 예상되는 이 시대에서 (민관협치보다는) 민민간 협치가 만들어지는 새로운 ESG경영을 만들어나가야 된다, 이렇게 생각합니다."(『2022 집단분석 녹취록』, 65쪽).

하지만 집단분석 참여자들은 신용협동조합 같은 경험을 활용하여 거버넌스 틀 안에서 이루어진 사회적기업 활동을 어떻게 변화시키고 발전시킬 것인가에 대한 생각을 내놓지 못했다.

국가 간의 자본, 정보, 인력이 과거에 비해 훨씬 자유롭게 이동하게 된 상황에서 2000년대에는 세계적인 차원에서 포르토 알레그로 세계사회포럼, 아탁 등 전지구적 차원의 시민운동이 전개되었지만 지금은 그런 운동도 매우 약화된 상태에 있다.[7] 한국, 중국, 일본, 대만, 홍콩을 포함하는 동북아지역의 국제적 시민연대 활동도 미약한 편이다. 시민운동의 활동 범위를 기준으로 지역운동(local), 국가 단위 운동(national), 국가간 연대운동(regional), 전지구적 운동(global)으로 구분할 수 있다면, 전지구적으로 생각하고 지역에서 활동하는 글로컬리즘(Glocalism)과, 지역적으로 생각하고 전지구적으로 활동하자는 로카발리즘(Locabalism)이 동시에 필요하다. 그러나 2000년대 이후 한국의 시민운동은 지역적 운동과 전국적 운동을 유기적으로 연결시키지 못했고, 국내운동을 동북아나 전지구적 차원에서 의미를 갖는 운동으로 전환시키지도 못했다. 연구진은 활동가들에게 이런 차원의 문제를 제기했으나 활동가들은 이 부분에 대해 별다른 논의를 진전시키지 못했다. 그러나 한국 시민운동의 미래를 위해서는 지역, 국가, 동북아, 세계체계 등 다양한 차원에서의 운동을 유기적으로 결합할 필요가 있다.

4. 시민운동과 MZ세대

1차 집단분석에서 연구진이 시민운동 쇠퇴 가설을 제시했을 때 활동가들은 과거와 같은 거대 시민단체 중심의 시민운동은 쇠퇴했는지 모르지만 그와 구별되는 청년 세대를 중심으로 "희미하지만 뭔가 변화들이 있다"는 주장을 폈다. 그래서 4차 집단분석에서는 서울, 대구, 광주에서 활동하는 10년 정도의

---

7 임현진·공석기. 2014. 『뒤틀린 세계화: 한국의 대안 찾기』. 나남출판.

경험을 가진 30대 청년 활동가 세 명을 초대해서 선배 세대 활동가 네 명과 대면하게 했다. 그 과정에서 시민운동의 과거와 현재 그리고 미래를 이어보려고 했다. 먼저 선배 세대의 경험을 다음 세대에 전달하고, 이어서 청년 세대의 미래에 대한 생각을 들어보았다.

　　세 명의 초대 손님 가운데 개발 협력 분야에서 기후위기에 관심을 기울이고 있는 활동가 O는 이전과 다른 방식의 시민운동의 모습을 보여주었다. 그는 베트남 등에서 개발협력 활동을 하다가 기후문제에 관심을 갖게 되어 한국에 돌아와 어느 환경단체에서 일했는데 그 단체를 그만두고 나와 독자적인 활동을 하고 있다. 그는 기존 단체에서 나온 이유를 "이게 시민단체냐, 이게 환경이냐"라는 두 가지 문제의식 때문이라면서 시민단체의 선명성과 자발성 그리고 전문성을 강조했다. 그는 『오래된 미래』의 저자 헬레나 노르베리-호지와 함께 일하면서 자신의 신념과 사상대로 남이 뭐라 하든 "나는 나의 길을 가련다"라는 '뻔뻔함'을 배웠다며 이렇게 말하기도 했다. "나는 나의 활동하는 삶이 행복하고, 그 행복이 공공성 증진에 쓰이고 사회발전에 기여한다면 나는 충분히 뻔뻔해도 된다는 것을 그분이 활동하는 모습을 보면서 알게 되었다."(『2022 집단분석 녹취록』, 219쪽). O는 주류 언론의 공익활동 소개에 문제점을 지적하며 지금은 유튜브 영상을 올리고 있지만 앞으로 더욱 노력하여 주류 언론과는 다른 방식으로 공익활동의 '더 나은 미래'를 그리는 영향력 있는 미디어를 만들겠다는 포부도 피력했다(『2022 집단분석 녹취록』, 193쪽).

　　그러나 사회적경제 영역과 중간지원조직에서 활동한 두 명의 청년 활동가의 경우는 이와 조금 다른 모습을 보여주었다. 먼저 광주의 활동가 P는 "저희는 활동을 사회적경제로 시작했는데, 저희가 지역 시민운동도 어느 정도 같이 하게 되었고 어쩌면 그쪽으로 갈 수도 있었는데, 저희는 '이 길(시민운동)은 아닌 것 같다'는 생각이 좀 들었고 명확하게 우리는 돈을 버는 기업을 만들게 됐고, 그런 '나의 것'을 만들어야 했기 때문에 협동조합을 설립하게 됐죠."(『2022 집단분석 녹취록』, 208쪽)라고 말했다. P는 "사실 이런 거대담론이라든지 이념에 대해서 이야기를 하는 게 굉장히 낯설잖아요. 우리가 보는 세상은 그냥 나의 하루, 그런 안온한 나의 일과, 나의 일상의 문제들이 해결되는 것. 그런 것들이었고, 그것들을 내가 경험해 봤을 때 오히려 그것을 통해 사회가 변화되는 것을 알 수 있고, 내가 무언가 할 수 있는 것을 알 수 있었기 때문에 그런 경험을 차곡차곡 쌓아가서 나랑 같이 할 수 있는 사람들이 계속 늘어난다면 내가 정말 좋아하는 시민단체로 그들을 초대할 수도 있고, 연구를 더 확장할 수 있지 않을까 생각했죠."(『2022 집단분석 녹취록』, 208쪽). 그래서 시작한 일이 "기술을 활용한 일상의 문제 해결"이었다. "문제를 해결하면 돈이 생겨요. 뭔가 할 수 있는, 뭔가 시작할 수 있는 힘이 생기고, 뭔가 생산할 수 있는 여력이 생기고, 또 동력이 생기고 이러다 보니까 그게 결국에는 사회적 메시지를 내는 지속가능한 그룹으로 작동할 수 있겠더라고요."(『2022 집단분석 녹취록』, 208쪽).

대구에서 온 다른 활동가 Q는 선배들이 계속 대구를 바꾸라고 하는데 "지금 대구도 좋은데 어떻게 뭘 바꿔야할 지 모르겠다."면서 "대구 지역이나 시민운동의 변화, 이런 것을 10년씩 이런 식으로 넓은 변화와 미래로 연결시키는 방식으로 제가 뭔가 체감해서 활동을 하고 있지는 않거든요. 그러니까 '10년 뒤에 네가 대구를 바꿀 수 있을 거야'라는 말이 와닿지가 않는다는 거죠. '그렇게 되려면 내가 뭘 어떻게 해야되지?' 그런 막막함이 더 큰 것 같아요. 10년 뒤 대구나 대구 시민운동의 변화 이런 것들은 너무 먼 이야기 같아서, 잘 체감을 못하는 것 같아요."(『2022 집단분석 녹취록』, 216쪽). Q는 시민단체의 지속가능성은 활동가의 지속가능성과 연결되어 있는데 활동가들을 소진시키는 작업 환경 개선을 위해 「활동가도 노동자」라는 자료집을 내고 노동조합 설립 활동을 했다. 사회 전체에 대한 비전을 만드는 일보다는 일단 생존하고 생활을 하기 위해 전직 활동가들을 모아 협동조합을 만들고 공공기관 등으로부터 영상 편집, 원고 작업 등의 일감을 수주받아 납품하는 수익 창출 사업을 하고 있다(『2022 집단분석 녹취록』, 202쪽).

시민운동 내부에서 세대 교체가 일어나고 있으며 젊은 세대는 전 세대와 구별되는 자기 세대의 특성을 보이고 있다. 다양한 지향성과 운동 방식을 지닌 젊은 세대의 시민운동이 앞으로 어떻게 진행될지는 관심을 가지고 지켜보아야 한다. 선배 세대가 이룩한 시민운동의 경험을 비판적으로 계승하고 자기 세대 나름의 창조적 단절을 통해 새로운 시민운동을 열어가야 하지만 그 전망이 그리 밝지는 않은 것이 지금의 상황이다. 다음 장에서는 시민운동의 심층적 문제로 비판담론의 부재와 한국인의 문화적 문법의 지속이라는 두 가지 근본 문제를 논의할 것이다.

· · · · ·

제4장

한국 시민사회운동 비판

나는 비전(vision)이란 보이지 않는 것을 보는 능력이며 그것을 통해서 본 미래상이라고 생각한다. 지속가능한 세계시민사회란 평화, 정의, 자유, 평등, 믿음, 사랑, 풍요 등 인간의 기본적 가치가 세계시민 생활의 모든 국면에서 실천되는 사회를 의미한다. – 임길진

1. 시민운동과 비판 담론의 약화

인간의 사회적 행위에는 내적 동기와 의미체계가 필요하고 시민운동과 같은 집단행위에는 그런 행위를 추동할 기본적 담론과 설명체계가 필요하다.[1] 개인 차원, 지역 차원, 국가 차원, 동아시아 차원, 전지구적 차원의 활동이 서로 어떻게 연결되는지를 밝혀줌으로써 자기가 하는 활동의 의미가 확장되어야 장기간 아니 일생 동안 시민으로서 살아가면서 공적 참여 활동을 하게 된다.

그런데 경실련 사무총장을 가장 오랜 기간 역임한 시민운동가 고계현은 "2000년대 중반에 들어서면서 시민단체 위상이 급격히 흔들렸다."면서 그 이

---

1 정수복. 1994. 『의미세계와 사회운동』. 민영사 참조

유로 정부와 기업 소속 각종 연구소에서 보고서를 쏟아 내고, 교수들도 학회나 언론을 통해 '어젠다'를 만들어 내면서 시민운동의 어젠다 설정 기능이 떨어졌다고 지적했다.[2] 그렇다면 이런 상황에서 시민운동의 비판담론을 어떻게 다시 만들어갈 것인가?

비판 담론에서 가장 중요한 키워드는 비판적 활동의 주체에 대한 정의와 호명이다. 1990년대 경실련과 참여연대 등 시민운동 단체에 의해 널리 쓰이기 시작한 '시민'이라는 용어는 1980년대 반독재 민주화운동에서 널리 사용되던 '민중'이라는 말을 대체한 용어였다. 시민은 독재에 저항하는 주체가 아니라 권위주의를 타파하고 민주적 제도를 만들고 거기에 참여하는 능동적 주체를 의미했다. 그러나 김대중, 노무현, 문재인 등 민주당 정권 시기에 시민단체는 정부 정책을 지지하고 지원하는 활동을 하면서 독립성을 상실했다. 서울시장에 박원순이 장기 집권하면서 시민사회=시민운동=시민단체=민주당이라는 등식이 널리 퍼졌다. 그 결과 보수와 진보, 국민의 힘과 민주당 양 진영으로 갈라지는 담론 투쟁의 장에서 시민단체는 진보=민주당과 유사 입장을 가지고 활동하는 단체로 인식되면서 보수나 중도 지향의 시민들로부터 외면당하게 되었다.[3] 심지어는 시민단체에서 상근하는 활동가들도 시민사회, 시민운동이라는 용어와 괴리감을 느끼고 있다.

시민사회운동이 지속되기 위해서는 국가(정부)와 구별되고 시장(기업)과 구분되는 시민들의 자발적 의사 표명과 활동이 보장되는 '공론장'으로서의 시민사회 개념을 다시 한번 분명히 하고 그것을 시민사회단체 활동가 교육을 통해 공유함으로써 시민단체와 시민운동의 정체성을 분명히 해야 한다. 그러나 이미 오염된 시민사회, 시민운동, 시민단체라는 용어의 본래 의미를 회복하기는 쉽지 않아 보인다. 그렇다면 서양 언어의 번역이 아닌 우리 나름의 용어를 개발해야 하는데 그 또한 쉽지 않은 형편이다. 그러나 우리의 언어로 우리

---

2 이상무. 2017. "시민운동, 시민 실생활 파고들지 못하면 망해요." 「한국일보」 8월 16일.

3 사회학자 유석춘은 일간지 칼럼에서 시민단체를 '민주당 정권의 2중대'라는 용어로 비하했다.

의 현실을 지칭하고 설명하는 언어를 창조하는 작업은 우리 현실을 새롭게 바꾸는 작업의 출발점임이 분명하다. 여기에 담론 투쟁의 중요성이 있으며 거기에는 지식인의 참여와 사상 작업이 중요하게 작용한다. 뉴스화된 단일 이슈에 대한 비판을 넘어서 한국 사회 전체를 바람직한 모습으로 만들기 위한 비전을 수립해야 한다. 그리고 그 비전을 총체적 대안으로 만들기 위해 성찰하는 시민들의 자유로운 의사표명, 문제 제기, 결사와 집회, 대안 제시 등이 제약 없이 활성화되는 공간으로서의 시민사회의 영역이 강화되어야 한다는 논리를 확산시켜야 한다. 시민은 권력의 지배와 관리의 대상으로 축소될 수 없고, 기업의 마케팅 대상이자 합리적 소비자에 머무르지 않는다. 시민은 바람직한 사회를 위한 독자적인 비전을 만드는 창조적 주체가 될 수 있다. 시민사회는 기업과 정부의 현실 진단과 구체적 정책, 주어진 삶의 방식을 비판적으로 성찰하며 변화와 개혁을 요구하는 세력이 살아 숨쉬는 공간이다. 시민사회는 시민운동과 시민단체가 살아 움직이는 공적 공간이다. 그런데 시민사회, 시민단체, 시민운동이라는 용어 자체가 오해와 편견으로 기피되는 용어가 된 현실은 곧 시민사회의 축소, 시민운동의 약화를 의미한다. 시민사회 영역의 활동가들마저도 시민사회의 중요성을 제대로 인식하지 못하기 때문에 정치인이나 행정직, 선출직 의원 등으로 이동하는 것을 별로 문제 삼지 않는다. 시민운동은 정당이 주도하는 정치 영역이나 공무원이 주도하는 행정영역과 구별되는 독자적인 영역으로 스스로의 힘을 키워야 한다는 생각이 거의 없는 것이다. 시민운동은 그저 정치 영역으로 입문하기 위한 초기 단계로 인식하는 청년 활동가들이 늘어나고 있다. 이런 상황에서 새로운 운동의 주체를 정의하고 문제상황을 진단하고 대안을 포함하는 새로운 비판 담론의 구성이 절실하다.

    2차 집단분석에서 연구진은 다양화되고 전문화된 시민활동이 서로 '연대'하여 더 큰 힘을 발휘하기 위해서는 전체를 관통하는 프레임, 담론, 분명한 비전과 목표가 있어야 하는데 현재 시민운동에는 그 부분이 부족하다고 지적하면서 시민사회의 저변이 확대되고 있지만 그 저변을 끌어모을 시민사회 활동을 관통하는 공동의 목표와 비전이 불투명하다는 가설을 제시했다(『2022 집단분석 녹취록』, 81쪽).

이에 대해 집단분석에서 전직 고위공무원 E는 '담론'이라는 개념을 '시대정신'과 유사한 것으로 보면서 우리 사회에는 역사적 경과에 따라 항일, 반독재, 민주화, 통일 담론 등을 거쳐, 환경, 여성, 소비자, 자치, 언론개혁 등의 담론이 등장했다고 말했다. 그는 그런 거대담론과 더불어 '생활밀접형 실천강령'이라고도 할 '미세 담론'이 필요하다고 주장했다(『2022 집단분석 녹취록』, 89쪽). 그런데 담론이 담론으로 기능하려면 시민들의 마음에 파고들어 시민참여를 자아내어야 한다. 그런 뜻에서 2020년대 '시민을 움직이는 시민사회의 독자적 담론이 있는가?'라는 질문이 가능하다. 이에 대해 활동가 D는 1990년대 이후 시민사회의 담론변화를 다음과 같이 요약했다.

"한국시민운동의 독자적 담론, 거대 담론, 대안 담론이 있는가? 저는 현재는 없다고 봐요. 그게 솔직한 답인 것 같고요. 그 이유가 뭐냐? 여러 가지 이유가 있을텐데, 상황의 변화가 있습니다. 물론 상황이라는 게 정치적 경제적 여러 가지 상황의 변화가 있겠지만, 우리가 주체의 입장에서 보면, 그동안 2000년대가 되면서 시민운동의 영역이 넓어졌고, 넓어진 것의 긍정적 측면으로 전문화되었고 또 다양화되었다는 것도 있는데, 부정적인 측면으로 파편화되는 부분도 있잖아요. 그리고 이것을 하나로 묶을 수 있는 연결고리라든가 네트워크가 약해지는 그런 한계가 있기 때문에, 그런 것들을 조직적으로 구조적으로 네트워크를 해서 담론을 만들어가는 고리가 끊어져 있다고 저는 생각합니다."(『2022 집단분석 녹취록』, 78쪽).

다른 한편 활동가 B의 다음과 같은 발언은 시민운동가나 시민단체가 담론의 필요성을 절실하게 느끼지 않음을 보여주었다. 그는 시민사회에 담론 형성을 요구하는 것은 과한 요구라면서 시민단체는 일단 현장의 문제에 주목하고 그 문제 해결을 위해 활동한다고 말했다.

"사실 저는 '시민운동에 담론을 얘기하는 게 좀 과한 요구다' 이런 생각이 좀 드는데 '시민운동이 시대적 담론을 꼭 형성해야 되느냐, 가져야 되느냐' 이런 생각이 듭니다. (…) '이게 시민운동의 역할을 벗어나는 것이 아니냐'는 생각이고 시민운동은 일단 '현장의 문제를 보라' 이런 생각이 들고요."(『2022 집단분석 녹취록』, 91~92쪽).

그렇다면 결국 시민운동의 담론은 시민사회를 대변하는 지식인 집단이 주도하고 시민단체와 대화를 통해 실천의 의미체계로 만들어가야 한다. 그런데 오늘날 시민사회를 대변하는 지식인이 거의 사라졌다. 다시 활동가 D의 말을 들어보자.

"1990년대에 시민운동이 상당히 활발할 때는 거기에 연구자들, 전문가들, 소위 말하는 대학 교수들, 이런 사람들의 참여가 굉장히 많았거든요. 그런데 지금은 옛날에 비하면 정말 소위 전문가들의 참여가 현저하게 떨어져 있어요. 적어도 현장에 있으면 분명히 전문가의 영역이 필요하거든요. 뭔가 새로운 대안이랄까, 아니면 이슈 파이팅을 하더라도 뭔가를 제시해야 되는데 이런 부분에 현장 활동가들은 한계가 있고, 시간적인 여유도 없고 연구할 환경도 안 되고, 그런데 이런 것들은 소위 전문가들, 그런 사람들이 좀 받쳐주고 지원해주고 해야 되는데, 그런 현상들이 이제 많이 떨어지고 보니까, '담론'까지 고민할 수 있는 그런 것은 좀 어렵다는 생각이 듭니다."(『2022 집단분석 녹취록』, 78-79쪽).

그러나 활동가 A는 시민들의 수준이 높아져서 예전과 같이 몇몇 지식인이 비판적 담론을 구성하여 많은 사람이 공유하는 시대는 지나갔다면서, 그런 담론이 필요하다고 하더라도 지식인이 사라진 현실을 다음과 같이 이야기 했다.

"저는 담론이 필요하다고 하더라도 지식인의 역할이 그렇게 가지 못할 것 같아요. 왜냐하면 이제 대학사회도 완전히 상업화되어서. 제가 예전에 들은 되게 웃긴 에피소드가 있는데 어떤 교수가, 전문가 권리보장 활동을 하는 분이 얘기하는데, '선생님, 내가 여기서 활동하는 것보다 논문을 쓰고 (그 성과에 대한 돈을 받은 후에 우리 단체에 후원금으로) 돈을 내는 게 더 기여하는 게 되지 않나?'라고 하시더라구요. 내가 대학에서 논문 한 편 쓰면 200만원 받는데 우리 단체에 돈이 급하고, 내가 여기 와서 한마디 하는 게 도움이 되는 게 아니라는 생각이 든다는 거에요. 그 이야기를 듣고 굉장히 큰 절망감같은 것을 느꼈거든요. 이제 지식인이 살아남지 못할 상황이 된거죠."(『2022 집단분석 녹취록』, 85쪽).

2000년대에 시작된 지식인의 사회참여 약화 현상은 2010년대를 거치면서 더욱 심화되었다. 2010년대 초에는 '사회운동'은 말할 것도 없고 '시민운동'이라는 용어도 일반 시민들의 정서에 부정적인 의미를 함축하는 말이 되었다. '운동'이라는 용어가 지닌 '과격한 이미지'가 시민운동의 대중성 확장에 장애가 되었다.[4] 2010년대에는 협치나 거버넌스 체제에서 정부나 기업으로부터 지원을 받기 위해 '운동'이란 말을 포기하고 '공익활동'이란 말을 쓰고, '운동가' 대신 '활동가'라는 용어를 자연스럽게 쓰게 되었다. 거버넌스 체제가 대세가 되면서 재정 지원과 행정 지원 등 얻은 것이 있었지만 사회 전체적으로 비판 담론이 약화되는 상황을 초래했다. 이런 현상은 2020년대로 오면서 더욱 심해져서 오늘날 전체 사회를 비판적으로 해석하는 프레임이나 담론, 이념을 제시하는 지식인을 찾아보기 어렵다.[5] 학자들은 시민사회나 시민운동보다는

---

4 신진욱. 2022. "한국 시민사회의 새로운 흐름에 대한 질적 면접 연구." 아름다운재단: 103쪽.

5 민주화 이후 2000년대 들어서 지식인 사회의 변화에 대해서는 임현진. 2005. "민주화 이후 지식인의 변조." 『전환기 한국의 정치와 사회: 지식, 권력, 운동』. 집문당: 83-116쪽 참조. 임현진은 파사현정이 아니라 곡학아세하는 경향이 두드러지는 현상을 발견하고 김대중 정부의 "지식인의 비판성과 사상성을 고려하지 않고 실용성과 창의성"만을 강조하는 신지식인론에 심각한 우려를 제기했다.

정당이나 정부, 기업 쪽에 '전문가'(expert)로서 자문에 응하는 경향이 강해졌다.[6]

다른 한편 젊은 세대로 내려갈수록 대학 졸업자들의 비중이 높아지면서 지식인의 인식론적 특권에 대한 인정이 약해졌다. 이런 현상에 대해 활동가 A는 다음과 같이 말했다. "이제 또 시민들의 수준이라고 하는 것들이 특정한 전문가, 유명한 어떤 선생님들이 과거에 큰 영향을 발휘했던 그런 사회가 더 이상 아닌 것 같아요."(『2022 집단분석 녹취록』, 85쪽). 그러면서도 "그냥 개인화된 사회에 투항하는 것이 아니라, '요즘에는 거대 담론이 필요 없어' 이런 게 아니라 거대 담론이 메꾸지 못하는 부분도 역시 시민사회가 마주한 과제가 아닐까 싶거든요."라는 말을 덧붙였다(『2022 집단분석 녹취록』, 85쪽).

비판 담론은 정부나 기업이 무관심하거나 방치하는 문제를 사회 전체의 문제로 제기하고 그것을 해결할 수 있는 큰 방향을 제시하는 역할을 한다. 2차 집단분석에서 초대 손님으로 참석한 전직 고위공무원 E는 시민사회가 불평등, 인구 감소, 지방소멸 등 정부가 엄청난 예산을 쓰면서도 해결하지 못하는 문제들을 해결할 수 있는 대안을 만들어 정부와 국회를 설득해서 그 대안을 실행할 수 있는 액션 플랜을 만들어야 한다고 주장했다(『2022 집단분석 녹취록』, 89~90쪽). 그렇게 해야 일반 시민들이 "(정부와 국회) 너희들 아무 것도 못하고 시간만 가는데, 야 그 세금 (시민사회에) 줘라!"(『2022 집단분석 녹취록』, 90쪽)라는 목소리를 낼 수 있게 된다는 것이다.

시민운동은 권력을 행사하거나 정책을 결정하는 주체가 아니다. 시민운동은 권력을 감시하고 비판하고 견제하면서 공적인 문제를 제기하고 정책의 내용이나 방향에 영향을 미치는 공론을 형성하고 사회적 토론과정에 참여하여 정책의 합리성과 정당성, 형평성을 높이는 일을 담당한다. 시민운동은 권력(power)이 아니라 영향력(influence)를 행사한다. 영향력을 행사하는 방식은

6　정수복. 2012. "지식인상의 변화와 '문화적 문법'의 변화를 위한 시민운동." 『현상과 인식』 36(3): 155-182쪽.

광범위한 시민참여를 바탕으로 문제 발견과 문제 제기 능력을 갖춘 지식인들의 참여를 통해 이루어진다. 시민참여가 없는 지식인의 활동은 엘리트들의 정치운동으로 끝나기 쉽고 지식인들의 참여가 없는 풀뿌리운동은 구체적인 현실의 부당한 문제 해결을 요구하는 당사자 중심의 운동에 머무르기 쉽다. 시민들의 광범위한 참여와 그 열기를 조직하는 시민단체의 지혜로운 활동, 그리고 지식인들의 문제 제기와 문제 해결 방향 제시가 풍부하고 설득력있는 담론 수준에서 이루어져야 사회적 영향력을 발휘하는 시민운동이 가능하다.

　이 과정에서 신문과 방송 등 대중 매체의 역할이 중요하다. 오늘날 전국적인 공론장은 대중 매체를 통해 이루어지기 때문이다. 그러나 영향력이 있는 공식 대중매체는 대부분 정부와 대기업의 영향력 아래 있기 때문에 비판적인 매체를 활용하고 대안 매체를 발전시키면서 상황에 따라 보수 언론을 적절한 방식으로 활용하는 방식이 필요하다. 1990년대 시민운동의 전성기에는 시민들의 지지, 시민단체의 적극적 활동, 지식인들의 적절한 참여가 동시에 이루어졌다. 그러나 2000년대에 지식인들은 일부는 정권에 참여했고 대다수는 학교 울타리 안으로 돌아갔다. 그 때부터 대학별 평가가 시작되고 순위가 발표되면서 교수들의 연구업적에 대한 엄격한 양적 평가가 시작되었다. 이런 대학의 변화 과정에서 젊은 세대 학자들은 사회적 관심과 사회참여 의지를 갖기 어려웠으며 자신의 취업과 승진, 연구비 확보, 교내 지위 상승을 위해 이른바 등재지 게재를 위한 논문 작성에 몰두하게 되었다. 시민참여가 사그러들고 지식인이 이반하면서 시민단체 활동도 축소될 수 밖에 없었고 언론매체도 시민단체의 활동 보도를 대폭 줄였다. 그러면서 지식인과 비판 담론이 소멸하고 시민운동의 후퇴가 일어났다.

　오늘날 대부분의 시민운동가들은 국제기구나 대기업이 제시하는 지속가능한 개발 목표(SDGs)나 '환경-사회적 책무-협치'(ESG) 등을 운동의 목표로 공유하지 않으며 그것에서 자신들의 활동의 의미나 근거를 찾지도 않는다. 하지만 그에 맞서는 다른 프레임이나 담론을 적극적으로 만들지 못하고 있다. '담론'이라고 하면 1980년대 이후 등장한 이데올로기적 거대 담론을 떠올리고 그것의 폐해를 말하면서 '담론' 자체를 무의미하고 부정적인 것으로 보는 분위기가 팽배하다. 구체적 상황에서 구체적 문제를 하나씩 해결해 나가자는 미시적이고 기술적이고 실용주의적인 담론이 지배적이다.[7]

사회운동의 관점에서 볼 때 자본주의는 다양한 형태로 나타나지만 언제나 비판과 조정과 개혁의 대상이다. 그러나 오늘의 시민운동은 자본주의 시장경제의 기본 원리를 받아들이고 그에 대한 근본적 문제제기를 하지 않고 있다. 세계화와 신자유주의 체제가 기후위기, 우크라이나 전쟁의 장기화 등으로 점점 문제점을 드러내고 있는데 경제체제에 대한 비판적 인식이 약하다는 것은 한국 시민운동의 한계라고 할 수 있다. 이에 대해 전직 고위공무원 E는 시민운동이 경제적 차원의 불평등 심화의 문제를 제기하고 이에 대해 지속적으로 활동할 것을 제안했으나 활동가들의 반응은 거의 없었다(『2022 집단분석 녹취록』, 89쪽).

1990년대 이후 사회주의, 마르크스주의, 계급담론, 통일 담론 등의 거대담론과 그랜드 내러티브가 사라지면서 파편화된 개인적 자아실현 담론이 강해졌고 그것이 시민운동에서도 1인 NGO 등으로 나타났다. 오늘날 시민사회 운동의 활동가들은 조직의 압박이나 간섭에서 벗어나 개인이 의미 있다고 생각하는 생활상에서 발생하는 작은 문제 해결(이동통신 사용료의 정당성 문제, 보험약관의 공평성 문제, 소비자의 권리, 안전과 보건에 관한 문제, 쓰레기 분리 수거 문제, 동물권 운동 등등)에 집중하면서 사회를 전체적이고 총체적으로 보는 관점을 요구하

---

7 이것은 칼 포퍼가 플라톤과 마르크스주의의 전체성을 비판하면서 대안으로 제시한 '점진적 엔지니어링'(piecemeal engineering)의 시각이 일반화되었음을 뜻한다. Karl Popper. 1945. *The Open Society and It's Enemies*. London: Routledge and Kegan Paul; Karl Popper. 1957. *The Poverty of Historicism*. London: Routledge and Kegan Paul 참조. 그러나 작은 문제 해결의 누적으로 사회개혁을 지향하는 방식이 오랜 시간을 요구하고 개별 문제 해결이 과연 현저한 사회개혁으로 이어지는지는 확인하기 어렵다. 그래서 여러 문제를 동시에 해결하는 'many pieces at once'를 주장하는 글로 O.T. Afisi. 2021. "Karl Popper's Social Engineering: Piecemeal or 'Many-Pieces-at-Once'?." In: Afisi, O.T. (eds) *Karl Popper and Africa: Knowledge, Politics and Development*. Springer, Cham. https://doi.org/10.1007/978-3-030-74214-0_3. 참조

지 않는다. 전직 국회의원 F의 "비전과 거대한 얘기가 없어도 삶 속에서 느껴지는 어떤 파편적인 것들이 굉장히 중요한 가치로 다가올 수 있다"라든가 "거대 담론으로 안갔으면 좋겠다"라는 발언(『2022 집단분석 녹취록』, 81, 94쪽)에서도 드러나듯이 오늘날에는 사회체제의 속성에 대한 비판적 분석과 그에 대응해 어떻게 활동할 것인가를 설명하는 비판 담론에 대한 필요성을 거의 느끼지 못하고 일상의 삶 속에서 일어나는 구체적이고 개별적인 문제를 하나씩 해결해 나가는 게 중요하다는 생각이 지배적이다.[8] 청년 세대에서는 지역사회 복지나 지구환경을 위해 하는 작은 일 자체에서 재미와 보람을 느끼면 그만이라는 식이다.

그러나 '일소공도' 소장 구자인은 2022년 열린 한 집담회에서 이와 다른 생각을 다음과 같이 표현했다.

> "한국 사회 전체를 두고 고민하고 토론하는 자리는 20년만인가 싶어요. 하지만 나이가 들고 최근의 세상 동향을 보면서 근본적으로 접근해야 한다는 생각이 많이 들어요. (...) 일만 열심히 하다가가는 세상 보는 전체 흐름을 놓치고, 부분에 집착할 수 있다는 생각이 들어요."[9]

국제기구와 기업 쪽에서는 지속가능한 개발 목표, 환경 사회적 책무 협치안을 내세우면서 시민사회의 활동 범위를 사전에 제한하고 시민사회의 비판을 방어할 정당화 담론을 내세우고 있다. 이에 맞서 시민사회 쪽에서도 1990년대 합법적인 시민참여 공간의 확대를 통한 민주주의 제도화, 과거 권위주의 정권의 부정적 유산 제거, 정책 비판과 대안 제시 등으로 시작된 시민

---

8   전직 국회의원 F는 담론의 필요성을 거부하면서도 시민운동의 도덕성과 권위를 바탕으로 유튜브나 SNS 등을 통해 만들어진 왜곡된 공론장을 극복할 수 있는 시민공론장을 제대로 만들어보려는 노력이 필요하다는 의견을 제시했다(『2022 집단분석 녹취록』, 94쪽).

9   성찰과 파트너십 시민사회네트워크(엮음). 2022. 『한국 시민사회운동을 이야기하다』. 휴머니즘: 85쪽.

운동 담론을 포괄하면서 세계화와 인터넷 혁명, 디지털, 플랫폼 경제, 인공지능의 확산 등으로 초래된 사회의 여러 문제들, 불평등 심화, 기후 위기, 안전, 지방소멸, 청년 실업, 높은 자살률, 노인빈곤, 젠더차별 등의 문제를 해결하기 위한 큰 비전, 담론, 프레임의 제시가 필요하다.

정부나 기업은 민간단체, 시민단체 지원을 시혜라고 생각하며 과제의 선정, 과제 실행 단체의 선정, 활동 결과의 평가 등을 통해 민간단체를 자기들의 의도와 목표에 맞게 조정하고 통제한다. 전직 고위공무원 E의 발언에 따르면 "민에 대한 관의 인식이 우호적이지 않고 신뢰도 하지 않으며 자기들은 시혜적이라고 생각한다."(『2022 집단분석 녹취록』, 91쪽). 그런데 3차 집단분석에서 기업 쪽의 초대 손님은 이제 기업은 시민단체와의 관계를 '시혜'에서 '호혜'로 바꾸려 한다고 발언했다. 이는 시민단체가 자원동원을 주체적으로 하지 못하는 한 기업의 이미지 개선과 기업의 수익성 확보를 위한 기초 사업 수행의 하수인이 되거나 정부의 공익사업을 대행하는 하수인으로 떨어질 가능성을 시사한다.

그럼에도 불구하고 시민사회에서 활동을 정당화하기 위한 담론이 있다면 공공성, 공정성, 공익성 등의 용어가 널리 쓰이고 있다. 이에 대해 활동가 B는 그 용어를 쓰는 사람마다 다른 뜻으로 쓰는 것이 문제라고 지적했다. 활동가 B는 각자 개인의 이익을 주장하는 사익 추구활동과 그것을 넘어서는 공익 추구 활동을 구별하고 공익과 공공성이 무엇인지를 공론장에서 논의해야 한다고 말했다(『2022 집단분석 녹취록』, 92쪽). 그렇다면 지식인들이 시민운동의 정당화 담론을 구성할 수 있는 용어들을 정확하게 구별하여 정의하고 사회 전체와 그 뜻을 공유하고 그것이 시민운동이나 정부 정책의 형성에 어떻게 적용될 수 있는지를 보편적으로 그리고 구체적 개별적 사례에 적용하여 제시하는 작업이 필요하다.

그런데 정작 현장에서는 시민사회와 시민운동이라는 용어가 기피 용어가 되고 있다. 청년 활동가들에게 '시민사회' 하면 뭐가 떠오르냐'고 물었을 때 여러 사람이 '대중과의 괴리'라고 답했다. 사회학자 신진욱은 "시민사회 하면 정당이나 기업보다 더 일반 시민들에 가까이 있어야 하는데 정당이나 기업보다 훨씬 느리다. 활동가들이 새로 들어가면 몇 년 못버티고 나오는 이유가 시민사회가 우리 사회에서 제일 뒤처진 부분이라는 생각을 하는거다."라고 말하기도 했다.[10] 시민사회의 건강한 비판 능력과 도덕적 신뢰가 약화된 상태에서 시민들이 참여하는 정의를 위한 공적인 활동을 북돋기 위한 적극적인 담론 형성이 필요하다. 3차 집단분석에서 자원봉사 영역의 활동가는 다음과 같이 새로운 담론의 필요성을 말했다.

> "오늘 논의 속에서도 사실은 '시민사회'라고 하는 이 단어가 갖는 여러 가지 스펙트럼이 있는데, 저는 이번 기회에 시민사회가 추구하는 어떤 보편적 지향성, 이런 것들이 조금 더 명료하게 새로운 언어로 표현되면 좋겠다는 그런 생각이 듭니다. 그러면 아마 '이것을 가지고 또 새로운 어떤 중심점들이 형성될 수 있지 않을까?' 그런 생각이 듭니다."(『2022 집단분석 녹취록』, 140쪽).

시민운동의 담론은 시민을 불러모으는 '축제의 언어'가 되어야 한다는 주장도 있다. 은평구에서 마을공동체 운동을 하다가 서울시 지역공동체 담당관으로 일했던 최순옥은 시민들이 공유하는 "보편의 언어를 만드는 것이" 중요하면서 "우리 사회를 지속시키기 위해 자기 삶의 혁신을 조금씩 겸손한 방식으로 하고 있는 그런 시민들을 사회혁신에서 호명하고 응원해주고 같이 해주는 다정한 언어가 필요하다"고 말했다.[11]

그러나 모두가 사익을 위해 각자도생하는 분위기에서 정의와 공익을 위한 활동을 독려할 수 있는 새로운 담론을 만드는 일은 그리 쉽지 않다. 더욱이 부패한 권력이나 이기적인 기업 활동이 점점 가시권에서 사라지고 정부와 기

---

10 이은경·이다현. 2023. "사회혁신, 비판적 성찰과 전망." 『희망 이슈』 72: 30쪽에서 재인용.

11 이은경·이다현. 윗글. 72: 42쪽에서 재인용.

업은 합리성과 공정성 담론을 자기 것으로 만들고 있다. 정부는 민관협력과 거버넌스 체제를 도입하여 시민 활동을 행정 업무 수행에 이용하는 측면이 있으며, 기업 주도의 공익재단들은 사회 기여 활동을 자기 방식으로 기획하여 시민사회단체를 지원하는 방식을 개발하고 있다. 여기에 시민사회의 독자성과 시민들의 자율성을 증진할 수 있는 대안 담론의 개발이 시급하다.

오늘날 시민사회의 다양한 활동을 북돋우고 파편화된 활동을 더 큰 의미체계로 이어줄 비판 담론의 부재는 사회학을 비롯한 한국 인문사회과학자들, 작가, 언론인, 예술인, 교육자, 종교지도자 등 지식인들의 상황과도 밀접하게 연결되어 있다. 1980년대와 1990년대까지는 사회운동의 시대와 사회과학의 시대가 함께 하고 지식인과 사회운동가의 교류가 활발했던 반면, 2000년대 이후 대학 교수를 비롯한 지식인이 사회운동으로부터 점차 이반되면서 사회운동 영역은 비판 담론의 부재 현상을 경험하고 있다. 비판적 지식인 집단이 형성되고 비판적 대안 담론이 형성되지 않는다면 한국의 시민운동은 점점 더 복지와 고용증진, 주거와 도시 재생 등 분야별 정부 사업 실행에 활용되는 하부 파트너 역할을 크게 벗어나지 못하는 상황이 지속될 것이다.

2. 시민운동과 한국인의 문화적 문법

아래에서는 4차에 걸친 집단분석 결과에 기초한 시민사회운동 비판에 이어서 정수복이 창안한 문화적 문법이라는 개념을 활용하여 한국 시민사회운동을 문화적 차원에서 비판한다. 이러한 비판은 시민활동가 자신의 내면적 성찰을 통해 새로운 활동의 에너지를 확보하고 새로운 의미구성을 촉진하기 위한 것이다.

(1) 약한 초월의 지평과 현세적 물질주의

작고한 원로 서양사학자 노명식은 2002년 함석헌의 자전적 글들을 편집한 책의 서문에서 한국 사회의 정신과 의식의 수준을 다음과 같이 진단했다.

> "요새 돌아가는 꼴을 보니 그렇다. 그 개념조차 애매모호한 세계화니 신자유주의니 하는 말들이 세상을 압도하는 가운데, 정부도 사회단체도, 심지어는 교육까지도 자기들의 존재 이유 자체가 마치 국가경쟁력의 강화에 있고 국가경쟁력은 경제력이 그 전부인 것처럼 국민의 판단력을 흐리게 하여, 젊은 이들의 귀와 눈이 온통 돈에 몰려 있는 오늘의 상황에서 함석헌을 연구하는 젊은이들이 많이 나오기를 기대하는 것은 돈키호테같은 시대착오일지 모르겠다."[12]

한국 사회만이 아니라 세계 모든 나라의 정치 지도자나 기업인들은 여전히 경제성장을 최고의 목표로 삼고 있다. 1960년대 이후 경제개발 5개년계획이 실시되고 "우리도 한번 잘살아 보세!"라는 구호가 온 나라에 메아리치면서 온국민이 부자되기 열풍이 불기 시작했고 2000년대 어느 기업의 "부자되세요"라는 광고가 국민들 모두의 인사말이자 덕담이 되었다. 식민지 시대와 6.25 전쟁을 겪으면서 기아와 빈곤이 무엇인지를 알게 된 국민 대다수는 그런 정부의 정책에 적극 호응했고 민주화운동과 노동운동, 시민운동 등의 사회운동의 전개에도 불구하고 경제성장이라는 지상 목표는 국민들의 의식 저변에 최고의 가치로 스며들었다. 민주화가 되고 민주화운동세력이 집권하면서 운동권에 속했던 사람들이 국회의원, 장관을 비롯하여 공공기관의 책임 있는 자리를 차지하게 되면서 기존의 보수 정치세력이 일방적으로 누렸던 특권과 혜택을 함께 누리게 되었다. 그러면서 사회운동을 할 때 가졌던 공적인 사회개혁의식이 후퇴하고 사적인 이익 추구행위가 나타나기 시작했다.

1975년 민주언론운동에 참여했다가 해직된 동아일보와 조선일보 등의 사람들이 출판사를 차려 생계문제를 해결하고 민주화운동에 필요한 비판적

---

12 노명식(엮음). 2002. 『함석헌 다시 읽기』. 인간과자연사: 7-8쪽.

사회과학 서적들을 대량 유포시켰던 것과 달리 한때 1980년대 운동권에 속했던 사람들 중 일부는 정치권으로 직접 진입했고 다른 사람들은 시민운동권을 경유하여 정치권으로 진입했으며, 소수는 지속적으로 시민운동에 헌신했다. 그러나 그보다 더 많은 대다수는 사회운동권을 떠나 서울 강남 부유층 주거지역에 논술지도 등 대학 입시 준비 학원을 차렸고 정부가 지원하는 벤처기업을 창업하여 기업가로 변신했다. 한 때 좋은 세상을 만드는 일에 헌신했던 그들도 다른 사람들과 똑같이 물질적 자기 이익과 사회적 지위와 명예를 추구하기 시작했다. 이것은 어떻게 보면 인지상정이라고 할 수 있다. 그러나 달리 보면 젊은 시절의 신념과는 다른 사람으로 바뀌어 버린 그 모습을 '배신'이라고도 볼 수 있다. 나이가 들면서 결혼을 하고 자식이 생기면서 너나 없이 생활전선에 뛰어들게 되고 "젊어서 한때는 세상을 바꾸려고 했는데, 나이가 들면서 세상이 나를 바꾸었다."는 말이 나오게 된다. 그 앞에서 "다 먹고 살기 위해서 하는 일이다."라고 말하면 반론을 펴기 어려웠다.

그러나 사회운동이란 그런 현실 논리를 넘어서는 '초월의 지평'을 유지해야 가능하다.[13] 이 세상에서 잘 먹고 잘 살면 그만이라는 현세적 물질주의가 강한 사회에서는 초월의 지평 위에서 자기 신념을 끝까지 유지하며 살기가 힘들다. 초월의 지평을 유지해야 이 세상은 문제와 모순으로 가득 차 있지만 이 세상의 삶이 다가 아니고 저 높은 곳의 누구도 거역할 수 없는 신성한 가치가 있다는 신념을 담보할 수 있다. 초월의 지평을 유지하며 살아야 그런 가치와 현실 사이에서 모순과 긴장을 느끼면서 현실을 바꾸고 개선하려고 지속적으로 노력하는 삶이 가능하다. 그것은 잘 먹고 잘사는 삶이 아니라 의미 있고 보람되게 사는 삶이다. 현세적 가치를 넘어서는 초월적 가치에 따라 자신의 삶을 일관되고 의미 있게 만드는 삶이다.

그런데 '한국인의 문화적 문법'은 초월의 지평이 약하고 '현세적 물질주

---

[13] 박영신. 2013. "초월의 정신과 범세계화의 정황-구약의 상징 구조에 대한 사회학도의 생각 하나." 『구약논단』 19(4): 76-115쪽 참조.

의'에 깊게 침윤되어 있다.[14] 한국문화의 기저층을 이루는 샤머니즘(무교)은 세상에서 부귀영화를 누리고 무병장수하고 자손을 번성시켜 가문의 영광을 유지하는 것을 최고의 삶으로 상정하고 그것을 촉진하기 위해 온갖 신들에게 절하고 순조로운 삶을 방해하는 악귀들을 물리치는 종교 의식과 행사를 치러왔다. 모든 종교는 삶에서 생기는 고통과 고난을 극복하고 평화를 얻기 위해 발생했다. 그러나 어떤 종교는 현세의 물질적 욕망을 채우기 보다는 그것을 넘어서는 더 큰 가치가 있다고 가르친다. 그것이 인류 보편종교다. 보편 종교는 현실의 지평을 넘어서는 초월의 지평을 가지고 있다. 약육강식, 승자독식, 우승열패의 동물세계의 논리를 넘어 모든 인간이 귀하고 평등하며 서로를 사랑해야 한다고 가르친다. 그러나 샤머니즘의 세계에는 그런 초월의 지평이 미약하다.

한국인의 문화적 지평에서 샤머니즘과 함께 강력한 힘을 발휘하는 것이 유교다. 유교는 인의예지라는 덕목을 추구하고 충과 효라는 가치를 행동의 기준으로 제시하여 현세의 사회적 질서를 부드럽게 유지하는 것을 목표로 한다. 그러나 삼강오륜으로 축소된 유교적 행동 규범은 귀천, 남녀, 연령 등을 기준으로 이루어진 상하수직적 질서를 당연한 것으로 여겨 현실의 질서에 순응하는 인간을 만들며 효라는 가치를 최고의 가치로 삼음으로써 가정의 울타리를 벗어나 더 큰 공동체에 관여하는 것을 가로막았다. 일부 유교 지식인들이 충이라는 가치로 나라와 임금에 충성하는 모습을 보였지만 그 밑에는 가문의 영광이라는 가족주의 의식이 자리잡고 있었다. 그리고 국가라는 공적 영역을 유지하는 충이라는 가치와 가정의 질서를 유지하는 효라는 가치에 짓눌려 친분이나 연고가 없는 익명의 사람들로 구성되는 '사회'라는 차원을 발견하지 못했다. 수신제가치국평천하라는 『대학』의 논리에도 제가와 치국 사이에 '사회'라는 차원이 빠져 있다. 이런 유교 윤리는 샤머니즘과 결합하여 '무교-유교 결합체'가 되어 이 세상에서 잘 먹고 잘살고 벼슬하고 무병장수하고 가문의 영광

---

14 아래의 생각은 정수복. 2007. 『한국인의 문화적 문법』. 생각의나무에서 나온 것이다.

을 누리는 것이 최고의 삶으로 생각하게 했다. 무교-유교 결합체는 세계를 인식하고 그곳에서 자신의 자리가 어디인지를 생각하고 거기에 맞게 살아가는 방식을 현세적 물질주의로 한정시켰다.[15]

(2) 가족주의와 연고주의

건강한 시민으로서 좋은 사회를 만드는 일에 참여하는 것을 가로막는 한국인의 문화적 문법으로는 '가족주의'와 '연고주의'를 들 수 있다. 가족주의는 우리 가족 구성원만 잘살면 그만이지 가족 밖의 사회에서 일어나는 문제들은 관심을 가질 필요도 없고 관심을 가져도 어떻게 해결할 방법이 없기 때문에 "나 몰라라" 하는 게 상책이라는 생각이다. 오로지 나만 잘되고 내 자식만 잘 키우면 그만이지 교육문제, 불평등 문제, 민주주의와 인권, 평화와 통일문제 등은 정치가들이나 사회운동가들이 생각할 문제라고 생각하는 것이다. 가족을 넘어서 생각할 수 있는 것은 혈연, 지연, 학연 등의 자연스럽게 주어진 인간관계를 활용하고 그밖의 활동에서 알게 된 지인들과의 관계를 잘 유지하면서 필요할 때 도움을 주고받으며 사는 것이 현명한 생활의 지혜라는 생각이다. 그것이 연고주의다. 가족주의와 연고주의는 공적인 문제에 대한 관심을 무가치하고 불필요한 것으로 여겨 시민들이 뉴스와 신문에 나오는 사건에 따라 정치인 비판에는 열을 올리며 스트레스를 해소할지언정, 자신이 가진 시간과 자원과 에너지를 사용하여 공적인 일에 지속적으로 참여하는 것을 가로막는다.

무교와 유교라는 한국인의 기저 종교만이 아니라 한국 근현대의 역사적 경험도 건강한 시민참여와 시민운동의 발전에 부정적 영향을 미쳤다. 한국 시민사회의 전통적 보수성은 식민지 체제와 분단체제, 권위주의적 통치라는 '장기 20세기'의 역사적 경험 속에서 시민들의 자발적인 활동이 오랜 기간 억압당한 경험에서 비롯된 것이다. 한 세기 이상 지속된 한국인의 역사적 체험은 자발적 참여 전통의 부재, 공적 문제에 대한 무관심, 사적 이익 추구를 위한 강

---

15 정수복, 윗글.

한 연고주의, 가족주의, 이기주의라는 '한국인의 문화적 문법'을 강화시키는 방향으로 작용했다.

(3) 약한 '사회' 개념

한 사회의 공적 사회생활은 문화적 전통과 관습 속에서 존재한다. 그러나 앞서 말했듯이 우리의 전통 문화에는 사회라는 영역이 부재했다. '사회'(society)라는 말은 서양 언어를 일본 메이지 시대 지식인들이 번역한 용어다. 사회는 여러 사람들 사이에서 사교, 교제, 관계가 이루어지는 공간으로 인식되었고 국가와 구별되는 시민들의 자립적이고 독립적인 공간으로 인식되지 못했다. 프랑스 혁명으로 상징되는 정치적 근대를 경험하지 못한 전근대적 국가의 지식인들은 국가와 구별되는 근대적 시민들의 자발적 활동 공간으로서의 시민사회를 제대로 이해할 수 없었다. 1945년 해방 이후 형식적이고 제도적으로 헌법과 민주주의가 도입되었지만 그것은 정치영역에서 선거제도를 의미했을 뿐 인권과 시민사회의 독자성에 대한 인식은 권위주의적 정권에 의해서 오랫동안 억압되었다. 흔히 사용되는 정치-경제-사회-문화라는 언론보도의 4분법에서도 사회부 기자는 사건 사고 담당 경찰서 출입 기자를 뜻한다. '사회복지', '사회적기업', '사회적 노동조합' 등의 용어에서 사회는 개인이 아닌 다수, 대중, 집합체, 공동체, 공공성을 뜻한다. 그러나 사회란 선거에서 유권자로 한 표 찍는 일시적 행위가 아니라 시민들의 자발적 정치활동이 지속적으로 일어나는 비제도적 영역을 뜻한다. 그것은 여의도와 청와대로 제도화된 정치의 사회적 기초를 이룬다. 사회는 국가나 시장으로 환원되지 않는 고유한 영역으로 시민들의 주체성이 보장되는 사회적 공간이다.[16] 그러므로 사회는 곧 '시민사회'를 뜻한다. 그리고 그것은 문화적 문법에 의해서 일정한 방향으로 행로가 정해진다. 앞서 말했듯이 한국의 유교 전통에는 국가와 가족 사이에 사회라는 개념이 빠져 있다. 민주주의가 없던 전통 사회의 이념에서는 "수신-제가-치

---

16 정수복. 2001. 『시민의식과 시민참여』. 아르케 참조.

국-평천하"라는 표현에서 보듯이 제가와 치국 사이에 '(시민)사회'가 빠져 있다. 가족에서 곧장 국가로 직행한다. 이러한 심층 차원의 문화적 문법은 현대 한국의 시민운동사에서 시민사회의 주도성을 약화시키고 국가중심주의와 정치환원주의를 지속시켰다. 시민단체의 재정을 보기로 들자면 많은 시민단체들이 정부 지원을 받으면 받을수록 좋다고 생각한다. "우리가 낸 세금으로 공익 활동 지원하는 게 뭐가 문제야?"라고 생각하면서 정부와 독립된 자립적이고 자율적인 시민사회를 만들려는 노력을 하지 않는다. 회비, 헌금, 후원 등 시민들의 자발성에 기초한 자원 동원은 거의 불가능하다고 생각한다. 그러나 87년 민주화 이후 시민단체에 대한 시민들의 지원은 엄청났다. 그럼에도 시민단체들은 중앙 정치 비판과 정책 대안 제시에 몰두하고 시민사회운동의 명망가와 전문가들은 정치권으로 진출하면서 시민사회 자체의 독립성 강화에 신경을 쓰지 않았다. 그래서 결국 능력 있고 이름있는 시민운동가는 국회나 청와대 아니면 공공기관의 고위직으로 진출했다. 그 결과 개인적 입신양명은 되었는지 몰라도 시민사회 자체의 독자성 강화는 이루어지지 못했다. 세대론으로 볼 때 민주화운동에 참여했던 1980년대 학생운동권 활동가들은 1990년대 시민운동을 거쳐 이후 대부분 민주당 정권에 합류했다. 이는 그 세대만의 특성이 아니라 한국인의 문화적 문법 자체가 시민사회를 경시하고 국가를 우선시하는 국가중심주의와 모든 사회적 문제의 해결은 결국 정치 권력을 통해서 이루어진다는 '정치환원주의'로 구성되어 있기 때문이다. 한국 사회의 시민운동이 지금부터라도 권력으로부터 비판적 거리를 유지하는 독립적 사회 세력으로서 시민사회의 중요성을 인식하고 그것을 키우고 보호하고 지속하려는 노력을 하지 않는다면 상황에 따라 부침이 있겠지만 결국은 다시 정치권이나 국가 영역으로 흡수되는 정치환원주의가 계속될 것이다.

(4) 국가중심주의와 정치환원주의

한국에는 시민사회의 독립성과 영향력은 약한 반면 관존민비, 입신양명 등의 사고방식이 강하게 남아있다. 그렇기 때문에 능력 있는 시민운동가들은 결국은 정치권으로 들어간다. 역량 있는 활동가가 빠져나간 시민운동은 제자리걸음을 하거나 퇴보하거나 소멸된다.[17] 많은 경우 정치권과 연결된 시민운동가들이 재정을 확보하고 단체를 유지하다가 정치권에 영입된 다음에는 다른 기성 정치인과 비슷한 행태를 보이는 것이 시민단체 인사의 정치권 진입의 결과다. 시민운동이 시민사회의 독자성을 지키지 못하고 정치로 환원되는 정치환원주의는 국가중심주의라는 한국인의 문화적 문법의 파생체다. 정치환원주의에 따르면 모든 현실의 문제는 국가 권력을 통해서 해결할 수밖에 없고 그러기 위해서 사회 개혁의식을 가진 사람은 궁극적으로 정치권으로 나아가야 한다. 그래서 시민운동을 하다가 정치에 나아가는 것을 당연하게 생각한다. 정치 영역과 구별되면서 정치의 기초가 되는 사회적 영역 다시 말해 '정치의 사회적 기초'(social base of politics)가 있어야 민주적이고 건강한 정치가 가능하다는 생각을 하지 못한다. 반대로 우선 정치가 제대로 되어야 다른 문제도 따라서 해결된다는 정치중심주의가 당연하게 수용된다. 시민사회의 지속적 확장을 통해 정치에 영향을 미칠 수 있다는 생각 대신 정치가 바뀌어야 시민사회도 달라진다고 생각하는 정치환원주의 또는 정치중심주의는 시민운동을 하는 지도자들 사이에도 널리 확산되어있다. 사회운동가 출신의 전직 국회의원은 그러한 의식을 다음과 같이 표현했다.

"저는 지금은 정당정치가 거의 붕괴 일보 직전이라고 봅니다. 무엇을 조금 잘하고 못하고 이런 수준이 아니고, 무너져 내리는 수준이란 말이죠. 그래서 저는 오히려 시민운동이 1987년 이후 지금까지 이어져 왔던 정치개혁, 또 정치현실을 한번 돌아보고 적극적으로 정치제도 개혁과 정치 주체 개혁에 나서야 한다고 생각합니다. 제대로 된 정치가 한번 있어야 시민운동도

---

[17] 조한혜정은 2006년 이후 현재에 이르는 사회혁신을 내세운 시민운동을 성찰하는 자리에서 "국가적 공공성에만 집중한 나머지 시민적 공공성을 키우지 못한 면"을 지적했다. 이은경·이다현. 2023. "사회혁신, 비판적 성찰과 전망." 『희망 이슈』 72: 21쪽.

그 공기로부터 벗어나 독자적인 자기발전을 할 수 있다니까요. 그래서 오히려 한번은 시민정치전략을 진지하게 논의를 해야 되는 게 아닌가 싶습니다."(『2022 집단분석 녹취록』, 62쪽).

시민운동의 대표적 활동가들도 50대에 들어서면 정치권 진출을 하나의 자연스런 출구로 보고 있다. 활동가 D는 광주지역에서 30년에 가까운 지난날의 활동을 되돌아 보면서 시민단체의 재정 안정성 확보, 지속적인 사람 키우기, 시민사회 내부의 다양한 영역의 안정된 협력 시스템 만들기 등으로 지속 가능한 시민운동 생태계를 만들지 못한 것을 아쉽게 생각한다. 하지만 앞으로 자신의 출구를 지역 정당을 만들어 정치 영역으로 진출하는 것으로 잡고 있다. "어차피 정치가 중요하더라고요. 정치가 힘이니까. 물론 시민사회에도 나름의 파워가 있고 명분도 있고 정당성도 있지만, 그것보다는 직접적으로 시민들의 삶, 광주의 변화 이런 것들을 만들어 내는 데에는 어차피 정치가 핵심인 것 같아요."(『2022 집단분석 녹취록』, 163쪽). 활동가 D는 민주당 공천이 아니라 독립적인 힘을 갖는 지역정당 조직을 목표로 선거법 개정을 요구하고 있다. 그러나 대구 경북 지역의 경우에는 개혁 지향적 시민운동가가 정치 영역 진출을 마음 먹어도 현실적으로 불가능하다. 그 지역은 보수 정당의 텃밭이기 때문이다. 그래서 활동가 B는 그 지역에서 시민운동에 들어서면 평생 그 길을 갈 수밖에 없는 조건이라고 말했다(『2022 집단분석 녹취록』, 164쪽). 그렇다고 그가 정치의 사회적 기초로 시민사회영역의 중요성을 깊게 인식하고 시민사회 자체를 강화하는 활동을 한 것만은 아니다. 그는 대구 참여연대 활동을 하면서 총선연대 활동도 하고 선거에 지지 후보를 내보아도 매번 낙선했기 때문에 무력감을 많이 느끼기도 했다. 대구 정치에 아무 영향력을 못미쳐서 "도대체 우리가 하고 있는 일이 뭐냐." 이런 고민을 하기도 했다(『2022 집단분석 녹취록』, 165쪽).

시민운동을 하다가 국회의원이 된 사람들은 흔히 "이전보다 더 크게 활동하려고 정치에 나섰다."고 정치권 진출을 정당화한다. 문제는 그들 가운데 대다수가 기존의 기득권 정치를 개혁하기보다는 거기에 영합하여 다른 정치인들과 큰 차이를 보여주지 못하는 데 있다. 다시 말해 시민운동의 정신을 잊어버리고 다른 정치인들과 크게 다르지 않은 활동을 하게 된다는 것이다.

국가중심주의와 정치환원주의는 한국의 진보적 시민운동에 깊게 뿌리내리고 있다. 1987년 민주화 이후 새롭게 창립한 시민단체들은 문민정부 시절부터 김대중, 노무현, 문재인 정부 시절 정부의 정책을 지지하고 협력하는 모습을 보였다. 그래서 겉으로는 협치와 참여민주주의를 내세웠지만 결국은 특정 정치 진영을 지지하는 결과를 초래했다. 그래서 2000년대를 거치면서 시민사회는 보수적인 단체와 진보적인 단체로 양분되었다. 지금은 과거 민주화운동의 연장선에서 시민운동을 하던 단체들의 정당성이 약화되었다. 보수적인 입장에서 보면 진보적 시민운동은 민주당 정권을 보조한 협력기구로 활동한 것으로 해석된다. 그러나 진보적 시민단체 내부에서 그에 대한 자성이 일어나고 있다. 희망제작소 이사 송창석은 2011년 당시 희망제작소 상임이사였던 박원순이 서울 시장에 선출되어 선도적으로 추진한 협치 프로그램들에 대해 다음과 같이 말했다.

"짧은 시간에 하려다 보니 선도적 협치를 관(官)주도로 해나가게 됐다. 우리가 말이 좋아서 선도적 협치지, 지금 얘기하면 좌파들의 동원이라고 볼 수 있다. 그리고 이런 흐름에 참여한 것은 지역의 진보진영이었다. (...) 농촌공동체나 신협, 사회적경제 등의 뿌리를 이해하고 작동하는 사람들은 진보진영 사람밖에 없는 거다."[18]

이런 상황에서 2022년 선거를 통해 중앙정부와 서울시 등 지방정부의 정권이 바뀌면서 기존의 사회혁신 프로그램들이 대폭 축소되거나 사라져도 별다른 대응이 없는 실정이다. 서울연구원의 정병순은 변화를 위해 다음과 같

---

[18] 이은경·이다현. 2023. "사회혁신, 비판적 성찰과 전망." 『희망 이슈』 72: 23쪽.

은 방안을 제시했다.

> "사회혁신이 지속가능하기 위해서는 관련 주체의 다원화가 굉장히 중요하다. 공무원들의 한결같은 질문이 '왜 이런 분들만 참여하세요'이다. 시민사회 안에도 직능단체, 공익단체, 이익단체 여러 단체가 있고, 다층화된 이해관계가 교차하고 있다. 시민사회 안에서도 보수와 진보 구분 없이 다원화된 구조 속에서 구성되면 정권이 바뀌어도 그 구조를 없애기 쉽지않다."[19]

(5) 문화적 문법을 바꾸는 시민운동

미국이나 영국, 프랑스나 독일 같은 기독교 문화를 바탕으로 하는 나라들에서 종교단체는 스스로의 재정으로 정부가 못 하거나 안 하는 공적 활동을 전개하며 교회를 거점으로 학교, 병원, 복지기관 등을 스스로 설립하여 운영한다. 어쩌면 유교문화가 마치 문화적 DNA처럼 심층에 깊숙이 자리한 한국을 비롯한 일본, 중국, 베트남 등의 나라에서 국가나 시장의 영역과 구별되는 시민사회라는 개념이 깊이 인식되기 불가능한지도 모른다. 그러나 문화 결정론에 빠져서는 안 된다. 정치적 영역이나 경제적 영역 밑에 은밀하게 자리하면서 일상적이고 가시적 활동의 방향을 제시하는 문화적 영역의 문법을 비판적 성찰의 대상으로 삼아 개인적 수준에서나 집합적 수준에서나, 가정에서나 직장에서나 학교에서나 종교단체에서나 시민단체에서나 문화단체에서나 심층적 문화적 문법의 변화에 대해 진지하고 토론하고 집단적 자기분석을 통해 근본적 변화를 추구해야 할 것이다.[20] 눈에 보이는 부정부패를 비판하면서 시민운동에 일시적으로 참여하는 것은 비교적 쉬운 일이다. 그러나 자기 안에 들어있는 문화적 문법을 비판과 성찰의 대상으로 올려놓고 변화를 추구하는 일은 그보다 백 배 하기 어려운 일이다. 앞으로도 문화적 문법의 변화 없는 시민운동

---

19 이은경·이다현, 윗글, 22쪽.
20 정수복. 2007. 『한국인의 문화적 문법』. 생각의 나무: 502-521쪽.

은 어느 순간 국가중심주의와 정치환원주의로 녹아 없어지고 마는 반복이 계속될 것이다. 그러므로 시민운동가든 공익활동가든 '공공의 지식인'(public intellectual)이든 사리사욕을 넘어서 사회운동을 하는 사람이라면 정부나 기업의 독주, 부정부패, 무능력과 무책임, 부도덕성을 비판하면서도 그와 동시에 자기 안의 문화적 문법을 깊이 성찰하면서 공적 활동을 해야 할 것이다.[21] 그런 지속적인 노력을 통해 스스로를 변화시킬 때 결국은 정부와 기업에서 활동하는 사람들도 문화적 문법을 바꾸어야겠다는 생각을 하게 만들 수 있다. 그래야 정부나 기업과 협력하면서도 그 문제점을 날카롭게 지적하고 억압적인 지배나 부당한 이익추구를 견제하며 건강한 사회를 지향하는 독자적인 시민사회의 영역이 만들어질 것이다. 한국의 시민운동은 합리성을 바탕으로 정치권을 비판하고 정책의 변화나 새로운 법과 제도를 만드는 일에 머무를 수 없다. 그것도 중요한 일이다. 그러나 그와 동시에 정치 영역 밖에 아니 그 밑에 뿌리 내리고 있는 한국인의 문화적 문법 자체를 개혁해야 한다. 그 첫걸음은 대세를 따르지 않고 독자적으로 느끼고 생각하고 행동하는 주체적 개인의 출현이다. 주체적 개인이란 이미 관습이 되어버린 문화적 문법, 당연의 세계와 물론의 세계의 껍질을 깨고 스스로 생각하고 다른 사람들과 대화하고 토론하면서 자신의 세계를 넓혀가고 깊게 만들줄 아는 개방적 개인의 출현을 뜻한다.[22]

세상을 살만한 곳으로 바꾸려면 우선 자신의 삶을 바꾸어야 한다. 사적 영역의 변화 없이는 공적 영역의 변화는 이루어질 수 없다. 공적인 모임이 사적 이익을 추구하면 부패가 일어나고 사적 모임이 공익을 추구하면 시민운동이 시작된다. 정부의 존재 이유는 공공의 안전과 공익의 추구에 있다. 그것은 정부의 기본 의무다. 시민운동은 자발적으로 참여하는 공익 추구 활동이다. 시민의 공익 활동이 정부의 공익 활동과 만나는 지점이 있을 수 있다. 그러나 시

---

21 정수복. 2012. "지식인상의 변화와 '문화적 문법'의 변화를 위한 시민운동." 『현상과 인식』 36(3): 155-182쪽.

22 정수복. 2007. 『한국인의 문화적 문법』. 생각의 나무: 389-402쪽.

민운동은 정부의 공익활동과 구별되는 독자적 영역을 지킬 때만 살아 움직인다. 그렇지 않으면 정부의 보조기구, 지난 시대의 말로 하면 '어용단체' 또는 집권당의 '2중대'가 되어버리고 만다. 시민단체는 정부 지원에 의지해 중앙과 지방 행정의 보조기구로 활동하기보다는 차라리 소멸하는 것이 새로운 토양에서 새로운 시민운동이 일어날 자리를 내주는 긍정적인 방향이 될지도 모른다.

1987년 민주화 이후 한국 시민단체의 대표적 활동가들은 주로 보수 정권을 비판하다가 진보 정권이 들어서면 거기에 들어가서 함께 활동하는 행태를 보여왔다. 그 결과 시민들은 시민운동은 정치권 진입을 위한 발판이고 수단이라는 평가를 내리고 시민운동에 대한 신뢰를 철회했다. 청년 활동가를 포함한 시민운동가들 사이에도 권력과 자원을 소유한 정치권이 문제를 해결한다는 생각이 지배적이다. 따라서 장기적으로 진행되어야 하는 근본적 차원의 변화, 즉 문화적 문법 차원의 문제는 중요한 활동 프로그램으로 떠오르지 않는다. 단기적이고 단일 이슈에 집중하고 유행을 따라가고 관심을 끌 수 있는 의제를 선택해서 시민들의 반짝하는 관심을 불러일으키는 시민운동 방식은 선거기간 정치권의 홍보전략이나 기업의 마케팅 기법과 크게 다르지 않다. '결국은 정치'라는 생각을 '결국은 시민사회의 강화'라는 쪽으로 바꾸지 않는 한 한국 시민운동은 '시민 없는 시민운동'의 딜레마를 벗어날 수 없을 것이다. 시민사회단체가 앞장서 문화적 문법의 변화가 중요하다는 생각을 하지 못하는 한 정치환원주의와 국가중심주의가 계속될 것이다.

그러나 문화적 문법의 변화라는 문제는 시민단체의 역량만으로 해결할 수 없는 문제다. 한 시민 활동가가 "시민들의 후원과 참여가 약한 것이 시민단체가 못해서 그런 것인가"라고 질문했는데 그 질문에 대한 답은 일차적으로 시민단체의 정치지향적 활동에서 찾아야 하지만 궁극적인 원인은 시민사회의 중요성에 대한 인식이 약하고 정치가 근본적 해결책이라고 생각하는 정치환원주의적 사고에 있다. 정치인에게 후원금을 주면 보상이 있지만 시민단체에 지원하면 무슨 보상이 있는가라는 실리주의적 사고도 작용한다. 뜻, 의미, 보람보다는 즉각적이고 직접적인 물질적 보상에 가치를 두는 현세적 물질주의라는 문화적 문법은 건강한 시민의식을 형성에 가장 근본적인 장애물이다. 자신의 개인이익을 추구하지 않고 사회를 위해 공익에 기여하는 것이 시민으로서의 의무라는 생각이 자리 잡기 어렵다. 한국인의 가치관은 가족주의의 울타리를 크게 벗어나지 못하고 사적인 영역을 넘어 공적인 영역에서 자신이 해야 할 일이 무엇인지 인식하지 못하게 만든다. 시민의식이 있어야 할 자리에 사적 이익을 도모하기 위한 학연, 혈연, 지연 등을 적극적으로 활용하는 연고주의가 작동한다. 동창회, 동우회, 향우회, 종친회는 연고에 기초한 비공식 조직이다.[23] 그런 모임에서 사적 이익을 증진시키기 위한 상부상조의 네트워크가 형성된다. 사적 조직은 말할 것도 없고 공적 조직의 운영 과정에도 배후에서는 연고주의가 활발하게 작동한다는 것은 누구나 알지만 문제 제기가 되지 않는 게 '당연한' 현실이다.[24] 시민의식이란 나 개인의 좋은 삶이 가능하기 위해서는 다른 사람도 더불어 잘 살 수 있는 좋은 사회를 만들어야 한다는 의식이다. 이제 가족주의가 약화되고 개인주의가 강해지고 있지만 개인주의가 시민의식과 만나지 못하면 파편화된 개인만 남아 권력과 자본의 지배가 점점 더 공고해질 것이다. 시민의식을 가진 개인들이 만나고 모여서 공적인 활동을 통해 자유와 정의와 평등이라는 이름으로 권력을 견제하고 공정과 합리성이라는 이름으로 기업과 시장의 힘을 조정할 수 있을 때 시민운동은 공적 신뢰를 회복하고 제 역할을 다하게 되는 것이다. 언제 어디서나 시민운동은 시민운동의 '기본 원칙'(Basic Principle)을 지켜야 한다.[25] 기본 원칙을 상실한 시민단체는 결국 시민과 유리되고 정치권으로 함몰되어 스스로 소멸할 것이다. 그리고

---

23   정수복. 2001. "한국인의 모임과 시민운동." 『시민의식과 시민참여』. 아르케: 175-204쪽.

24   "시민단체 인사들과 정치권 인사들이 대학교 선후배로 다 엮여있고 자기들끼리 만나서 친하게 지내고" 있다는 한 시민 활동가의 증언 참조. 신진욱. 2022. "한국 시민사회의 새로운 흐름에 대한 질적 면접 연구." 아름다운재단: 115쪽.

25   시민단체는 독자성을 토대로 "공공운영에 대한 정보를 모으고, 정부기관 및 기업들을 감시하며, 일반 국민에게 상황을 설명할 수 있는 그들의 능력을 확충하고 향상시켜야 한다." 임길진평전 발간위원회/신영란. 2022. 『임길진 더 리포머: 시대의 변혁가 임길진 평전』. 백산서당: 293쪽.

오로지 건물 등 자산을 소유하고 자체 수입 구조를 갖는 크고 오래되고 관료제처럼 움직이는 거대 단체들만이 직원들의 생계를 보장하면서 '시민 없는 시민운동', '명목상의 시민운동', '무늬만 시민운동', '유사 시민운동'을 이어갈 것이다.

3. 시민단체의 당면 과제

어느 조직이나 기본적인 생존조건은 사람과 재정이다. 시민단체도 조직을 움직이는 사람과 활동을 위한 제정이 확보되어야 그 뜻을 펼 수 있다. 시민사회의 독립성과 자율성의 근거는 재정 자립에 있다. 하지만 많은 한국 시민단체들은 회비보다는 외부의 지원에 의해 조직 운영비와 활동비를 충당하고 있다. 시민단체의 지속적 활동을 위해 더 많은 외부의 지원을 요구하고 있다. 시민사회의 자원을 확보할 방안을 고려하지 않고 정부 지원을 당연시한다. 시민참여를 통해 시민의 후원과 지원으로 자생력을 키울 생각보다 기업이나 복지재단의 지원과 보조받을 궁리를 앞세운다. 물론 시민사회라는 '저수지'가 말라 있기 때문에 외부에서 물을 끌어오는 방법을 쓰고 있지만 정부나 기업의 지원은 점차 자기들이 설정한 목적 달성에 도움이 되는 방향으로 지원사업을 기획하고 있다. 따라서 외부 지원이 늘어나면 시민활동이 지속될지 모르지만 시민단체가 점차 정부나 기업이 정해놓은 사업을 수행하는 하청기관으로 떨어질 가능성이 상존한다. 일시적으로 외부의 지원으로 조직을 운영하더라도 장기적으로는 시민교육과 시민참여 프로그램을 확대하고 회비만 내는 수동적 회원이 아니라 자기가 사는 가족과 직장, 지역사회, 친목 조직 등에서 시민의식을 확산시키는 능동적 회원을 적극적으로 형성해나가야 한다. 그런 시민들의 밑으로부터의 자발적 참여가 시민단체 활동의 근간이 될 때 시민단체의 재정 자립도도 따라서 높아질 것이다.

    시민단체에 활동할 젊은이들이 줄어들고 있다. 거기에는 물론 달라진 정치적 상황에 따라 시민운동의 흡인력이 줄어든 이유도 있지만 시민단체의 인간관계를 규율하는 조직문화에도 일정 부분 문제가 있다. 한국인의 문화적 문법이 시민단체의 조직문화에도 작용한다. 오랜 권위주의 문화와 상하수직적 위계질서가 정부조직이나 기업조직만이 아니라 시민조직에도 작동하고 있다. 시민단체는 원칙적으로 수직적인 정부 조직이나 효율성 위주의 기업조직과 다르게 수평적이고 민주성을 우선하는 방식으로 조직되어야 한다. 시민단체의 지도자는 대통령이나 총수의 지배력과는 다른 민주적 의견 수렴 과정을 중시해야 한다. 조직 내 이견과 갈등이 발생했을 때 이를 처리하는 방법이 민주적이어야 한다. 세대 간, 젠더 간의 불평등과 위계질서를 없애야 한다. 사무총장, 국장, 실장, 간사 등의 직급이 위계질서가 아니라 직능의 차이일 뿐 모든 활동가 사이의 민주적 소통이 가능해야 한다. 그러나 시민단체의 조직문화는 그렇지 못한 것이 현실이다. 실제로 시민단체의 젊은 활동가들일수록 조직 문화 개선, 세대 갈등 해결, 직장 내 괴롭힘 근절, 인권 존중 등을 요구하고 있다. 조직문화 개선은 젊은 활동가들이 앞으로 활동을 계속할 수 있게 만드는 필요조건이 되었다.[26] 시민단체는 운동조직이지만 군대조직이 아니며 체계적으로 움직여야 하지만 관료조직이 아니다. 널리 자신의 주장을 알려야 하지만 기업조직과도 달라야 한다. 시민단체는 효율성보다는 민주성, 위계보다는 대화와 토론을 중시해야 한다. 시민단체는 효과와 빠름보다는 상호존중과 여유로움을 숭상하는 삶의 방식을 대안적인 문화로 만들어나가야 한다.

  시민참여의 확대로 시민사회를 강화하고 국가 권력과 기업의 시장 지배를 감시하는 일은 시민운동의 변함없는 기본 과제다. 참여연대 운영위원장 이태호는 정치영역과 구별되는 시민참여의 중요성을 깨달아 28년째 시민운동을 계속하고 있다. 그는 시민운동을 처음 시작할 때의 깨달음을 다음과 같이 말했다.

---

26 신진욱. 2022. "한국 시민사회의 새로운 흐름에 대한 질적 연구." 96쪽.

"'냉전 해체 이후에 학생운동의 할 일은 무엇인가' 이런 고민이 있었죠. 그러다가 1989년 동독 시위대의 'We are the people!(우리는 인민이다!)'라는 피켓을 보게 됐어요. 동독 집권세력인 공산당은 그동안 무수히 많은 일을 하면서 '인민'의 이름을 팔았어요. 하지만 이 동독 시위대는 '인민은 나 자신이지, 누구도 나를 대변할 수 없다'라며 반박한 거지요. 따라서 어떤 체제이건 간에 그 사회를 건강하게 유지할 버팀목은 '시민의 통제'라고 판단했어요."[27]

그럼에도 불구하고 시민들의 참여의식과 활동은 여전히 저조하다. 경실련 사무총장을 가장 오랜 기간 역임한 고계현은 시민참여를 증진시키기 위해서 시민의 일상으로 파고드는 운동 방향을 제시했다.[28] 그는 "2000년대 중반에 들어서면서 시민단체 위상이 급격히 흔들렸다."면서 시민운동이 존립 위기를 극복하기 위해서는 "시민의 일상으로 파고들어야 한다."고 주장했다. 시민 "개개인이 겪는 사건과 문제를 함께 해결해 가면서 시민단체 존재 이유를 시민이 직접 피부로 느낄 수 있어야" 시민운동이 지속될 수 있다는 말이다. 젊은 세대를 중심으로 휴대폰 사용료나 보험약관 등의 문제 등 그런 소비자 주권 운동이 일어나고 있다. 하지만 자기가 직접 관련된 권익 증진 차원을 넘어 일반적인 시민의식을 기반으로 좋은 사회를 만들기 위한 지속적인 시민 참여는 여전히 약한 편이다. 시민의식의 고양과 시민참여의 증진을 위해서는 가정 교육과 학교 교육, 사회교육을 통해 정부와 기업 활동과 구별되는 시민사회 영역의 중요성을 공유하고 시민 참여의식을 높이기 위한 지속적인 노력이 요구된다. 시민단체의 모든 활동이 시민들의 참여를 높이고 의식을 고양시키는 교육적 효과를 자아내야 한다.[29]

---

27 김용민. 2010. "김용민이 만난 사람-이태호 참여연대 협동사무처장." 『월간참여사회』 7월호.
28 이상무. 2017. "시민운동, 시민 실생활 파고들지 못하면 망해요." 「한국일보」 8월 16일.
29 정수복. 2001. "시민참여의 확대를 위한 사회운동 이론." 『시민의식과 시민참여』. 아르케:

4. 시민운동의 미래 전망

연구진은 1987년 민주화 이후 한국의 시민운동을 편의상 A, B, C 3단계로 구별하고 현재 B단계에 있는 시민운동의 현황과 문제점을 성찰하고 지금과는 다른 한 단계 도약한 C단계로 가기 위한 집단분석을 실시했다. B단계 시민운동의 핵심은 제도화된 틀 안에서의 민관협력, 협치, 거버넌스, 파트너십, 공모사업, 중간조직 활동, 사회적기업, 협동조합, 도시재생사업 등이다. 집단분석 결과는 참여자들의 대부분이 B단계에 어느 정도 문제가 있다고 인정하지만 4명의 참여자 중 2명은 B단계를 넘어서는 C단계로의 진입이 아니라 B단계의 심화, 확대, 확장을 주장했다. 참여자 중 다른 한 명은 협치, 거버넌스라는 것이 정부가 주도하고 시민단체는 '들러리'를 서는 형태가 아닌가라는 회의감을 보였고 나머지 한 명은 국제개발협력 분야에서 정부 주도를 비판하고 운동성을 지닌 시민단체의 적극적 활동을 주장했다. B단계 운동의 연장을 주장하는 참여자들은 연구진이 제시하는 시민운동이 협치를 하면서도 그것을 벗어나 운동성을 지닌 독립적, 주체적, 자율적 자치적, 비판적 활동의 주체가 되는 C단계로의 진입 가능성 논의에 대해 그것은 A단계의 담론이고 지금은 사회적 조건이 바뀌었고 청년 세대는 그런 운동에 관심이 없기 때문에 B단계의 운동을 심화 확대시키는 방향으로 가야 한다는 논지를 폈다. 이들은 비판담론의 필요성을 구시대의 '깃발' '이념' 등의 용어로 폄하하고 연대와 조직의 필요성을 전문화와 다양화의 논리로 거부하며 상황의 변화와 주체의 변화를 내세웠다.

  이는 두 사람이 거버넌스의 틀 안에서 중요한 역할을 해왔기 때문에 보이는 자기 정당화의 태도이기도 하지만 시민운동이 스스로를 갱신하고 개혁해서 새로운 단계로 나아갈 의지와 능력의 부족으로 해석할 수도 있다.

  활동가 B는 기존의 시민운동이 '시대적 사명'을 다하고 필요성이 떨어지

135-173쪽 참조.

면서 새로운 요구가 출현했으며 과거의 시민운동과 구별되는 "새로운 것이 나타나고 있다. 뭔가 조금씩 이 씨앗들이 보이고 있다."고 진단했다(『2022 집단분석 녹취록』, 46~47쪽). 활동가 A도 활동가 B와 같은 해석을 표명했다. 이에 연구진은 4차 집단분석에서 연구참여자들의 추천을 받아 청년세대 활동가 세 명을 초청했다. 선배 세대와 후배 세대의 소통 속에서 무엇이 새로운 활동인가를 점검했다. 학생운동, 노동운동, 시민운동의 경험이 없는 청년세대 활동가들은 개인적인 체험으로 사회의식을 갖게 되었고 이후 협치와 거버넌스 틀에서 활동을 시작하여 사회적기업, 소셜 벤쳐 등의 이름으로 공익과 사익을 동시에 추구하는 양상을 보였다. 젊은 세대 활동가들은 정보통신기술을 이용하여 이동이나 여행, 소비생활이나 공적 활동에 도움이 되면서 수익도 창출하는 활동을 하고 있으나 비판적 운동성이 약하다. 주어진 틀 안에서 주민들의 생활상의 어려움을 해소한다든지, 삶의 질을 높여준다든지 하는 활동이라면 카카오와 카이스트의 공동 프로그램이 더욱 체계적으로 진행할 것이다. 그렇게 되면 청년활동가들의 활동범위는 줄어들 것이고 고유한 특성도 사라질 것이다. 기업의 공익 활동과 구별되는 고유한 특성은 비판적 운동성이 될 것인데 이 부분에서 새로운 것이 보이지 않는다. 자기들이 하고 있는 작은 구체적 실천들이 사회 전체적으로 어떤 의미를 갖는지에 대한 인식이 없다. 큰 그림이 없기에 작은 실천이 갖는 큰 의미를 찾지 못하고 지속적인 활동의 내면적 의미 세계를 구성하지 못한다. 그리고 많은 경우 그들의 활동은 정부나 지자체의 공모사업이나 후원을 받아 이루어지고 있다. 그러나 이런 모델이 중앙 정부나 지자체의 지원이 끊긴 이후 얼마나 지속될 수 있는지는 의문이다. 지원이 없어도 활동을 지속하기 위해서는 내면의 자발적 동기와 의미체계가 분명해야 하며 일시적으로 지원을 받는다고 해도 자체적으로 자원을 확보하고 동원할 수 있는 영향력을 갖추어야 하며, 거버넌스, 협치에 참여한다 해도 독립성, 자율성, 비판적 관점을 유지해야 한다.

또한 청년세대의 주요 활동 무대인 사회적기업활동은 시장경제 바깥에 비시장경제의 확대를 의미한다. 과연 그런 방향으로 변화가 일어나고 있는가?

지원이 없어도 시장 경제 속에서 살아남을 수 있을까?[30] 그런 활동이 전체 경제에서 차지하는 비율이 증가하고 있는가 등을 확인해야 한다. 그렇지 못하다면 이런 활동은 청년들에게 일자리를 제공하려는 정부나 지자체의 정책에 의한 형성된 일시적인 '거품' 사회운동으로 끝날 가능성이 높다.[31] 실제로 2022년 선거로 중앙정부와 주요 지자체의 장이 민주당에서 국민의 힘으로 교체되면서 지원이 삭감되고 있다. 따라서 앞으로 몇 년 안에 자생성을 갖춘 지속가능한 활동과 지원에 의해 급조된 활동이 확연하게 구별될 전망이다. 예상컨대 이미 시작된 많은 활동들이 축소되고 중단될 것으로 보인다.

　이번 연구를 통해 연구진은 집단분석 참여자들이 시민운동 전체를 대표할 수는 없다고 하더라도 2000년대 이후 진행된 시민운동의 전개 과정을 파악하고 그 안에서 생긴 문제점들을 확인할 수 있었다. 그동안 시민운동 내부에서도 제도화된 틀 안에서 활동하는 단체가 동원 가능한 자원이 많았기 때문에 주류를 형성했지만 대통령과 서울시장 등 정권이 바뀌면서 수세에 몰리고 있는 상황이다. 그러나 기존 틀의 문제점을 느끼고 있는 시민운동가들도 자원의 부족과 담론의 부족으로 C단계로 나가기는 어려운 형편이다. 더우기 청년 세대의 활동가들은 2000년대 들어서 마련된 민간단체 지원법, 사회적기업 육성법, 도시재생법, 협동조합 기본법, 신용협동조합법 등의 제도적 틀 안에서 중앙정부와 지방 정부의 지원을 받아하는 활동에 익숙해져 있다. 그 틀 안에서 활동하다가 지방정치나 중앙정치로 직행하는 관행이 만들어지고 있어서

30　사회적기업에 대한 정부 지원이 많을수록 지속가능성이 낮아진다는 분석 결과를 보고하고 있는 함희경. 2023. "한국 사회적기업의 지속가능성에 대한 연구: 영업이익의 지속성을 중심으로." 이화여자대학교 사회적경제협동과정 박사학위논문 참조. 사회적경제를 통한 지역발전 방안에 대해서는 이해진. 2015. "사회적경제와 지역발전." 『한국사회학』 49(5): 77-111쪽 참조.

31　사회적경제에 관한 제도적 지원은 2007년 사회적기업육성법 제정과 2012년 협동조합기본법 제정으로 기초가 마련되었고 문재인 정부 출범 이후 2017년 관계 부처 합동 사회적경제 활성화 방안 발표 이후 2018년부터 17개 시도 조례 제정으로 활성화되었다. 이재희. 2021. "사회적경제 협력 활성화 유형 및 특성 연구." 한국 사회적기업진흥원과 장원봉 외. 2021. 『한국 사회적경제의 거듭남을 위하여』. 착한책가게 참조.

시민사회에서 장기간 활동하면서 시민의 참여를 확대하고 시민사회의 관점에서 정부와 기업이 못 보고 못 하는 일을 찾아내고 문제를 제기하며 정부와 기업의 불의, 불공정, 무책임, 부도덕성, 무능력, 무관심, 부패 등을 감시 비판하는 '시민사회 영역'의 확장과 확대는 어려워질 전망이다.[32] 이는 앞으로 점점 더 기업의 전체 사회 지배력이 커지는 가운데 정치권 중심의 보수적이고 방어적인 시민사회정책이 계속될 것임을 시사한다.

5. 시민운동의 미래를 위한 성찰

연구진은 집단분석을 통해 한국 시민운동의 정체성이 희미해지고("'우리'라고 하는 실체가 확인이 안되고 있다." 『2022 집단분석 녹취록』, 19쪽) 비판의식과 대립성이 약화되었으며("운동의 핵심을 관계로부터 어떤 대항성을 가지고 보는 것 자체에도 저는 조금 원초적으로 의문이 좀 들기도 해요." 『2022 집단분석 녹취록』, 22쪽) 총체적 대안과 비전이 부재하다는 것("시민운동이 어떻게 갈지 '이후'가 보지이 않는다." 『2022 집단분석 녹취록』, 25쪽)을 확인했다. 1차 집단분석에서 연구진이 제시한 도표에 따르면 현재 한국의 시민운동은 정체성(Identity)이 희미하고 혼란한 상태에 있으며, 대립성(Opposition)은 매우 약하며 사회 전체를 비판적으로 재구성하는 대안적 비전(Totality)이 부재하다는 것을 알 수 있다.(『2022 집단분석 녹취록』, 55~56쪽) 현재 한국의 시민운동에서 정체성(주체성), 대립성(갈등의식), 전체성(대안적 비전)이라는 사회운동의 3차원이 모두 약한 상태라는 것은 1960년

---

32 온건한 시민운동의 저변은 확대되었지만 비판적이고 근본적인 변화를 추구하는 운동성이 약화되었다는 다른 연구자의 연구 결과도 이와 같은 전망을 시사한다. "사회적 의제에 관심을 갖고 참여하는 시민들은 많이 늘어나고 다양화되었지만, 정치, 사회 현실을 비판적으로 인식하면서 구조와 제도의 변화를 만들어갈 의지와 조직적 역량을 가진 주체는 줄어들었을 뿐 아니라 시민사회의 전체 판 안에서 주변화되고 부정적 시선에 직면하기도 하는 것이 현실"이다. 신진욱. 2022. "한국 시민사회의 새로운 흐름에 대한 질적 면접 연구." 아름다운재단: 112쪽.

4.19에서 발화하고 1970년대 민주화운동을 거쳐 1980년대 민중으로 강화되고 1990년대 시민운동으로 표출된 긴 사회운동의 사이클이 거의 마감되었음을 의미한다.

시민운동의 정체성과 관련하여 '청년'이라든가 '여성'이라는 정체성은 나이와 성별이라는 생물학적 범주에 기초해 있는 범주를 어떻게 사회적인 범주로 만들 것인라는 문제를 안고 있다. 청년과 여성 안에 분화되어 있는 다양한 하위 범주들의 다양한 문제를 연령이나 성별로 정의할 수 없기 때문이다. 청년과 여성이 '당사자 정체성'을 강조한다면 그것은 사회운동이라기보다는 이익집단 활동에 가깝다. 사회운동은 문제를 느끼는 '당사자'들이 시작하지만 당사자를 넘어 보편적으로 수용될 수 있는 가치에 의해 이루어져야 하고 당사자의 범위를 넘어서 문제의식을 느끼는 많은 사람들이 집합적으로 참여하는 운동을 뜻한다. 사회운동이 민중, 노동계급, 시민 등과 같이 보편적으로 통용될 수 있는 포괄적인 정체성을 구성하는 문제는 익명의 개인들이 개별화된 상태에서 하나의 이슈를 중심으로 일시적 네트워크로 이어졌다가 이내 흩어지는 이벤트성 활동의 한계를 극복하기 위해서 필수적인 과제다. 고립된 개개인이 컴퓨터와 스마트폰을 이용하여 다양한 방식으로 연결된다고 하더라도 서로 인격적인 관계를 갖고 가치를 공유하며 문제 상황을 공통으로 인식하며 지속적으로 교류하고 활동하지 않는다면 살아있는 '사회운동'으로 이어질 수 없다.

1980년대 후반 민주화 이후, 특히 1990년대 이후에 출생한 젊은 세대는 그 이전 권위주의 체제 아래서 성장한 기성세대와 달리 개인의 감정, 의사, 취향, 욕구를 중시하고 강요보다는 자발적 동기에 의해 움직인다. 이런 현상을 독자적인 '개인'의 출현으로 볼 수 있다. 개인의 출현은 정보통신기술의 비약적 발전으로 더욱 촉진되었다. 코로나19 상황은 오프라인의 대면관계보다 온라인 소통을 더욱 강화시켰다. 그러나 거듭 말하지만 온라인 연결성이 오프라인 대면 관계를 통한 인격적 소통을 통해 지속적인 결사체로 발전하지 않는 한 지속적인 시민활동은 이루어지기 어렵다. 외국의 한 활동가가 자조적으로 "우리는 연결되어 있지만 무능하다"(We are connected but incompetent.)라고 표현했듯이 '연결된 행동'(connected behavior)이 일시적으로 '집합행동'(collective behavior)을 대신할 수 있을지는 모르지만 그것이 '사회운동'(social movement)으로 발전할 가능성은 매우 희박하다. 정보통신 기술은 이용해야 할 수단이지 만병통치약이 아니다. 네트워크화된 집합행동이 특정 이슈를 중심으로 일시에 문제를 제기하고 확산시키는 과정에서 유리하게 사용될 수 있다. 그러나 일시적으로 네트워크화된 개인은 지속적 활동이 가능한 결사체로 조직화되어야 한다.[33] 많은 수의 사람이 온라인을 통해 특정 이슈를 중심으로 모였다 하더라도 그것이 정체성, 대립성, 총체성을 갖춘 집합적 주체로 형성되지 않는 한 기존의 권력관계에 근거한 기득권 유지와 불평등한 관계의 지속이라는 근본적인 문제에는 접근하지 못하는 일시적인 이벤트로 끝나고 말 가능성이 높다. 더욱이 정보통신기술의 발전은 사회운동보다는 '빅데이터'를 활용하는 세계 금융시장과 군사 체제를 비롯하여 기존의 지배체제를 더 공고하게 만들고 있다. 기술은 수단에 불과하다. 그것이 사회운동의 본질을 바꿀 수는 없다.

청년 세대 중심의 공익활동에서 대립성이 거의 사라진 것은 참여자들 스스로가 운동가가 아니고 활동가라고 지칭하는 지점에서 나타나듯이 이제 더 이상 사회운동이 아니라는 것을 스스로 인정하는 것이다. 사회운동의 구성요소인 대립성이 후퇴한 배후에는 어떤 이론적 가정이 자리하고 있다. 그것은 사회적 갈등과 대립을 병리적으로 보고 조화와 협력을 강조하는 조화론적 사회관이다. 민주화 이후 문민정부가 들어서면서 사회 전반으로 윈윈(win-win), 상생(相生) 등을 강조하는 담론이 등장했고, 거버넌스, 협치, 파트너십이 강조되면서 점점 갈등을 병리적으로 보는 사고방식이 정착했다. 이런 담론은 독재와 민주주의라는 기본적 갈등이 민주화를 통해 해소되었기 때문에 지금부터는 긍정적인 미래를 전망하며 적극적인 참여를 통해 구체적인 사회문제를 하

---

33 신진욱은 시민운동 연구에서 이 문제를 "개인들의 다양한 욕구와 의지를 존중하면서도 강한 유대와 공동의 비전을 만들어내는 것이 향후 해결해결해야 할 어려운 과제로 등장했다."고 표현했다. 신진욱, 윗글, 125쪽.

나씩 해결해가자는 시민운동 방식을 정착시켰다. 2000년대 이후 널리 확산된 이른바 '사회혁신' 프로그램은 때로는 때로는 필요한 갈등을 회피하고 쉽게 수용 가능한 협력 프로그램에 집중하는 경향을 보였다. 사회혁신 프로그램은 "삶의 중심적인 문제들보다 잔여적인 문제를 다룬다면서 기존 세력 관계나 권력관계와 충돌하는 부분이 생기면 그 갈등을 해결하지 못한다. 그래서 갈등이 없는 지대를 찾는 속성이 있다. (...) 주민참여는 합의를 지향한다. 합의를 지향하려면 갈등이 큰 사항은 다룰 수 없다. 갈등을 제기하는 세력이나 개인들을 배제하는 형태로 조직된다."[34]

그러나 갈등이 언제나 부정적이고 파괴적인 결과를 가져오는 것은 아니다. 건강한 갈등은 오히려 사회를 역동적으로 만든다. 능력 있는 개방적 정부와 사회적 책임을 다하는 기업, 비판적이고 활력있는 사회운동 세력이 길항적으로 상호작용할 때 사회는 훨씬 역동적으로 발전할 수 있다. 부패를 방지하고 공정성과 공익성을 높일 수 있다. 갈등과 조화는 고정된 상태가 아니라 수시로 변하는 상태이다. 지도세력과 비판세력 양자가 책임성, 창의성, 투명성을 가지고 상호작용할 때 긴장 속의 변화가 가능하다. 반대로 어느 한쪽이 다른 한쪽을 포섭하고 포함해버리면 그 사회는 역동성을 상실한다.[35]

시민운동이 시민사회를 대표하는 독립적이고 자율적인 세력이 되려면 긍정적 대립성과 더불어 사회 전체의 미래를 위한 비전과 대안을 제시할 수 있어야 한다. 그러나 그것은 개별적인 사안에 대한 구체적인 정책 대안이 아니라 바람직한 가치에 입각한 정의로운 사회의 모습을 말한다. 2020년대 한

---

[34] 이 발언은 『비틀리는 사회혁신』(2021)의 저자 장훈교가 한 연구를 위한 인터뷰에서 한 말이다. 이은경·이다현. 2023. "사회혁신, 비판적 성찰과 전망."『희망 이슈』 72: 20쪽에서 재인용.

[35] 갈등의 창조적 기능에 대해서는 Alain Touraine. 1973. *Production de la société*. Paris: Seuil과 루이스 코저(지음), 박재환(옮김). 1980.『갈등의 사회적 기능』. 한길사 참조. 이와 관련하여 3차 집단분석에서 연구진의 공석기는 기업과 시민사회 사이의 '갈등적 협력', '경쟁적 협력'이 가능하다는 견해를 제시했다.(『2022 집단분석 녹취록』, 122쪽) 이는 상생, 원원을 추구하지만 그 안에 이견과 갈등과 경쟁이 상존함을 뜻한다.

국 시민사회는 총체성, 전체성, 통합적 비전의 부재를 경험하고 있다. 시장경제와 자유민주주의라는 틀 안에서 일어나는 경제적 불평등의 심화와 기후위기를 비롯한 환경문제 해결을 위한 총체적 비전을 제시하지 못하고 있다. 비전 제시를 어떤 운동 집단의 '깃발' 올리기라든가 이데올로기적 도그마라고 예단하여 거시적 담론을 거부하는 경향이 널리 퍼져있다. 2차 집단분석에 초대 손님으로 참석한 전직 국회의원도 다음과 같이 시민운동의 활성화를 위한 거대 담론의 필요성을 부인했다.

> "이제 시민운동에 관해서 이야기할 때, 가치나 비전 이런 것들을 우리가 자꾸 생각하려 하니까, 우리가 생각해서 제시하기 보다는 시민들의 삶의 감수성을 가지고 바라보는 게 낫겠다는 생각입니다. 시민참여는 그냥 안 만들어져요. 시민들의 감수성을 갖고 잘 관찰하면서 시민참여가 가능한, 시민행동을 조직하거나 일으키기 좋은 사안을 중심으로 시민운동이 고민을 해야지, 큰 거대담론을 갖고 이렇게 해 갖고는, 그러니까 어떤 뭐가 필요하다는 것을 연역적으로 만든 다음에 이렇게 현장으로 가는 것은 저는 안 맞는다고 봅니다. 거꾸로 하면 오히려 큰일까지 갈 수 있다고 봅니다."(『2022 집단분석 녹취록』, 94쪽).

그러나 시민운동의 비전과 총체적 담론이 없으면 체제에 적응하면서 체제를 유지시키는데 기여하는 공익활동, '비즈니스 솔루션'과 유사한 '공익활동 솔루션'을 찾아내는 활동을 크게 벗어나지 못할 것이다. 민주화 이후 국가의 지배는 폭력적 억압적 지배에서 합법적이고 부드러운 지배로 이동했고 세계화가 이루어지면서 경제와 시장의 논리가 지배적 논리가 되면서 많은 사람들이 자본의 지배를 당연한 것으로 받아들이게 되었다. 거대담론, 큰 이야기를 거부하고 작은 이야기를 내세우며 이성보다 감성을 중시하는 상업주의 담론이 광고를 통해 시대 분위기를 주도하고 있다. 개개인이 각자 자유롭게 판단하고 활동한다고 생각하지만 '보이지 않는 힘'에 의해 통제되고 지배받고 있다. 그런 대세의 흐름을 따라 한국 사회운동의 이념적 지향성은 자본주의 비판에서 자본주의 체제 안에서의 운동으로 변화했다. 오늘날 한국 시민운동의 영역에는 자본주의의 문제점과 연결된 불평등, 환경위기, 높은 자살률, 낮은 출산율, 행복감 저하, 불만과 우울증 증가, 신뢰 상실 등의 문제를 어떻게 해결할 것인가에 대한 종합적 비전을 찾아보기 어렵다. 오로지 있다면 사회복지 비용의 증가라는 주장뿐이다. 그런 정책적 해법도 중요하지만 대다수 시민들의 의미 있는 삶과 그것이 가능한 좋은 사회에 대한 비전을 제시하지 못하는 한 무한경쟁, 승자독식의 시장 논리 안에서 승자는 소비주의와 쾌락주의적 삶을 추구하고 패자는 열등감과 우울증에서 벗어나기 어렵다. 이데올로기의 종언과 상대주의적 가치관의 지배, 다양한 가치관의 공존이라는 상황은 전체의 문제, 구조의 문제를 보지 못하고 각자 상황을 주관적으로 정의하고 각자 원하는 가치를 가지고 자기 나름으로 살면 그만이라는 상대주의적이고 이기주의적인 생각을 갖게 만든다. 이런 의식의 상태는 공공의 문제를 공동의 힘으로 해결하여 지금과는 다른 사회를 만들려는 사회운동의 형성 자체를 어렵게 만든다.

2000년대 들어서 지식인과 사회운동이 분리되고 2010년대 거버넌스 모델이 지배적 모델이 되면서 시민운동의 국가 권력과 자본에 대한 감시, 견제, 비판의 기능은 크게 약화되었다. 정부와의 협치, 기업과의 협력이라는 틀 안에서 시민운동은 제도화의 길을 걸으면서 운동성을 상실했고 정체성도 희미해졌다.[36] 지식인들은 경제성장 제일주의, 기술지상주의에 대한 대안을 제시하지 못하고 체제 안에서 개별적인 문제들을 처리하는 기술적 전문가적 역할에 안주했다. 그러나 시민사회론에 따르면 국가와 시장, 시민사회 사이의 견

---

[36] 활동가 D는 거버넌스와 협치 담론이 힘을 얻으면서 "시민운동이 가지고 있는 비판 견제 감시 기능이 무너지는 측면이 있다. 시민운동 본래의 선명성을 가지고 있으면서도 거버넌스나 협치를 어디까지 어떻게 해야 할 것인지 그러한 부분들이 여전히 숙제로 남아 있습니다."(『2022 집단분석 녹취록』, 170~171쪽)고 말했는데 이는 협치 모델에 회의하고 있지만 부정은 못 하는 '희미한 운동 정체성'을 보여준다.

제와 균형이 이루어질 때 시민들의 주체적 삶이 가능하고 삶의 질이 높아질 수 있다. 오늘날 우리가 사는 세상은 그야말로 여러 차원에서 심각한 위기 상황이다. 어디에서든 지구적 차원과 지역 차원을 잇는 문명 전환을 지향하는 시민운동의 새로운 사이클이 시작되어야 한다.[37] 기업과 정부를 이끄는 엘리트들이 지구환경 위기와 국내적 국제적 불평등 문제의 심각성을 철저하게 인식하게 만들고 권력의 논리와 시장의 논리에 시민사회의 논리로 맞서면서 표피적 미시적 문제 해결을 넘어 심층적 거시적 문제를 제기해야 한다. 어디에선가 그런 시민운동의 새로운 사이클이 시작되어야 한다. 시민사회가 생명력과 운동성을 유지하기 위해서는 국가와 적절한 거리를 유지하고 시장의 논리로 포섭되지 않는 독자적인 영역을 확보해야 한다. 그것이 시민운동의 기본이다. 그런 기본 원칙 위에서 현실에서 비롯되는 '이론적 사유'와 현장에서 활동하는 '사회운동' 사이의 끊임없는 상호작용이 계속되어야 한다.

6. 집단분석 이후의 공공사회학

연구자들은 4차에 걸친 집단분석 녹취록을 바탕으로 한국의 시민운동은 쇠퇴하고 있는가? 아니면 하나의 사이클이 끝나고 새로운 시민운동의 사이클이 시작되고 있는가? 라는 기본질문에 답하는 분석을 진행했다. 연구자의 역할은 참여자들의 발언을 요약 정리하는 작업에 그치지 않는다.[38] 연구자는 자신의 기본질문과 가설에 입각해 연구참여자들의 발언 내용을 분석하고 해석하여 자신의 주장을 펼칠 수 있다. 다시 말해서 집단분석 상황에서 연구자의 역

---

37 정수복. 2001. "한국 시민운동의 패러다임 전환을 위하여." 『시민의식과 시민참여』. 아르케: 367-392쪽.

38 시민활동가들의 면접을 기초로 한 신진욱의 연구도 면접상황의 묘사와 요약 끝에 '결론과 제언'이라는 제목으로 열 가지 구체적인 '실천과제 또는 토론주제'를 제시하고 있다. 신진욱. 2022. "한국 시민사회의 새로운 흐름에 대한 질적 면접 연구." 아름다운재단: 125-127쪽.

할은 문제를 제기하고 경청하는 다소 중립적 입장을 취하지만, 집단분석이 끝난 후에는 현장 경험과 녹취록을 바탕으로 연구참여자들의 발언 내용을 분석하고 해석하는 적극적 역할을 취한다. 따라서 연구자의 해석이 연구참여자의 입장과 다를 수 있다. 그렇다고 연구자가 연구참여자인 활동가들을 일방적 교육의 대상으로 보지는 않는다. 연구자의 해석과 의견이 연구의 최종적인 결론도 아니다. 그것은 다시 연구참여자에게 제시되어 토론과 성찰의 대상이 될 수 있다. 집단분석이 공공사회학이 되는 이유는 연구의 결과인 보고서나 책자가 책꽂이나 책상 서랍 속에 배치되는 것이 아니라 다시 활동가들에게로 돌아가 토론을 불러일으키고 참여자들의 성찰성과 활동 능력을 증진시키고 새로운 단계로 나아가게 만들기 때문이다. 때로 연구자의 해석과 연구참여자의 해석이 다를지라도 그것은 자연스러운 것이다. 서로 의견이 다르다고 대화 상황 자체를 거부하고 서로 단절된 상태로 돌아가는 것이 문제다. 공공사회학은 사회학자와 활동가 사이의 지속적인 대화와 토론을 요구한다. 공공사회학에서 연구자와 활동가 사이의 관계는 한 쪽이 다른 한쪽에게 자기 해석을 강요할 수 없는 평등한 관계다. 그러기에 연구자와 활동가 사이의 관계는 협력적이면서 긴장된 관계가 들어있는 특별한 관계다. 적극적으로 '관여하기'와 비판적으로 '거리두기' 사이의 긴장을 조절하고 극복하면서 대화와 토론이 계속될 때 활동가는 더욱 성찰이면서 근본적인 활동을 할 수 있게 되고 연구자는 행위자들의 활동에 대한 피상적 해석을 넘어서 심층적인 이해에 도달하게 될 것이다.

제Ⅱ부

한국 시민사회운동 지형변화와 글로컬 도전

제5장

한국 시민사회운동 담론 및 지형변화

1990년대 한국의 국가와 시민사회의 관계를 '강한 국가' 대 '강한 시민사회'로 표현한다. 1980년대 말 정치 민주화를 견인한 한국 시민사회운동의 비약적인 발전을 놓고 주변 아시아 시민사회는 감탄과 찬사를 아끼지 않았고, 한국 시민사회가 아시아 지역의 시민사회 활성화에 핵심적 역할을 담당해 주기를 기대했다. 2000년대 초 세계사회포럼(World Social Forum)에 참가한 한국 시민사회단체의 역동적인 활동은 부러움의 대상이었다. 그러나 30년이 지난 현재 한국 시민사회운동은 강한 시민사회를 견인하고 대변하던 지위를 상실하고 있다. 이런 견지에서 과연 한국 시민사회운동 발전의 동력은 무엇이었으며, 이후 성장을 지체 시킨 운동 안팎의 장애물은 무엇인가에 대한 성찰적 접근이 필요하다. 본 연구는 한국 시민사회운동의 과거, 현재, 그리고 미래를 민주화, 제도화 그리고 지구화라는 측면에서 살펴봄으로써 그 실마리를 찾아보고자 한다.

1. 시민사회운동의 담론변화: 민주화, 제도화 그리고 전지구화

한국 시민사회운동은 우선 '정치 민주화'를 이끈 동력으로 주목할 수 있다. 1960년대 이후 한국 사회운동은 과거 독재정권에 맞서 최소한의 절차적 민주

주의를 이루기 위한 국민 주권회복 운동의 성격이 강했다. 1987년 군사독재 정권의 몰락을 가져오기까지 70년대와 80년대 초까지는 닫힌 정치기회구조 (political opportunity structure)로 인해 사회운동은 잠재적 동원전략에 기초한 엘리트 중심으로 진행되었다. 이후 정치적 유화국면을 맞아 산발적으로 전개되던 사회운동은 신념(belief), 감정(emotion), 그리고 열정(passion)을 적극적으로 동원한 학생운동과 긴밀한 협력관계를 유지하면서 조직적이고 투쟁적인 활동을 전개했다. 당시 사회운동은 정부와의 갈등적 관계를 유지하면서 정당성 측면에서 우위를 점했다.

둘째, 1990년대는 절차적 민주화를 달성한 이후에 시민사회운동 단체가 폭발적으로 증가하면서 이른바 시민사회운동의 전성시대가 도래했다. 시민사회운동은 점차 저항과 갈등보다는 제도화 전략으로 선회했다. 민주주의의 공고화에 따라 정책구현이 중요해졌다. 그에 따라 시민사회운동은 문제제기에서 문제해결로 급격히 운동 전략을 전환하면서 제도적 틀 내에서 정책 입안, 협상, 그리고 집행이란 정책 과정(policy process)에 보다 집중하게 되었다. 1990년대 초 문민정부가 들어서면서 운동 단체가 정치권, 특히 정부와의 갈등적 협력(conflictual collaboration)관계를 지향하면서, 운동목표는 정책 제안이 어떻게 정치영역 안으로 수용되고, 구현될 것인가에 초점을 두게 되었다. 이처럼 시민사회운동의 '제도화 전략'(institutionalization strategy)은 운동과 정치가 서로의 전략과 전술을 상호 활용하는 협력적 관계로 전환되었다. 그러나 시민운동 내부에서는 운동 조직, 운동 영역, 그리고 지역 측면에서 격차를 지속적으로 드러냈다. 한국 시민사회운동은 여전히 소수의 대규모 중앙중심의 사회운동 조직이 주도했다. 비록 '시민사회운동의 시대'가 열렸음에도 불구하고 시민사회운동은 아래로부터 의견 수렴, 투명한 의사 결정, 시민들의 자발적 참여 그리고 운동 성과에 대한 책무성 등등의 도전과제를 제대로 실행하지 못했다. 당면한 사안에 따라 급조된 중앙 중심의 연대운동이 반복되었고, 이에 대해 시민들은 점차 피로감을 느끼게 되었다.

셋째, 시민사회운동이 전지구화란 담론에 대응하고 응전해야했다. 이는 한국 '시민사회운동의 전지구화'(globalization of social movements) 과제로 볼 수 있다. 전지구화는 정치, 군사, 경제, 사회, 문화 그리고 환경의 측면에서 전지구화 과정이 강화되면서 일국 내에서 독점적인 통치권이 약화되는 반면에, 국내정치가 초국적 정책결정 과정에 영향을 받게 되는 소위 자본주의 세계경제체제에 더욱 깊숙이 편입되는 것을 의미한다. 신자유주의 세계화 담론과 더불어 디지털 혁명과 인터넷은 풀뿌리 주민을 초국적 연결사회로 편입시켰기 때문에 시민사회운동 역시 미시와 거시의 긴밀한 연결과정에서 그 활동을 초국적으로 확장시킬 수밖에 없었다.

한국 시민사회운동은 민주화, 제도화 그리고 전지구화라는 거대담론을 압축적으로 경험했다. 서구가 100년에 걸쳐 경험한 시민사회운동의 과거, 현재 그리고 미래의 모습이 한국 시민사회에서는 동시적으로 혼재되어 나타났다. 사회운동 측면에서도 '비동시성의 동시성'이 나타난 것이다. 민주화, 제도화, 그리고 전지구화라는 과제가 결코 순차적으로 이루어지지 않는다는 것이다. 그러므로 사회운동의 변화과정을 당위적이고도 진화적 발전으로 접근하는 오류에 빠져서는 안 된다. 사회운동의 변화발전은 결코 단선적이고 진화적이며 당위적이지 않은 역동적이고 갈등적인 과정이다. 한국 시민사회운동이 민주화, 제도화, 전지구화라는 세 가지 과제 앞에서 스스로 성찰하는 시간을 가지지 못한 채 진화적 발전을 당연시 여겼다면 이에 대한 비판적 성찰이 우선되어야 할 것이다. 아래에서는 그 세 가지 과제를 차례로 짚어본다.

(1) 민주화와 사회운동: 1970~1980년대

한국사회의 민주화를 위해 부단히 노력한 집단은 종교 지도자, 교수, 변호사 등의 지식인으로 제한되지 않았다. 제한된 정치 공간 속에서 학생, 노동자, 농민, 도시빈민 등이 민주화를 견인해 내기 위해 노력했다. 그들은 '닫힌' 정치기회구조 하에서는 제도 밖 전략 즉, 장외 투쟁을 통해 민주사회 변혁을 추동했다. 독재정권 하에서 사회운동이 공식적으로 활동하지 못했지만, 이것이 결코 운동의 부재를 의미하지 않는다. 오히려 '잠재적 운동' 상태를 유지하면서 시민들의 저항 의식은 수면 아래서 꾸준히 성장할 수 있었다.

　　1970년대의 농민은 운동의 주체가 되지 못했고, 대신에 종교 지도자 혹은 지식인이 그들의 요구를 대변해주었다. 가톨릭 혹은 기독교 농민회처럼 종교인이 풀뿌리 주민 속으로 들어가 농민운동을 조직화하고 생존권 투쟁을 지원하는 경우도 있었다. 그러나 노동운동의 경우는 달랐다. 1970년대 초 전태일 분신 사건으로 촉발된 노동 3권 쟁취 운동은 최소한의 인간다운 삶을 보장받기 위한 노동운동으로 인권 프레임 확산의 시발점이 되었다. 이후 1980년대 정치적 유화 국면에서는 잠재된 노동인권 의식이 대규모 파업의 형태로 나타났다. 당시 노동운동은 학생운동과 더불어 한국 사회의 민주사회 대변혁을 추동하는 견인차였다. 당시 경제발전과 사회 안정을 뒷받침하는 개발 및 안보 이데올로기는 정부에 저항하는 운동 단체의 설립을 원천적으로 봉쇄하는 강력한 통치 프레임으로 동원되었다. 그에 맞서 사회운동은 정부 권위의 정당성에 치명적인 타격을 줄 수 있는 도덕성 프레임을 동원하는 데 초점을 맞추었다. 1980년 광주 민주화운동을 통해 정치적 '봄'이 찾아왔고, 새로운 정치기회구조를 맞이했다. 해직 교수의 복직, 양심수 및 민주화 인사의 정치 복귀는 정치 민주화 흐름에 큰 동력을 제공했다. 다양한 사회적 욕구와 목소리는 '민주화'라는 거대 담론으로 수렴되었다. 그 과정에서 노동운동과 학생운동이 민주화운동의 중심축을 이루었다.

　　5.16 쿠데타 이후 유신체제를 거쳐 1980년대 말까지 지속된 권위주의 정권은 민주화를 요구하는 다양한 시민사회의 목소리를 국가 안보에 위해가 된다는 안보 프레임을 동원하여 대응했다. 정권 유지를 위해 제정된 국가보안법은 정부 정책에 대한 건전한 비판마저도 해당 단체를 반국가단체로 낙인찍어 배제했다. 권위주의 정권은 한국의 분단 상황을 강조하면서 시민사회의 비판적 견제는 체제를 위협하고 궁극적으로 국가 안보에 위협을 가하는 행동이라면서 억압을 당연시했다. 민주화 이전의 권위주의 정권은 '국가보안법 시대'를 맘껏 즐겼다. 그러나 1987년 6월 항쟁은 새로운 정치기회구조를 제공하는 계기가 되어 국가보안법 폐지 운동이 전국적으로 확산되었다. 민주화라는 마

스터 프레임 하에 다양한 시민사회운동 영역이 연대할 수 있었다. 당시 사회운동은 민중적 관점에서 전개되었고, 여러 운동이 민주-민중-통일이라는 관점으로 결합하면서 군사독재정권을 무너뜨리는 데 선도적인 역할을 담당했다. 국가보안법의 수많은 희생자 즉 민주인사, 노동자, 농민 등등을 지원하기 위한 운동 단체가 1980년대 중반부터 설립되었다. 그 대표적인 예로 민가협과 유가협을 들 수 있다.

그러나 당시의 운동 프레임은 인권이라는 제한된 분석 틀보다는 민주화라는 마스터 프레임이 널리 수용되었다. 민주화라는 프레임은 독재정권에 반대하는 모든 운동이 수렴될 수 있는 큰 저장고로 작동했다. 시민사회운동의 네트워크와 연대활동 역시 민주화운동의 틀 속에 정치, 여성, 인권, 환경, 통일, 노동, 빈민, 농민, 학생, 종교 등의 운동 단체가 상시적인 네트워크를 구축하며 협력했다. 당시 한국 민주화운동과 연결된 국제 연대활동은 소수 종교단체를 중심으로만 전개되었다. 1970~80년대 민주화운동은 제한된 정치기회구조 하에 민주화라는 마스터 프레임 하에 운동가들의 희생과 열정을 에너지로 삼는 강한 연대활동으로 지속되었다. 이러한 강한 연대활동 경험과 기억을 공유하게 된 시민사회운동 단체나 활동가는 이후 사안에 따라 긴밀하고도 효과적으로 네트워크를 형성할 수 있었고 이것이 1990년대 강한 시민사회운동의 토대가 되었다. 4.19이후 30여 년의 민주화운동은 1987년 6월 항쟁을 통해 군사독재정권의 항복을 이끌어냈고, 이를 계기로 정치기회구조는 활짝 열리게 되었다. 이후 민주화라는 마스터 프레임은 다양한 운동 프레임으로 분화되고 확장되었다. 이런 맥락에서 1990년대 사회운동은 민중운동과 시민운동의 분리, 운동 전략과 전술을 둘러싼 긴장과 갈등, 그리고 사안별로 경쟁과 협력의 길을 걷게 되었다.

(2) 시민운동의 제도화 과정: 1980년대 후반-1990년대 후반

1987년 6월 항쟁은 한국 사회운동 발전의 분기점을 이룬다. 군사독재정권의 장기화를 꾀하고자 호헌을 주장한 전두환 정권은 박종철 고문사건이 기폭제가 된 87년 6월 10일 민주화를 요구하는 시민들의 대규모 시위 앞에서 대통령 직선을 약속하며 무릎을 꿇고 말았다. 새로운 정치기회구조의 도래는 한국 사회운동의 목표, 전략, 그리고 전술의 일대 변화를 불러왔다. 일단 내부적으로 절차적 민주주의가 달성되자 운동의 방향은 독재정권 붕괴에서 공공선 제고로 바뀌었다. 6월 항쟁에 중산층 시민이 적극적으로 참여하면서 중산층이 사회운동의 새로운 중요한 세력으로 부상했다. 그 결과 시민의 삶의 질과 형평성 제고를 위한 정치경제 사회개혁을 지향하는 새로운 시민사회운동이 부상했고, 특히 경제정의, 환경, 여성, 인권 등의 이슈에 초점을 맞추게 되었다.

국제적으로도 냉전체제가 붕괴 되고 UN의 역할이 중요해졌다. 남북한이 UN에 동시 가입함으로써 국제규범을 준수해야 하는 상황이 되었고, 시민사회운동은 이러한 초국적 정치기회구조의 출현을 적극적으로 활용하기 시작했다. 문민정부가 들어서면서 정당과 시민사회운동의 거리가 더욱 가까워지면서 제도화 길이 급속히 열렸다. 이렇게 열린 기회구조 하에서 시민사회운동 인사들이 대거 정치영역 즉 국가와 정당으로 진입했고, 그 결과 정부는 전복의 대상이기보다는 정책적 대안을 함께 모색할 수 있는 정책 협력자로 인식되었다. 물론 이에 회의적인 입장을 지닌 운동조직은 정부와 거리를 두면서 비판자로서 역할을 유지했다. 전자가 시민운동으로의 전환을 의미한다면, 후자는 민중운동으로서 비판과 도전자의 역할을 계속했다. 그러나 안타까운 점은 제도화가 아래로부터 자연스럽게 진행된 것이 아니라 정부 주도로 위로부터 진행되었다는 것이다. 즉 제도화가 신뢰와 수평적 파트너라는 협력과 경쟁의 관계로 진행되기보다는 시민사회운동을 정치적으로 동원하는 선택적 결합의 측면이 강했다. 결과적으로 민주화 이후 제도화 과정은 불안정한 정치기회구조의 형태를 띨 수밖에 없었다.

시민사회운동은 절차적 민주주의 달성 후에 시민들이 더욱 안정적으로 참여할 수 있는 조직구조와 프로그램을 만들어야 했다. 실무자들은 회원 관리, 회원 캠페인 실천 프로그램, 회원 교육, 그리고 회비 납부를 통한 재정자립도를 높이는 데 초점을 맞추게 되었다. 정치 민주화에서 생활 정치로의 전환을 추진한 이유는 일상적인 삶과 환경문제에 관심을 둔 회원이 급속히 증가했기 때문이다. 특히 환경운동, 소비자 운동, 생활 복지, 여성의 권리 증진 등을 추구하는 운동 단체의 회원이 증가했다. 그러나 여전히 시민사회운동이 중앙 중심적이고 실무자 중심이었기에 회원에 의존해서 재정자립도를 높이는 것은 어려웠다. 대신에 정부 정책을 수탁하는 형식의 자원 동원, 기업 혹은 개인 후원으로 조직 운영 자원을 충당했다. 민중운동 지향의 단체가 정부 정책에 대한 도전과 비판의 입장을 견지한 것과 달리 비판적 협력관계를 지향한 시민운동 단체는 열린 제도정치 공간 속에서 회비 증가, 정부나 기업 후원, 그리고 정부 정책 사업 참여 등을 통해 조직적으로 급속히 성장했다. 요컨대, 1990년대 한국 사회는 '시민사회운동의 전성기'를 맞이했다. 시민사회운동은 국가 정책 결정 과정은 물론 정책 구현 과정에까지 깊이 참여하면서 정부의 정책 파트너로 자리매김했다. 그러나 1990년대 말에 IMF 구제금융체제를 맞이하면서 한국의 시민사회운동은 신자유주의 세계화라는 초국적 라이벌을 마주하게 되면서 새로운 도전 국면에 들어섰다.

(3) 시민사회운동의 지구화: 1990년대 후반~2000년대 초

시민사회운동의 전지구화 과정에 가장 적극적으로 나선 사회운동 영역은 환경운동이었다. 1992년 브라질 리우데자네이루(Rio de Janeiro)에서 유엔 환경개발회의(UNCED)가 열려 지속가능발전, 기후협약, 그리고 생물종 다양성 협약이 체결되었다. 한국 정부는 이러한 협약체결에 당황하며 범정부적인 대책 마련에 나섰다. 환경부의 위상을 높이고 환경 관련 정부조직을 환경부 산하에 모으는 조직 개편을 단행했다. 환경운동 단체들도 리우 환경회의를 계기로 운동의 전지구화 필요성을 절감하면서, 운동조직의 개편과 운동의 전문화, 과학화 그리고 대중화를 시도했다. 이후 비정부 조직간 국제회의 및 초국적 공공영역에도 적극적으로 참여하면서, 합리적이고 선도적인 정책을 정부에 제안하는 정책 경쟁 혹은 대안자로서 자리매김하고자 노력했다.

운동의 전지구화에 주목한 또 하나의 영역은 농민운동이다. 농민운동은

1997년 IMF 체제와 FTA 체결을 통해 농업의 완전 개방이라는 절체절명의 위기에 몰리면서 과격한 장외 투쟁으로 대응했다. 세계무역기구(WTO), 국제통화기금(IMF), 세계은행(World Bank)이 견인하는 신자유주의 무역체제는 국내의 열악한 농업이 거대 곡물메이저와의 경쟁에서 밀리게 만들어 식량주권을 위협할 것으로 우려되었다. 2003년 멕시코 캔쿤(Cancun)에서 열린 세계무역기구 국제 각료회의에 반대하기 위해 참석한 한국 농민운동 대표의 자결은 한국 농민운동의 위기를 예견해 주었다. 비슷한 맥락에서 1997년 국제통화기금 체제를 계기로 사회정의 관련 운동이 증가했다. 노동자, 여성, 빈민, 장애인, 농민 등으로 다양해진 운동 주체가 각각의 고유 과제를 중심으로 활동하면서도 공동으로 '정의' 마스터 프레임을 동원했다. 이들은 신자유주의의에 맞서 모든 사람이 최소한의 인간다운 삶을 살 권리, 그리고 행복을 추구할 권리를 요구하는 지구정의(global justice)운동에 동참하게 되었다. '또 다른 세계는 가능하다(Another World is Possible!)'라는 기치 아래 반세계화 운동이 확대되면서 국내 시민사회운동도 정의 프레임을 앞세워 신자유주의 반대운동에 힘썼다. 2001년 브라질 포루트 알레그레(Porto Alegre)와 2004년 인도 뭄바이(Mumbai) 세계사회포럼에 참가하면서 한국 사회운동은 그 활동을 초국적 영역으로 확장했다.

다른 한편 국내적으로 대규모 국책사업에 대한 반대는 시민사회운동을 강한 연대로 묶어내는 동시에 한국 사회가 운동의 일상화 즉 사회운동이 사회 전반으로 확대되는 모습을 보이기 시작했다. 동강댐 건설, 새만금 간척사업, 국가인권위 건설, 국가보안법 폐지, 이주노동자 문제, 핵과 에너지 문제, IMF 신자유주의 체제, 비정규직 증가, 그리고 사회적 권리의 구현 등은 90년대 후반 시민사회운동의 주요 이슈였다. 시민사회운동은 과거와 달리 국내 이슈를 글로벌 프레임을 동원하여 국가 정책의 한계를 드러내고 비판했다. 예컨대, 동강댐과 새만금 간척사업 반대운동은 유엔의 생물종 다양성 협약과 람사협약에 가입한 한국이 국제규범 즉, 하천과 천연 갯벌의 생물종 다양성을 유지하고 보존하는 정책을 만들어 지키는 것이 중요하다고 강조했다.

1990년대 국가인권위 건설과 국가보안법 폐지 운동은 한국 사회에 과잉 사회화된 반공 안보 이데올로기로 인한 인권 침해에 대한 각성을 촉구하고 인권개선에 집중하는 계기가 되었다. 이 운동은 그동안 국민의 일상이 감시 속에 놓여 있으며, 사상과 표현의 자유라는 가장 기본적인 권리가 어떻게 침해되고 있는가를 절실히 깨달으며 시작된 강력한 저항 공간이 되었다. 양심수와 민주화운동 피해자를 돕기 위해 시작한 인권운동은 유엔인권이사회(UNHRC)라는 초국적 공간을 활용하여 한국 정부를 압박하는 이른바 '초국적 옹호활동'을 적극적으로 시작했다. 초국적 인권운동이 93년 비엔나 세계인권대회로 열매를 맺으면서 국내에 본격적으로 다양한 인권운동이 소개되고 전개되었다. 유엔인권이사회가 정기적으로 회원국의 인권 이행 수준을 점검하는 기회는 정부의 반인권적인 사례를 국제공간에서 망신 주기를 통해 도전할 기회가 되었다. 비록 국제 인권규범이 구속력이 없어 제재가 국제적인 위신을 실추시키는 정도에 그침에도 불구하고, 각국의 민주화 및 인권 수준을 비춰주는 유의미한 거울로써 활용할 수 있다는 점에서 인권운동이 실질적인 민주화를 달성하기 위해 전지구적 활동에 적극적으로 참여하는 것은 큰 의미가 있었다.

　　사회적 약자와 소수자를 위한 사회정의와 관련하여 이주 노동자, 빈민, 농민, 비정규직 노동자는 신자유주의 세계화의 확대로 불평등과 양극화로 내몰리고 있다. 이런 상황은 국내는 물론 전지구적 차원에서 지구정의 마스터 프레임으로 수렴되며 강대국과 초국적 기업이 주도하는 신자유주의 세계화에 대항하는 초국적 라이벌로 힘을 모으게 되었고 세계사회포럼이 그 구심점이 되었다. 한국 시민사회운동도 세계사회포럼에 주목하며 시민사회운동의 지구화에 적극적으로 참여하게 되었다.

2. 시민사회운동의 지형변화: 다양성과 교차성의 시기

(1) 초국적 공공영역, 세계사회포럼으로 올인!

한국 사회는 1997년 말 국제통화기금 구제금융체제에 들어가면서 전례 없는 속도로 신자유주의 세계경제체제에 편입되어 정치, 경제, 사회, 문화 모든 분야가 초국적 자본과 이를 후원하는 국제금융기구의 영향력 아래에 놓이게 되었고 그에 따라 국가 주권 및 민주주의 위기에 직면했다. 이런 상황 속에서 한국 사회운동 진영은 지구정의 운동을 주목하게 되었다. 이는 과거 국내 민주화운동 탄압에 대한 해외 지원을 호소하는 초국적 옹호(transnational advocacy) 활동을 넘어서는 것으로 전지구적 이슈에 관심을 두고 지속적으로 참여하는 초국적 사회운동(transnational social movement)으로 전환하는 것을 의미한다. 물론 이 전환과정은 국내외적 장애물로 인하여 그 속도(speed), 규모(scale), 범위(scope)가 제한적이었다. 그러나 한국의 시민사회운동은 신자유주의 세계화 네트워크의 경쟁자로서 구축된 민주적 세계화 네트워크에 영역별 혹은 지역별 운동에 참여하면서 국경을 넘어선 초국적 연대활동을 조금씩 확장하게 되었다. 세계사회포럼은 이러한 초국적 연대의 공간을 확장하는 중요한 연결고리였다.

세계사회포럼은 전지구화의 긍정적 측면을 인정하면서 부(富)를 공공의 이익으로 연결시킬 수 있는 대안적 지구화 즉, '다른 세계는 가능하다'는 슬로건을 내세웠다. 세계사회포럼은 전지구적 차원에서 진행되고 있는 다양한 사회정의 운동이 연대할 수 있는 초국적 공간이었고, 제3세계 시민사회운동이 주축이 되어 구축한 '아래로부터 세계화'(globalization from below) 운동의 결과이다. 세계사회포럼의 형성에는 1992년 브라질 리우데자네이루에서 개최된 유엔 환경개발회의, 1996년 멕시코 치아파스(Chiapas)에서 열린 제1회 '반신자유주의와 인류사회를 위한 국제교류 회의' 그리고 결정적으로는 1999년 11월 세계무역기구 회의가 열린 미국 시애틀에서 전개된 공동 투쟁 경험이 중요한 토대가 되었다. 1년여 준비과정을 가진 후에 2001년에 처음 개최된 세계사회포럼은 매년 1월 말에 스위스 다보스에 열리는 세계경제포럼(World Economic Forum)에 맞추어 시민사회의 초국적 대응 공간으로서 열리게 되었다.

세계사회포럼은 다양한 생각들을 자유롭게 나눌 수 있는 열린 공간이며, 민주적인 토론의 장을 제공하는 것을 핵심 운영 원리로 삼았다. 그러나 거대하고 다양한 캠페인, 집담회 및 문화행사를 분산적으로 진행하는 방식으로는 신자유주의 세계화에 대한 대안을 만드는 것이 불가능하다는 내부 비판이 일어나기도 했다. 이러한 한계에도 불구하고 세계사회포럼은 투명하고 민주적인 메커니즘을 강조하면서 양적으로나 질적으로 크게 성장했다. 한국 시민사회는 2004년 인도 뭄바이에서 개최된 세계사회포럼에 무려 400여 명의 활동가들이 참여했다. 그러나 안타깝게도 한국 시민사회의 관심과 참여 규모는 2005년을 정점으로 현격히 감소했다. 아시아 국가 중에서 가장 적극적으로 참여했던 한국 시민사회는 세계사회포럼에 빠르게 실망했고 초국적 공공영역에서 쉽게 발을 빼는 한계를 보였다.

주목할 만한 것은 한국 시민사회와 달리 그동안 반세계화 운동에 대해

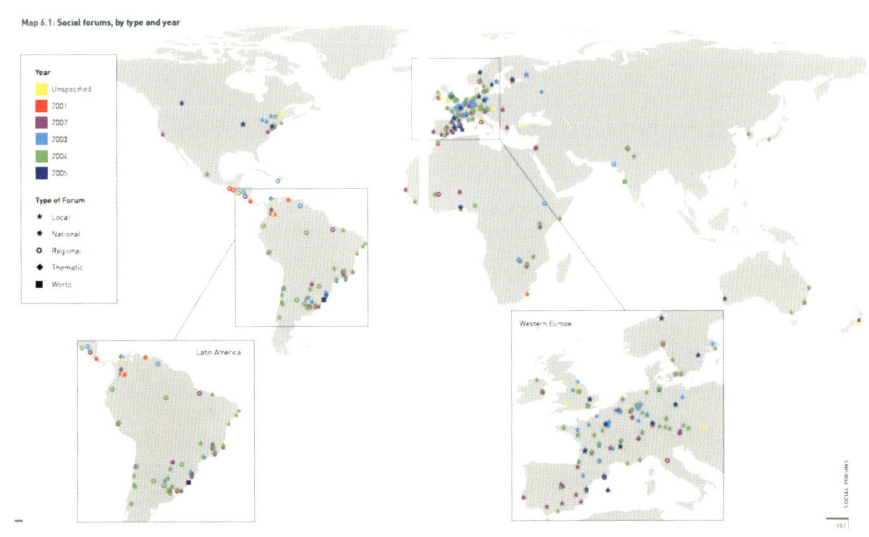

그림 4-1 **세계사회포럼 개최(유형 및 개최 연도)**
출처: Glasius et al.(2006: 196-197쪽 재인용)

미온적이던 미국에서 아래로부터의 반세계화 운동이 일어난 것이다. 뉴욕 맨해튼 월가에서 2011년 9월 17일 시작된 '월가를 점령하라'(Occupy Wall Street) 시위가 그것이다. 금융세계화로 인해 사회적 불평등과 양극화가 전지구적으로 확장되자 이에 대한 초국적 사회운동으로 전개된 것이다. 신자유주의 세계화 네트워크의 핵심인 뉴욕 월가에서 반세계화 운동이 시작되었다는 사실은 금융세계화를 주도한 국제금융기관의 근본적인 개혁이 불가피함을 의미하는 것이다. 동시에 그 동안 각개전투식으로 진행된 저항운동이 '지구정의'라는 마스터 프레임으로 수렴되어 강한 초국적 연대를 형성했다는 것은 신자유주의 세계화 네트워크에 대한 맞수로서 더 민주적이고 정의로운 세계화를 지향하는 지구정의운동이 초국적으로 확산되는 예고편이었다.

(2) 지구정의운동으로의 수렴 그리고 초국적 연대

국가별 사회운동 부문의 만남은 지구정의라는 글로벌 프레임으로 수렴되면서 더욱 빈번해졌다. 이런 변화된 국제정치 맥락을 반영하듯 한국 시민사회운동에서도 환경운동과 농민운동의 연대활동 그리고 반신자유주의 세계화 운동으로의 결합 과정을 통해 지구정의운동으로 수렴되었다. 한국 농민운동은 후발주자로서 국제연대운동 판에 뛰어들었지만, 초국적 농민운동 단체인 비아캄페시나(Via Campesina)와의 만남을 통해 초국적 네트워크를 확장할 수 있었다. 초국적 공공역으로서 세계사회포럼과 국제 금융기구에 대한 반대 운동은 한국농민운동에 중요한 학습의 장을 제공했다. 지구정의, 식량주권, 기후변화, 생물종 다양성 보존 등의 글로벌 프레임을 꾸준하게 학습할 수 있었다. 한국 농민운동 단체는 지구정의운동을 주창하는 비아캄페시나의 회원단체로 가입하면서 농민만의 문제에 한정되기보다는 반신자유주의 세계화에 대한 저항으로 주제와 영역을 확장했다. 한국 농민운동의 양대 기둥이라 할 수 있는 전국농민회총연맹과 전국여성농민회총연합이 비아캄페시나 회원으로 가입함으로써 농민운동의 초국적 연대활동은 더욱 활성화되었다.

또한 농업 이슈가 단순히 농민의 문제가 아니라 생태계의 파괴, 기후변화, 에너지 등과 긴밀히 연결되어 있으며, 운동의 맞수가 바로 신자유주의 세계화를 추동하는 국제금융기관과 초국적 기업임을 확인하게 되었다. 기후변화는 단순히 환경오염으로 야기된 문제로만 볼 수 없는 매우 복합적인 문제이다. 기후정의와 에너지문제는 농업 연료, 숲과 생물종 다양성, 식량주권, 신자유주의에 저항하는 경제정의, 석유, 가스, 물 자원 약탈에 이르기까지 상호 긴밀하게 연결되어 있다. 이런 이유로 농민운동단체들은 결코 환경문제를 떠나서 농업을 지킬 수 없으며 더 나아가 생존권도 지킬 수 없음을 깨닫게 되었다. 이처럼 운동 프레임의 수렴이 운동 부문간의 연대를 강화시켰다. 실례로 2011년 5월, 남아공 더반(Durban)에서 열린 지구의 벗(Friends of the Earth International) 내부 전략회의 내용은 농민단체와 환경단체의 만남이 이루어지고 있음을 보여준다. 지구의 벗 국제본부(FOEI)는 '상호연결프로그램'을 기획하여 비아캄페시나, 세계여성행진(World March of Women), 경제정의 네트워크 등의 초국적 단체와 함께 새로운 글로벌 프레임을 논의했고, 그 과정에서 운동부문간의 연대활동을 강화하기로 결정했다. 사실 이런 프레임 수렴 모습은 2009년 덴마크 코펜하겐에서 열린 '클리마 포럼'(Klima Forum)에서도 확인할 수 있다. 니모배시(Nnimmo Bassey) 지구의 벗 의장과 헨리 사라기흐(Henry Saragih) 비아캄페시나 사무총장이 클리마 포럼 현장에서 공동기자회견을 통해 식량위기와 식량주권 문제를 해결하기 위해 농민단체와 환경단체가 연대해야 함을 강조했기 때문이다.

사실 한국의 농민운동이 운동 부문간 장벽을 넘어 초국적으로 확장할 수 있었던 중요한 기폭제는 2003년 캔쿤에서 열린 세계무역기구 반대운동이었다. 한국 농민들은 캔쿤 투쟁을 통해 비아캄페시나 회원이 되었고, 이후 2005년 홍콩 WTO 반대투쟁과 2009년 기후변화 총회에 이르기까지 다양한 지구정의운동에 참여함으로써 초국적 연대운동에 대한 이해와 필요성을 절감하게 되었다. 그러나 한국 농민운동의 글로벌 프레임에 대한 이해는 아직 소수 그룹에 머무는 수준이다. 향후 한국 농민운동은 장기적인 측면에서 초국적 운동의 다양화 및 다각화의 과제를 안고 있다. 환경정의, 식량 정의와 같은 지구정의 프레임으로 결합한 초국적 연대활동에 적극적으로 참여해야 한다. 물론 이 것은 일국의 문제가 아니라 전지구적 문제라는 글로벌 프레임이 국내에도 확산되어야 가능하다. 최근에 한국 농민단체들이 인도네시아, 말레이시아, 태국의 농민운동과 비아캄페시나를 통해 지속적인 교류를 전개하고 있는 것이 주목된다. 아시아 지역 농민들이 스스로 유사한 문제의식을 공유함으로써 집합적 정체성을 구축하고, 지역을 넘어선 초국적 농민운동을 안정적이고도 체계적으로 진행하고 있는 것이다.

세계사회포럼에 가장 적극적이면서도 꾸준히 참여한 한국 노동운동은 국제연대정책정보센터, 사회진보연대, 민주노총을 중심으로 활동했다. 사실 이들은 세계사회포럼을 주도한 프랑스 노총, 프랑스 아탁(Attac), 그리고 브라질 노총과 오랫동안 강한 네트워크를 구축하고 있었기에 관련 정보를 쉽게 얻을 수 있었다. 글로벌 운동 프레임과 초국적 네트워크의 강화라는 측면에서 보면 2005년 포르투 알레그레 세계사회포럼을 가장 중요하게 평가할 수 있다. 2005년 세계사회포럼부터 11개 주제별로 관련 단체끼리 워크숍 및 세미나, 이벤트를 조직하여 보다 특화된 대안 세계화 토론이 이루어졌고, 그 안에서 운동 프레임의 전파 및 전수, 그리고 초국적 연결망을 확산하도록 유도했다. 2001년에서 2005년 사이 다섯 차례 세계사회포럼 참여를 통해 한국 노동운동이 얻고자 한 것은 세 가지였다. 첫째, 세계사회포럼에 참여한 다른 지역

그림 4-2   2005년 홍콩 6차 WTO 반대운동: 전농 삼보일배 및 Down Down WTO! 시위

출처: 한국농정신문 http://www.ikpnews.net/news/articleView.html?idxno=41931

의 중요 노동조합과의 연대활동의 기틀을 마련하는 것이다. 브라질 노총, 인도 노총, 일본 노총 등과의 긴밀한 네트워크를 구축할 수 있었다. 둘째, 포럼 참가자들이 노동 이슈 이외의 다른 사회적 의제를 학습하는 소위 글로벌 프레임 과정을 촉진하는 것이었다. 포럼 현장에서 남미와 인도의 색다른 운동문화를 경험하면서 그들도 신자유주의 세계화의 침해를 똑같이 경험하고 있음을 확인했다. 이러한 공감대는 지구정의운동의 필요성을 구체적으로 공감하는 시간이었다. 셋째, 세계사회포럼에서 중심적인 역할을 담당한 아탁, 브라질 노총, 세계여성행진 등의 초국적 동원전략을 배우고, 이들과 연대활동을 강화하여 단순한 수혜자 위치에서 벗어나 이제는 파트너로, 더 나아가서는 아시아 지역의 초국적 연대활동을 촉진하는 브로커로 성장할 수 있었다.

그러나 한국 노동운동 부문의 높은 참여도는 오래 유지되지 못하는 아쉬움을 남겼다. 그 이유는 세계사회포럼 참여가 일종의 연례행사로 전락하면서 장기적 관점에서 이슈나 대안을 바라보기보다는 일회성 행사에 머무르게 되었기 때문이다. 또한 국내 노동 현장 및 사회운동에 초점을 맞추다 보니 세계사회포럼의 전 과정에 집중하지 못하여 새로운 주장과 논쟁의 흐름을 따라가는 일이 벅찬 경우가 많았다. 또한 점차 인터넷을 통해서 세계사회포럼에 관한 정보를 쉽게 얻게 되면서, 자신의 운동 에너지와 자원을 세계사회포럼에 투입하는 것을 주저하게 되었다. 세계사회포럼 전 과정에 지속적으로 참여하기보다는 지구정의 마스터 프레임에 기초한 초국적 저항운동에만 관심이 몰린 것도 하나의 부작용이라 볼 수 있다. 아시아로 제한해 보면, 아시아 시민사회를 연결시키는 공통 주제, 대응 세력, 대항담론, 강력한 운동 단체와 네트워크의 부재 등으로 아시아 지역 내 포럼 과정이 제대로 이루어지지 않았다. 그 결과, 세계사회포럼 전체 과정에 대한 관심과 참여가 점차 약화되었다. 그로 인해 동아시아 지역의 시민사회 간의 연대활동을 준비할 수 있는 기회를 놓치게 되었다.

여성운동의 초국적 연대는 어떠한가? 대안 세계화 운동의 공통 주제는 '아래로부터의 세계화' 즉, 풀뿌리 시민이 인간적인 세계화를 지향하면서 국제

정책 결정에 적극적으로 참여하여 그들의 목소리를 반영할 수 있는 초국적 공공영역을 구축하는 것이다. 세계사회포럼 과정에서 여성의 목소리가 지속적으로 배제되었음을 지적한 세계여성행진은 세계사회포럼의 젠더화에 크게 기여했다. 앞서 지적한 것처럼 2007년 미국 애틀랜타에서 열린 세계사회포럼의 경우는 사회적 약자와 소수자의 목소리를 반영하기 위해 매우 세심한 배려를 준비했다. 인종, 종족, 소수자, 젠더 등의 문제를 고려하여 워크숍 주제 및 세션을 조직한 것이다. 워크숍 조직단체도 안정적인 조직역량을 갖춘 비정부조직(NGO)을 선호하기보다는 사회적 소수자와 약자의 목소리를 반영하는 풀뿌리 운동 단체의 참여를 적극적으로 지원했다.

그런데 한국 여성운동의 경우, 지나칠 정도로 빠른 제도화의 길에 들어서게 되어 여성 문제를 초국적 공간으로 가져가는 데 한계를 보였다. 물론 2005년 세계여성행진 캠페인이 7월 3일 한국에 도착하여 신자유주의 세계화 및 전쟁으로 이중삼중의 피해를 보는 여성들의 빈곤, 인권침해 문제에 맞서기 위한 초국적 연대활동 강화를 요구하는 거리 캠페인을 진행했다. 그러나 이것이 초국적 연대 및 운동으로 이어지기보다는 일회성 행사에 그친 것이 아쉬움으로 남는다. 지속적인 초국적 연대활동을 전개할 수 있는 조직역량을 갖추기 위해서는 여성, 빈곤, 인권 등의 프레임을 지구정의 프레임으로 결합시키며, 다양한 영역 특히 남성의 적극적 참여를 유도해야하는 과제를 남겼다. 한국의 여성운동은 일국의 관점에서 젠더문제의 제도적 관철만을 추구하는 운동에서 벗어나 지구정의라는 글로벌 프레임과 대안 세계화라는 초국적 연대활동에 더욱 긴밀하게 결합할 필요가 있다.

요컨대, 환경, 농업, 빈곤, 여성, 인권 등의 이슈는 세계사회포럼과 지구정의운동의 대안 세계화 주장의 핵심 주제이다. 비록 대안을 모색하는 과정은 다양한 형태로 전개될 수 있지만, 그 핵심은 다양한 운동 영역과 주장이 지구정의라는 마스터 프레임으로 수렴하고 있다. 그런데 한국 시민사회운동을 전체적으로 성찰해 보면, 이러한 국제연대의 새판 짜기에 어떻게 대응했는가를 돌아볼 때 그리 높은 점수를 주기 어렵다. 한국 시민사회운동은 국내적으로나 전지구적으로 국가나 기업과의 경쟁에서 이슈를 선도하던 지위를 잃었고, 이제는 이슈를 선점당하기도 하고, 설득력 있는 대안을 마련하지 못하면서 프레임 경쟁에서 뒤처지고 있다.

(3) 한국 시민사회운동의 전지구화 과제

한국 시민사회운동은 전지구화 속에서 국제 개발협력 부문의 중요성을 주목하고, 이를 지역 시민사회 생태계와 연결시키고자 노력했다. 과거 국제연대의 주요 활동은 권위주의 국가의 불법적 압제에 대해 저항하기 위해 초국적 옹호와 지지를 동원하는 것에 집중했다. 그러나 산업화와 민주화를 성공적으로 달성한 한국 시민사회는 과거의 초국적 옹호망 동원 경험을 토대로 이웃 아시아 저개발 국가의 민주화운동을 지원하고 있다. 미얀마 군부정권의 반인권적 탄압, 태국정부의 유혈진압, 인도 오리사주 유혈사태, 스리랑카, 방글라데시, 캄보디아, 리비아의 인권 탄압 등에 대해 국제적 망신주기나 양심수 석방을 위한 탄원 활동을 꾸준히 전개했다.

이러한 초국적 옹호 활동 외에도 한국 시민사회운동의 국제연대는 다양한 형태로 변화 발전하고 있다. 재난구호 활동에서 시작하여 난민 지원운동, 빈곤퇴치 운동까지 다양하다. 그런데 국제연대 및 개발협력 활동이 다양화될수록 시민사회는 정부 및 기업과의 경쟁 혹은 협력을 고민하지 않을 수 없게 되었다. 특히 2009년 11월 한국 정부가 개발원조위원회(Development Assistance Committee, DAC) 회원국이 되면서 시민사회가 정부의 해외개발원조(Official development assistance, ODA) 정책이 제대로 나아갈 수 있도록 방향키 역할을 해야 하는 막중한 과제를 안게 되었다. 그런데 문제는 방향키가 되기보다는 오히려 정부 프로젝트에 대해 비판 없이 참여하여 그 열매만 따먹으려는 경향도 존재한다는 사실이다. 최근 현장 및 개발지원에 대한 전문성 없이 개발협력 사업에 뛰어드는 개발 비정부조직의 모습은 안타깝다. 국제개발협력 사업에서 원조 효과성에 관한 논의는 2011년부터 개발협력 사업의 최대 화두가 되었다. 물론 제도나 담론이 현실보다 훨씬 앞서가는 것이 사실이지만,

이 효과성 논의는 앞서 강조한 지구정의 프레임과 그 맥을 같이한다. 환경보존, 인간다운 생활을 할 수 있는 생존권, 발전권의 문제는 저개발 국가에서 불의 (injustice)를 줄이고 전지구적으로 확산하는 불평등을 막기 위한 개발 원조의 궁극적 목적과 연결된다.

정부 주도의 무상지원과 기업과 연계된 유상지원 사업이 진정한 의미에서 지구적 불평등 및 양극화를 극복하기 위해 그 실효성을 거두려면 아래로부터의 목소리 즉, 수원국 지역 시민의 역량 강화가 반드시 전제되어야 한다. 수원국 지역 수준에서 풀뿌리 민주주의가 제대로 자리 잡기 위해서는 공여국과 수원국 시민사회 간의 지속적인 연대활동이 매우 중요하다. 수원국 시민사회 육성을 위한 프로그램이 수반되지 않는 개발지원 및 협력 사업이라면, 그 원조의 효과성을 기대하기 어려울 것이다. 정부의 국제개발협력사업을 제대로 견인하기 위해서는 기존의 분화된 운동 부문―농민, 환경, 여성, 노동운동 등―이 지구정의라는 프레임으로 수렴된 다양한 영역간의 만남과 협력을 활성화해야 한다. 요컨대, 효과적인 국제개발협력사업은 수원국 지역 시민사회의 역량을 강화하는 것이며, 이는 국경을 넘어선 시민사회 연대활동으로 촉발될 수 있다. 그동안 국제개발협력 사업은 중장기적 목표인 시민사회 역량 강화라는 부분을 간과해 온 것이 현실이다.

다음으로 전지구화 과제를 제대로 수행하기 위해서 한국 시민사회운동은 평생 주기형 '풀뿌리 세계시민'(rooted cosmopolitan)[1]을 세우는 일에 초점을 맞추어야 한다(Tarrow, 2005). 전지구화에 따르는 지구 시민사회(global civil society)에 대한 관심이 고조되고 있지만 이를 가로막는 장애물 또한 동시에 증가하고 있다. 국경을 넘어 활동하는 전지구적 시민사회운동 조직은 다양한 사업을 전개하고 있다. 인권, 환경, 대안정책, 국제협력, 반신자유주의, 여성, 농민 부문에서 지구정의, 사회정의, 기후정의, 젠더정의처럼 프레임의 수렴이

---

[1] 풀뿌리 세계시민은 풀뿌리 지역의 전문가이면서도 전지구적으로 수렴되는 사안을 글로벌 프레임으로 이해하고 국제연대활동에 적극적으로 나설 뿐만 아니라 이를 풀뿌리에 적용 및 응용할 수 있는 능력을 갖춘 시민을 의미한다(Tarrow, 2005).

이루어지면서 연대활동이 강화되고 있다. 그렇다면 한국 시민사회운동은 지구 시민사회에 필요한 사람, 즉 국경을 넘어서 전지구적으로 이해하고, 해석하고, 활동하는 세계시민을 제대로 육성하고 있는가? 대답은 부정적이다.

사실 세계시민은 결코 한두 번의 실천적 경험이나 지식적 차원의 학습만으로 쉽게 형성되는 것이 아니다. 세계시민의 이상형이라고 말할 수 있는 '풀뿌리 세계시민'은 지역 전문가이면서도 국제연대활동 메커니즘과 글로벌 프레임을 이해하고 그것을 지역에 적용할 수 있는 시민이다. 이러한 이상형에 이르기 위해서는 어려서부터 성인이 되기까지 다양한 시민사회 활동에 참여함으로써 공공선에 대한 이해를 높여야 한다. 자원봉사 활동, 비정부조직 회원 활동, 국제연대 활동 등의 다양한 참여 과정을 통해 세계시민으로 성장하게 되는 것이다. 이러한 생애주기적 경험이 쌓이지 않는다면 전지구적인 프레임을 갖고 지역의 문제를 바라보기 어려우며, 지역의 풍부한 경험을 바탕으로 전지구적 원칙을 수용하는 데 많은 어려움을 마주하게 될 것이다(Tarrow, 2005).

급성장해 온 한국 시민사회운동은 '풀뿌리 세계시민'을 형성하는데 집중하지 못했던 것이 사실이다. 풀뿌리 세계시민이 없으면 사회운동의 전지구화 과제는 결코 달성하기 어렵다. 다른 영역에서 준비된 풀뿌리 시민이 자연스럽게 전지구적 시민사회운동 영역으로 이동하리라 기대하는 것은 너무 순진한 생각이다. 개인의 이익을 최우선으로 추구하는 MZ세대는 전형적인 경제적 인간(Homo Economicus)으로서 지구정의라는 공공선과 사회적 가치를 추구하는 방향으로 쉽게 전환되지 않는다. 그들의 마음을 세계시민의식으로 돌리는 것은 결코 쉬운 일이 아니다. 한국 시민사회운동 30년의 역사를 살펴보면, 사회운동이 주요한 정치, 사회, 경제적 이슈에 대응하기 위해 중앙 중심적으로 조직되고 운동의 과잉 사회화 된 모습을 반복적으로 보였다. 그렇지만 그 과정에서 근본적인 문제, 즉 운동 정체성, 시민교육, 시민의식, 시민참여, 그리고 자원 동원, 세대 연결 등등의 문제를 치열하게 고민하지 않았다. 민주화, 제도화 그리고 전지구화라는 거대 과제 아래 한국 시민사회운동은 숨 가쁘게 달려왔지만, 기존의 운동방식을 대부분 유지한 채, 시민사회운동 내부의 새로운 변화와 과감한 개혁을 이루지 못했다. 대신에 운동은 정치기회구조에 흔들리고, 운동의 지속가능성의 실마리를 스스로 찾기보다는 정부, 정당 그리고 기업에게 자원을 요구하고 그들의 변화를 기대했다. 그러면서 시민사회운동의 정체성과 도덕성의 위기, 변화를 추진하기보다는 현실 안주, 정책대안 경쟁에서 상대적 후퇴하는 모습을 보였다. 이렇게 운동성과 정체성이 약화된 시민사회운동에 시민들은 등을 돌리고 공적 영역을 떠나 사익 추구에 몰입하게 되었다. 이런 상황에서 한국 시민사회운동의 전지구화 과제의 달성은 요원해 보인다.

3. 한국 시민사회운동의 역할변화: 문제제기자에서 문제해결자로

(1) 대안 세계화 운동으로 사회적경제 영역 참여과정

신자유주의 세계화에 대한 대안을 찾기 위한 초국적 저항운동은 위로부터의 변화를 추구하는 동시에 아래로부터의 대안 발굴에도 관심을 가졌다. 이러한 대안세계화 추구과정은 시민사회의 사회적경제에 대한 적극적인 참여로 이어졌다. 시민사회는 더 이상 문제제기자로 머물 수 없었으며, 사회적 문제 해결까지 자신의 역할을 확장하게 되었다. 이러한 전환과정을 거치면서 시민사회운동은 운동성, 정체성, 협치와 관련해 많은 한계와 비판을 마주하게 되었다. 2008년대 말 뉴욕발로 시작된 세계적인 경제 위기 국면에서 시민사회는 공익적 목적과 기업적 방식이 혼합된 사회적기업을 주목하게 되었다. 사회적기업은 본질적으로 시민사회의 실천 영역이며, 지역 공동체를 지속가능하게 유지할 수 있도록 기여하는 것으로 여겨졌다(김종수, 2010; 이도형 외, 2010). 그 핵심에 사회적기업가가 위치하며 그들이 한국 사회에서 지속적으로 성장할 수 있는 사회적 조건을 찾는 것이 시민사회운동의 중요한 과제로 부상했다. 그러나 한국 시민사회는 정치, 경제, 사회, 문화 모든 영역에 걸쳐 운동의 과잉 사회화를 불러왔다. 투명한 방식의 소통정치에 기초해 정책이 결정되기보다는 '떼쓰기' 전술로서 직접행동 방식을 동원하거나 공공선을 가장한 이권 투쟁에 매몰되고 말았다. 한국 시민사회운동에서 대안 세계화에 대한 공동 노력, 긴 호흡을 통한 장기비전 모색, 인내, 느림, 여백, 배려와 같은 사회적 가치는 약한 반면 혈연, 학연, 지연과 같은 강한 연고주의와 집단이기주의는 더욱 강화되었다. 이런 한계를 극복하기 위한 대안으로 시민사회는 사회적경제 영역에 적극적으로 결합했다. 그렇지만 문제해결자로서 사회적경제 활동에 적극 참여하는 과정에서 시민사회운동은 많은 도전을 마주하게 되었다.

첫째, 사회적경제 정책에 있어서 국가와 시민사회의 관계가 위탁관리 방식의 일방향적 관계로 유지될 위험이 존재한다. 공공위탁 방식을 개방형으로 바꿈으로써 시민사회의 역능화 및 혁신을 유도하는 참여방식의 전환이 중요하다. 둘째, 한국 시민사회운동 1세대들이 사회적경제에 대한 매우 경직된 태도를 보인다는 점이다. 이데올로기적 근본주의와 이념에 근거하여 시민사회 내 영역을 이념 진영으로 편 가르기를 한다. 이러한 편향된 사고는 사회적경제에 관심이 많은 지역 청년이 지역 시민사회운동에 참여하는 과정에서 걸림돌이 되었다. 시민사회운동 내부에서 스스로 사회적경제를 요구하는 국내외 사회, 생태적 맥락을 직시하고 구태의 관념, 이념, 편 가르기에서 벗어나려는 자기 혁신 노력이 필요하다.

사회적경제는 결코 저절로 이루어지지 않는다. 기업 생리에 미숙한 시민사회 활동가가 사회적기업가로 전화하는 과정은 절대 쉽지 않은 도전이었다. 사회운동 영역에서 사회적기업으로 이동한 활동가 다수는 1980년대의 운동문화가 몸에 깊게 배태되어 있기 때문이다. 사회적기업이 성장하려면 참여 이해관계자들의 자발적인 협력이 필요하며 이를 위해 민주적 운영방식과 절차가 필요하다. 그런데 1980년대 운동 세대들은 지역에서도 여전히 운동 경력과 계보를 따지고, 기존의 운동방식을 고집하는 경직된 모습을 보였다. 한국 시민사회의 민주화운동 세대들이 사회적경제 영역에서 새로운 리더십으로 전환하기 위해서는 이러한 구태에서 하루속히 벗어나야 한다. 과거처럼 활동가의 헌신과 열정을 강조하면서 사회적경제 활동을 접근한다면 지역의 다양한 사회적경제 활동에서 영향력을 발휘하기 쉽지 않을 것이다. 개인주의가 체화된 MZ세대는 기존의 운동 문화를 수용할 수 없기 때문이다.

물론 MZ세대는 선배들의 헌신, 열정, 연대, 공동체, 인내, 공유, 관계, 자발성 등의 경험과 연륜을 존중해야 한다. 그러나 선배들도 MZ세대에게 기회를 주고 그들의 목소리에 귀를 기울여야 한다. 만약 시민사회가 운동 세대 간의 갈등, 비민주적 운영, 연고주의, 당위적 주장에서 쉽게 벗어나지 못한다면 젊은 세대는 시민사회운동에 등을 돌리고 말 것이다. 시민사회가 사회적기업을 통해 대안을 모색하는 과정은 국가와 타협하고 투항하는 길이 결코 아니다. 이제 시민사회운동은 문제해결자로 진정성과 운동성 그리고 전문성을 더 철저히 요구받고 있음을 직시해야 한다. 이런 견지에서 시민사회운동의 재사회화가 절실하다. 안타깝게도 한국 시민사회운동은 철저한 재사회화 과정을 거치기보다는 당위적 차원에서 사회적경제 영역으로 쉽게 이동했다. 문제해결을 위한 정부-기업-시민사회운동의 협치라는 담론이 매력적이지만 그 안에 포함된 매우 복잡한 갈등 요인을 괄호로 묶어 둔채 문제해결자로 급속히 전환하게 된 것이다.

(2) 문제해결자의 요건: 사회적 가치를 먹고 사는 세계시민

국경을 넘어서 전지구적 문제를 이해하고, 해석하고, 활동하는 풀뿌리 세계시민을 만드는 것이 시민사회운동의 중요한 실천 과제임을 앞서 강조했다. 한국 시민사회운동은 가치를 먹고 사는 사람들을 늘리는 데 얼마나 집중했는가에 대해 반성이 필요하다. 2008년 글로벌 금융위기는 우리 사회를 양극화의 수렁 속으로 더욱 깊이 그리고 빠르게 몰아넣었다. 대안 세계화는 위로부터의 거시적인 시스템을 도입하기 보다는 지역의 역사, 문화, 전통, 가치, 기억의 맥락 위에 기초한 공동체를 이루는 사람들의 협력 과정에서 그 실마리를 찾는다. 이탈리아나 영국의 협동조합 경험을 보더라도 지역 내의 사회적경제 운영 및 협동조합 기업의 성장 과정에서 그 모범을 찾는다. 협동조합형 기업은 지역 내에서 이윤 창출을 위해 끊임없이 혁신을 도모하지만 그 활동에서 가장 중요하게 여기는 가치는 조합원, 즉 사람과 그들의 일자리를 보장하는 것이었다. 이런 기업 문화 때문에 이탈리아에는 일반 기업에서 협동조합형 기업으로 이직하는 경우가 많다. 사회적 가치를 지향하는 사람들이 지속적으로 증가하기 위해서는 지역 공동체 구성원의 의식 전환이 끊임없이 이루어져야 한다. 그러나 한국 시민사회는 의식의 전환 즉, 주민에서 시민으로 전환하는 과정에 별 관심을 기울이지 않았다.

지역공동체를 새롭게 이루기 위해서는 구성원 스스로 공동의 기억을 함께 만들어야 한다. 지난 10여 년 동안 지자체를 중심으로 마을공동체 만들기 사업이 유행병처럼 전개되었다. 이상적으로는 마을 공동체의 주거, 상업, 교육 등의 문제를 함께 고민하면서 수평적으로 연결하고 협력하면서 지역의 이슈를 전지구적인 관점으로 이해하고 함께 대안을 모색하는 과정에 시민사회운동이 자연스럽게 녹아들어가야 한다. 그러나 그 사업이 과거의 관 주도의 마을 개선사업에서 벗어나 지역주민이 직접 계획을 세우고 마을을 변화시키려는 자발적 참여활동으로 발전했는가에 대해서는 회의적이다.

물론 한국 시민사회가 사회적경제 부문에 폭발적인 관심을 보이면서 확산되는 과정을 보고 서구 사회도 놀란 것이 사실이다. 특히 정부의 적극적인 법적 개선과 대규모 물적 지원을 추진하는 사례는 전 세계적으로도 거의 찾아볼 수 없을 정도이다. 그러나 사회적기업이 올바로 발전하기 위해서는 사회적기업 생태계가 잘 갖추어져 있어야 한다. 여기에는 사회적기업가 정신, 적절한 재정지원체계, 혁신을 견인하는 시장, 시민사회의 지식공유 네트워크, 상호부조의 전통과 협력 능력, 그리고 정치적 지원 등이 포함된다. 이런 맥락에서 볼 때 사회적기업 생태계의 주체가 되는 시민사회운동이 튼실하게 존재하지 않는다면 사회적경제 생태계는 결코 자조, 자립, 자주의 모습으로 발전할 수 없게 된다. 요컨대 한국 시민사회 스스로 자발성, 교육, 연대, 혁신, 참여 및 자치, 커뮤니티, 자조, 인내, 공유, 관계, 느림 등의 공동체 철학을 끊임없이 성찰하고 공유하는 것이 중요하다. 만약 시민사회가 그런 역할을 제대로 감당하지 못한다면 사회적경제 생태계는 조만간 위험에 처할 수밖에 없을 것이다.

제6장

한국 시민사회운동의 글로컬 도전

이번 장에서는 제I부의 집단분석 결과와 5장의 내용을 염두에 두면서 코로나19 팬데믹, 지역 회복을 위한 새로운 전략, 그리고 빅테크 주도의 디지털 플랫폼사회 형성이라는 세 가지 사례를 통해서 한국 시민사회운동이 새롭게 마주한 글로컬 도전과제를 제시해 본다.

1. 코로나19 팬데믹과 한국 시민사회운동의 과제

코로나19 초기 확산과정에서 보여준 한국 사회의 성공적인 대응 과정이 전 세계의 모범이 된 점은 부인할 수 없다. 그렇다고 한국 사회의 방역 메커니즘에 아무 문제가 없음을 의미하지 않는다. 만약 개발도상국에 한국의 방역 과정을 모델로 전수하고자 한다면, 대응과정에서 시민사회가 마주한 주요 과제를 극복할 수 있는 메커니즘을 마련하고 이를 벤치마킹할 수 있는 매뉴얼을 마련해야 한다. 한국 사회의 방역 과정에서 정부가 아닌 한국 시민사회가 넘어서야 할 주요 과제를 크게 세 가지로 구분해 볼 수 있다. 첫째, 혐오와 차별 그리고 낙인의 문제이다. 둘째, 감염통제, 즉 방역의 절대 가치화로 인한 사생활 보호 및 개인 정보 무방비 노출의 문제이다. 셋째, 가장 중요한 과제로 불평등 문제,

즉 사회적 양극화가 더욱 강화되었다는 점이다. 앞으로도 한국 사회가 소위 'K-방역' 모델의 단기간 효과성에 취해서 중장기적으로 마주하게 되는 과제를 소홀히 할 경우, 방역의 효과성은 약화될 수 있음을 경계해야 한다. 한국 시민사회운동은 장래에도 위에 제시한 세 가지 문제점에 주목하고 팬데믹으로 인해 고통받을 사회적 약자와 소수자의 권리 보호 및 사회경제적 불평등을 개선하기 위해 힘을 모아야 한다. 이제 엔데믹으로 전환된 상황에서 시민사회운동이 보다 적극적으로 나서야 할 핵심과제를 공공학습, 공공토론 그리고 공공참여라는 세 측면에서 모색할 필요가 있다.

먼저, 코로나19와 혐오, 차별, 그리고 낙인의 과정을 시민사회운동의 공공학습의 측면에서 살펴보자. 코로나19 확진자 나오면서 한국 시민사회도 민감하게 반응했다. 이미 사스(SARS)와 메르스(MERS)를 경험한 터라 시민들은 공포감을 느끼며 대응하는 모습을 보였다. 문제는 우한발 코로나19임을 강조하면서 중국인의 입국을 막아야 한다는 여론이 몇몇 언론을 중심으로 큰 반향을 일으켰다. 완전 봉쇄보다는 신속한 진단과 처방을 통해 감염병을 통제하겠다는 정부는 단계적으로 입국 제한 조처를 했다. 이 과정에서 시민들은 유학생을 포함한 외국인, 이주민을 코로나19의 잠재적 감염병자로 간주하며 이들의 국내 유입을 반대했다. 이러한 외국인에 대한 혐오, 차별 심지어 낙인의 과정은 초기에 심각하게 나타났다. 특별히 중국 유학생에 대한 차별적 시선이 두드러지게 나타났다. 한국 내 중국인 유학생은 2019년 기준 71,067명으로 전체 외국인 유학생(160,165명)의 44.4%를 차지할 정도이다. 방역을 이유로 외국인에 대한 차별, 혐오 그리고 낙인 현상까지 소셜미디어를 통해 끊임없이 확산되는 것을 볼 때, 한국 시민의 시민성(civility)의 현주소가 어느 정도인지를 가늠할 수 있었다. 외국인 혹은 이주민일지라도 인간의 존엄성은 부인할 수 없다. 이것은 그들이 사회구성원으로서 한국 사회에 참여 및 기여하고 있음을 인정하지 않는 것이다. 코로나19 상황에서 한국 시민사회는 통합성과 포용성의 수준이 매우 낮다는 것을 적나라하게 보여주었다.

구로 콜센터 사업장에서 나타난 집단감염에 대한 시민사회의 대응은 한국 시민사회의 지역 공동체에 대한 인식 수준을 드러냈다. 콜센터 주변의 상가는 확진자 발생 이후 누구도 찾아오지 않아서 경제적으로 큰 어려움을 겪었다. 이후 혐오, 낙인 그리고 차별의 삼박자가 집단감염 혹은 확진자 거주 지역을 중심으로 반복되어 나타났다. 과거 HIV/AIDS, 한센병, 결핵 환자에 대해 보였던 차별과 낙인 현상을 떠올릴 정도로 한국 시민사회는 과도한 반응을 재생산했다. 대구 신천지 교회를 중심으로 발생한 지역사회 집단감염 이후 대구 지역주민과 신천지 교인에 대한 낙인은 마치 이들을 범죄 집단으로 몰아가는 가히 충격적이고 우려할 수준이었다. 이러한 낙인과 혐오는 피해자를 더욱 폐쇄적인 집단으로 만들 수 있다. 이처럼 한국 시민사회의 특정 집단에 대한 일방적 심판, 차별, 혐오적 반응과 대응에 대해서는 깊은 성찰이 필요하다. 신천지 교회가 이단과 사이비 종교집단으로 비판받고 있지만 그들은 혐오와 차별로 낙인찍기보다는 전도법의 문제, 가정파탄, 그리고 불투명한 회계 운영 등과 관련해서는 다른 법적 심판을 통해서 처벌을 요구하면 된다. 한국 시민사회가 방역과 관련해서 특정 종교집단, 지역 거주민, 외국인, 이주민 등을 지나칠 정도로 범죄 집단화하는 것은 인권 침해이자 공동체 구성원에 대한 차별 등의 문제를 초래하여 궁극적으로 더 큰 사회적 갈등을 초래할 수 있기 때문이다. 더욱 심각한 것은 특정 종교집단, 외국인을 넘어 일반 확진자에 대한 혐오와 차별이 낙인으로 확장되었다는 점이다. 요컨대, 시민 스스로 자신을 국가-시민사회 관계 속에서 어떻게 바라보는가가 중요하다. 상대방을 공동체의 시민으로 보고 모두의 안전을 도모하고 생명을 보호하는 데 시민들이 자발적으로 참여해야 한다. 포스트 코로나 시대를 맞고 있는 지금 한국 사회는 아직도 팬데믹의 후유증을 앓고 있다. 이를 위해 시민사회가 추동하는 공공학습 역할은 더 더욱 중요해졌다. 정부가 방역의 가치를 절대화하면서 일방적으로 시민들의 순응적 협조를 기대하는 방식은 한계가 있다. 시민들의 자발적 협조와 참여를 동원하기 위해서는 공공학습의 기회를 확대하여 시민들에게 정확한 정보, 투명한 정보, 그리고 책임 있는 정책을 알리고, 이해시키고, 설득하고 합의를 모으는 과정이 무엇보다 중요하다.

둘째, 시민사회운동이 공공 토론을 활성화하는 역할의 측면에서 볼 때 소위 'K-방역' 마스터 프레임의 위험성을 주목해야 한다. 코로나19 방역 과정에서 정부는 '한국식 방역 혹은 감염통제(quarantine)'라는 마스터 프레임 안에 모든 정책을 괄호 안에 묶어 버리는 획일화 경향을 보였다. 게다가 코로나19가 예상보다 장기화되면서 개인 정보 침해와 자유권을 속박하는 경우가 빈번해졌다. 초기에 감염 통제를 위해 확진자의 동선 정보를 지나칠 정도로 노출하고 공유하는 것이 인권 침해로 이슈화되었다. 사실 방역과 관련 없는 정보까지 불필요하게 공개하면서 특정인의 거주 지역, 방문 지역, 상점 정보까지 공개함으로써 동선에 포함된 상점과 인근 상가들이 심각할 정도로 경제적 손실을 보았다. 이런 이유로 2020년 3월 9일, 국가인권위원회는 확진자의 동선을 공개할 때, 개인을 특정하는 정보를 공개하지 않도록 권고했다. 국가인권위원회는 "확진자 이동 경로를 알리는 과정에서 내밀한 사생활 정보가 필요 이상으로 과도하게 노출되는 사례가 발생하는 데 우려를 표한다."라는 성명서를 냈다. 인권단체들도 이와 관련하여 방역을 이유로 확진자의 개인 정보를 과다 노출하고 있음을 강력히 비판했다. 이에 정부는 즉각적으로 정책을 수정하여 새로운 원칙을 제시했다. 2020년 3월 14일, 중대본은 확진자의 세부 주소 및 직장명은 공개하지 않기로 했다. 그렇지만 인터넷에 노출된 개인 관련 정보로 인해 확진자의 신상 털기 위험을 완전히 해결하지는 못했다.

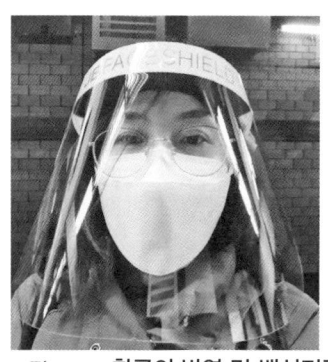 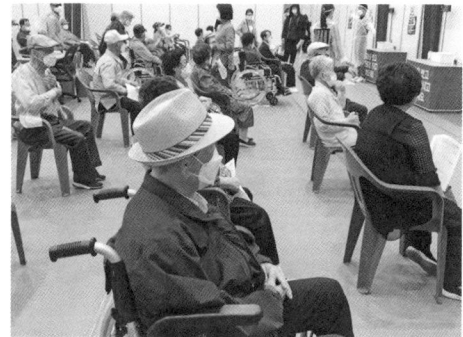

그림 5-1 **한국의 방역 및 백신접종 현장**
ⓒ공석기

사실 안전권과 생명권은 개인의 자유권과 대립적이라기보다는 상호 보완적인 성격을 띤다. 시민사회가 집단감염이 발생할 수 있는 시설과 종사자에 대한 보다 적극적인 방역과 지원에 나서는 것이 중요하다. 감염 위험에 노출될 가능성이 상대적으로 높은 시설, 직업, 그리고 노동자에게 방역의 책임을 개인적으로 맡기기보다는 시민사회가 더욱 적극적인 공공 토론과 설득과정에 나서야 하는 것이다. 그러나 현실은 그러지 못했다. 사회적 약자와 소수자, 즉 장애인 시설, 구로 콜 센터와 같은 열악한 작업환경, 쿠팡과 같은 배송업체의 과도한 직무 시간, 비정규직 여성 중심의 돌봄 노동, 난민, 외국인 노동자에 대한 차별 등을 막기 위한 공공 토론 공간이 부족했다. 시민사회운동은 앞으로 이런 부분에 적극 개입하여 사회적으로 설득과 합의를 이끌어내야할 과제를 안고 있다.

셋째, 시민사회운동이 공공선 제고를 위한 시민의 공공 참여를 견인하는 역할을 성찰해야 한다. 코로나19는 사회적 양극화 위험성을 강화했다. K-방역 모델이 초기에 성공했다고 해서 이것이 한국의 공공보건이 우수하고 지속가능하다는 것을 의미하지 않는다. 안정적인 공공의료 시스템을 갖춘 결과나 높은 시민성을 갖춘 시민의 적극적인 참여를 유도하기보다는 방역을 위한 임기응변식 대응이었고, 정부의 적극적인 감염통제와 시민의 협조와 인내 그리고 의료진의 헌신과 자기희생이 계속되었다. 3년간 버텨낸 것이 경이로울 뿐이다. 다시 말해 K-방역 모델은 일시적으로 효과적일 수 있지만 지속가능하지 못한 모델이다. 포스트 코로나 시대가 시작되자 코로나19가 사회 전반에 걸쳐 미친 영향이 하나 둘 드러나기 시작했다. 이는 사회경제적 방역, 심리적 방역의 문제를 함께 고려하지 못한 결과이다. 특별히 노인, 아동, 장애인을 포함한 다양한 사회적 약자 그리고 이주민과 특수 고용노동자에 대한 정책지원이 충분하게 이루어지지 않았다. 개인 혹은 가족이 어려움을 거의 스스로 해결해야 하는 상황이었다. 공공시설의 폐쇄 그리고 사회복지 서비스의 축소 등이 이들에게 더욱 큰 피해를 주었다. 돌봄 노동, 배달 노동 등의 특수고용노동자가 코로나19에 더욱 심각하게 노출되었지만, 이들에 대한 배려와 지원이 턱

없이 부족했다.

　한국 시민사회운동은 팬데믹을 함께 이겨내는 과정에서 시민성을 갖춘 시민으로서 어떤 참여 자세를 갖추어야 할까에 대한 적절한 모델을 제시하지 못했다. 시민들은 일상을 유지하되 물리적, 사회적 거리두기 원칙을 철저히 지켜야 했다. 그 과정에서 시민성의 요건인 '타자 인정과 존중'의 부재를 자주 드러냈다. 시민성은 시민으로서의 권리와 참여를 동시에 전제한다. 국적, 인종, 종교, 지역, 젠더, 학력, 사회경제적 배경 등에 상관없이 서로를 보듬어 주지 않으면 이런 위기를 극복하기 어렵다. 누구나 감염병에 걸릴 수 있음을 인정하고 서로 포용하는 것이 시민성의 출발이다. K-방역 모델을 통해 시민사회는 국가가 일방적으로 참고 협조만 하라는 일방적 전략의 한계를 확인했다. 시민들이 그냥 정부가 모든 문제를 해결해 주기를 바라는 수동적 태도에서 벗어나 학습, 토론, 합의를 통해 방역에 자발적으로 참여하는 것이 중요하다. 이것을 견인하는 과정에 시민사회운동이 그 중심에 있어야 한다. 예를 들어 시민사회운동은 학생들의 수업권을 보장하면서 동시에 방역을 철저히 하여 생명권과 안전권을 확보할 수 있는 대안을 함께 모색하고 그 대안을 실천하는데 더 적극적으로 나서야 했다. 이러한 장치를 시민사회운동이 제시하지 못하면 개인적으로 학습, 돌봄, 건강, 보건의 문제를 떠안게 되고 결국은 이런 서비스를 확보하지 못한 불안전 노동자, 특수노동자, 그리고 사회적 약자와 소수자는 더욱 큰 피해를 마주하게 되는 것이다. 이는 결국 국가와 제도에 대한 불신, 지역 공동체에 대한 불신으로 치닫게 되어 사회적 불만이 누적될 수 밖에 없는 것이다. 팬데믹의 시대가 지나고 이제 엔데믹의 시대가 도래했다. 시민사회운동은 팬데믹 기간의 활동을 반성적으로 되돌아보고 공공선 제고에 적극적으로 참여하고자 하는 시민성을 갖춘 시민을 세우는 역할에 다시금 집중해야할 과제를 마주하고 있다.

2. 지역 회복을 위한 '가벼운 공동체' 실험

한국 시민사회는 지난 30여 년간 신자유주의 세계화의 도전에 대응하기 위해 다양한 정책실험에 참여했다. 그 과정에서 여러 시행착오를 겪었다. 위로부터 시작된 기획과 프로젝트는 성과에 목말랐기에 양적 성과에만 관심을 모았다. 그러나 더 이상 동일 실수를 반복할 수 없는 절체절명의 위기가 안팎에 존재한다. 지난 30년의 시민사회운동을 돌아보고, 새로운 미래를 고려할 때 이제는 아래로부터의 접근 전략을 끈기 있게 견지해야 한다는 깨달음을 얻었다. 아래에서는 시민사회운동의 미래를 위한 또 하나의 도전과제로 '가벼운 공동체'(light community) 실험을 제시해 본다.

그동안 한국 시민사회가 집중한 공동체 회복 프로젝트를 다시 들여다볼 필요가 있다. 마을과 지역은 새롭게 만드는 것 아니라 '재발견'하는 것이다. 세상은 디지털 혁명을 경험하고 있다. 이제 달라진 세상에서 디지털 혁신과 플랫폼 공유경제를 통한 '가벼운 공동체'를 함께 실험해 볼 때이다. 이를 위해 장기적으로는 지역과의 관계 맺기—학습, 이해, 애착과 소속감—를 통해 '풀뿌리 세계시민'(Rooted Cosmopolitan)으로 성장할 수 있는 열린 생태계를 구성하는 일이 중요하다. 정부나 기업 주도의 환경 변화에 수동적으로 대응하기보다는 일상에서 주민 혹은 시민들이 디지털 혁신을 창의적으로 활용하는 '플랫폼 협동조합'을 통해 가벼운 공동체를 구현해 보는 것이다. 산업화, 세계화, 디지털 정보화는 더 이상 거부할 수 없게 되었다. 끊임없는 거주지 이동과 경계를 넘어선 이주로 과거와 같은 강한 연결망을 유지할 수 없는 상황에서 지난날의 공동체를 재생하기보다는 가벼운 공동체를 지향하는 것이 타당하다. 우리가 꿈꾸는 지역 공동체는 결코 전통적인 형태로 회귀하는 것을 의미하지 않는다. 우리는 전지구적 변화 맥락을 충분히 고려하면서 거시와 미시가 수직적으로나 수평적으로 긴밀하게 연결된 상태를 지향하면서 풀뿌리 구성원 스스로가 조금은 가벼운 마음으로 누구나 쉽게 들어가고 적응하고 또 필요시에는 쉽게 자리를 옮길 수 있는 가벼운 공동체를 대안으로 생각할 수 있다(Manzini,

2019).

그렇다면 한국 시민사회는 가벼운 공동체의 형성을 촉진시킬 수 있는 역량을 갖추고 있는가? 10가지 측면을 생각해 볼 수 있다. 운동성, 창의성, 친밀성, 개방성, 유연성, 호혜성, 이타성, 전문성, 투명성, 책무성이라는 측면을 시민사회운동 스스로 성찰하고 평가할 필요가 있다. 각각의 항목에 높은 점수를 줄 수 없다면, 그 원인을 정부, 정당 혹은 기업 등의 외부만이 아니라 내부에서도 찾아야한다. 외적 요인을 부정할 수 없지만 그것이 전부는 아닐 것이기 때문이다. 한국 시민사회운동 내부에 존재하는 장애물은 한국인이 오랫동안 축적한 나쁜 습속에서 비롯된 것이기도 하다. 텃세, 연줄망, 가족이기주의, 무관심 그리고 거리두기가 대표적이다. 실례로 최근 지역에서 '귀농·귀촌'을 희망하는 청년에게 각종 지원사업을 실시하고 있다. 지자체는 청년이 보조금 지원사업을 통해 지역공동체에 정착하고 궁극적으로 지역 시민사회 생태계 구축에 새로운 활력소가 되기를 기대하고 있다. 그러나 이러한 위로부터 기획된 프로젝트는 그들을 맞이하는 지역 주민이 얼마나 수평적이고, 열린공간을 제공하고 있는가에 대해서 성찰이 부족했다. 청년 역시 지원에만 관심이 있고 지역으로 들어가지 않고 주변에 머물면서 자기 사업과 이익만 챙기는 이기적인 행태를 보이기도 한다. 그런데 출생 이후 디지털 환경에서 성장해 온 MZ세대는 디지털 혁명을 적극적으로 활용하면서 지역에 '가볍게' 결합하기를 원한다. 문제는 이러한 결합과정이 일방향적이고 최소한의 관계 맺기에 머문다는 점이다. 결국은 지원받고 도움받는 것을 넘어서 지역으로 직접 들어가 주민과 다양한 자원을 공유하고, 공공의 문제를 함께 해결함으로써 연대감을 고취하는 방향으로 나아가야 한다. 지역이 청년을 맞을 준비 혹은 청년이 지역을 만날 준비가 되도록 시민사회운동이 연결고리로 적극 나서야 할 때이다. 청년들이 개인 생활을 존중받으면서도 지역에 뿌리내릴 수 있는 '가벼운 공동체' 실험이 절실하다.

3. 디지털 대전환, 빅테크의 부상과 집합행동[1]

우리들 삶의 모든 영역을 데이터로 구성하여 행위, 취향 그리고 가치에 이르기까지 모든 것을 설명하고 분석하고 예측하는 데이터 사회가 도래했다. 인간의 행위와 사회적 관계는 데이터로 변형되어 그 자료가 축적되어 상품화되어 판매되고 있다. 우리 삶의 모든 것이 보이지 않는 알고리즘에 의해 자동적으로 자료로 축적되고 그것이 상품화된 자료로 가공되어 기업이나 정부에 전달될 때 현재 우리가 마주하고 있는 불평등, 불의, 차별 등의 관계가 더욱 악화될 것이다. 시민사회운동은 이런 데이터 사회의 위험성을 제대로 이해하고 데이터 축적, 가공, 활용 등과 관련한 민주적이고도 공공적인 활용, 프라이버시 보호, 탈상품화 정책 결정에 적극적으로 나서야 한다. 특별히 디지털 플랫폼에 종사하는 플랫폼 노동자들이 심각할 정도로 겪고 있는 차별과 착취가 보이지 않게 진행되고 있음은 전지구적 현상이다. 한국 사회 경우는 그동안의 협치 경험을 고려할 때 데이터 사회 도래와 디지털 플랫폼 경제 및 노동이슈와 관련한 정책 대응 과정에서 시민사회운동이 취하는 전략이 무엇보다 중요하다. 데이터를 만들어내고 제공하는 사람은 소비자이지만 이것을 독점하고 관리하고 통제하는 주체는 빅테크라는 역설적인 상황이 시민사회운동의 적극적 참여를 요청하고 있다.

이와 관련하여 풀뿌리 환경운동 단체나 지역 주민들이 지역 토건산업에 대해 적극적으로 반대한 운동을 상기할 필요가 있다. 지역의 생태계를 파괴하고 개발이익을 독점하는 주체는 토건 개발사업자이다. 지역 주민들은 개발이익을 누리지도 못하고, 심지어 소중한 지역 생태계와 아름다운 환경을 영원히 잃게 된다. 마찬가지로 빅테크는 엄청난 속도와 규모와 범위로 우리 일상을 데이터로 전환하고 있다. 물론 이것은 개인들이 디지털 플랫폼을 적극적으

---

[1] 본 절은 아래 글의 일부를 수정·보완한 것임.
임현진·공석기. "한국 시민사회운동의 새로운 미래는 있는가④ 디지털 플랫폼을 시민사회운동의 디딤돌로," 『월간중앙』 2023년 4월호: 228-232쪽.

로 활용한 결과이다. 빅테크는 데이터를 상품화하고 이것을 기업들에 판매하여 수익을 올리지만, 그것을 공유하기보다는 독점하여 세계 최대의 기업으로 성장했다.

빅테크를 대표하는 GAFAAMT는 5개 미국 기업, Google(Alphabet), Amazon, Facebook, Apple, Microsoft 그리고 2개의 중국기업, Alibaba와 Tancent 총 7개 기업을 가리킨다. 빅테크의 사용자 수를 보면, 페이스북 사용자는 29억 명, 유튜브 사용자는 23억 명, 인스타그램 사용자는 12억 명, 틱톡(TikTok) 사용자는 7,320만 명, 텔레그램 사용자는 7,000만 명이다.

미국 거대 정보통신 기업들은 제도권에서 자신에 유리한 정책을 유지하기 위해 엄청난 비용을 동원하고 빅테크에 유리한 정책을 만들고자 정부나 정

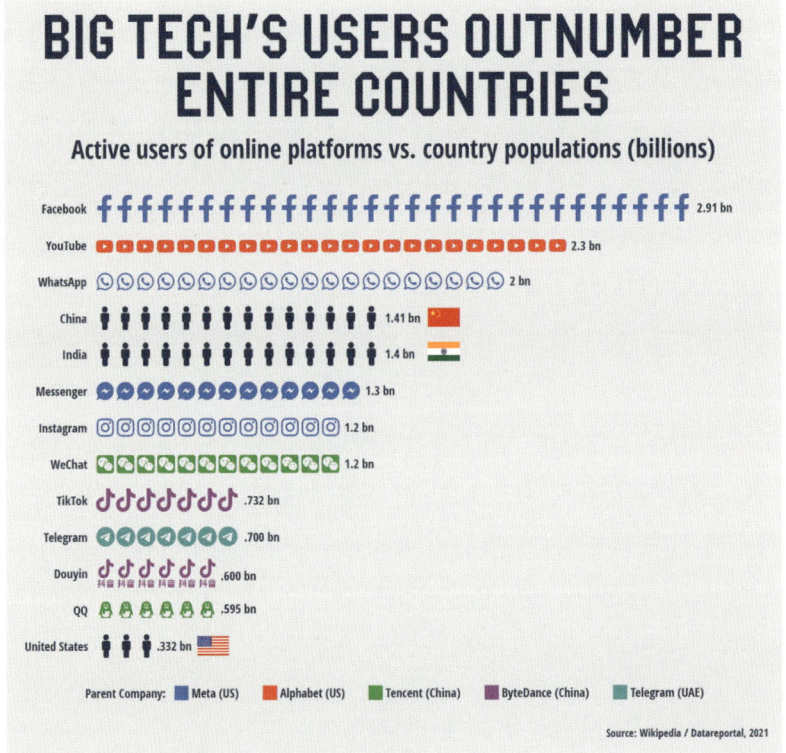

그림 5-2 빅테크 사용자: 디지털 플랫폼부상
출처: Wikipedia/Datareportal(2021)

치인을 대상으로 적극적으로 로비하고 있다. 아마존의 경우 1,900만 달러, 페이스북은 2,000만 달러, 구글은 1,200만 달러 그리고 애플은 650만 달러를 로비자금으로 지출하고 있다. 구글이 꿈꾸는 소비자는 시민성을 갖춘 디지털 시민이라기보다는 기업이 주도하는 알고리즘에 저항하지 않고, 그저 공짜로 이용할 수 있는 디지털 정보에 만족하고, 심지어 그들의 기술 진보에 감사하면서 스스로 자유롭다고 착각하는 정보 소비자이다(Transnational Institute, 2023).

디지털 플랫폼 기업은 우리가 방문하는 모든 웹사이트 정보 및 그곳에서 이루어진 활동을 상품성 있는 자료로 가공한다. 우리는 구글 서치를 통해 필요한 정보를 편리하게 혹은 무료로 활용하고 있지만, 동시에 구글도 우리의 온라인상의 모든 활동을 모니터하고 이를 자료화하고 있다. GAFAAMT는 온·오프라인의 모든 삶을 감시하며 자료로 축적하고 있으며 이것을 적극적으로 상품화하고 있다(주보프, 2021). 정부는 빅테크와 함께 스마트 도시, 스마트 보안 및 정찰 사업을 통해 개인의 삶의 복지와 안전을 높인다고 주장하지만 사실 보이지 않게 감시할 수 있게 되었다. 사실 우리는 모든 삶이 데이터로 구성된 사회 안에서 살고 있다. 특별히 중국은 감시사회의 최첨단을 걷고 있다. 비슷한 방식으로 많은 권위주의 정부는 스마트 정책을 경쟁적으로 추진하고 있으며, 편의성을 지나치게 강조한 나머지 감시하고 통제할 수 있게 된 사회를 자랑스럽게 여기고 있다. 우리는 빅데이터, AI, 그리고 알고리즘의 상승적 결합을 통해 우리도 모르게 감시받고 통제받는 것을 망각한 채, 쉽게 연결되는 것을 감사하며, 공짜 데이터와 네트워크 연결에 눈이 멀어 보이지 않는 지배의 심각성을 간과하고 있지 않은가?

그러나 다른 한편 시민들은 사회적 이슈에 대한 옹호와 지지를 확보하기 위해 디지털 플랫폼을 적극적으로 사용하기 시작했다. 2020년 퓨리서치(Pew Research)에 따르면 소셜미디어 사용자 중 30%가 사회적 이슈와 대의를 옹호 및 지원하기 위해 소셜미디어를 활용한다고 응답했다. 36%는 자신의 옹호 및 지지를 표현하기 위해 사진을 공유하며, 35%는 자신의 지역에서 진행된 집합 행동과 연대하는 단체에 대한 정보를 검색해 본다고 한다. 소셜미디어 사용자

중 32%는 지인들에게 정치 사회적 이슈에 대한 저항행동에 참여할 것을 권하기도 하며, 18%는 해시태그를 활용한다고 답했다.[2] 이처럼 디지털 플랫폼은 시민사회운동의 중요한 전략 및 전술적 도구이며 공간이 되고 있다. 그러나 시민사회운동은 디지털 플랫폼의 전략적 동원을 넘어서 더욱더 본질적인 문제를 다루어야 할 때이다. 그렇다면 디지털 플랫폼은 진정 민주적으로 정의롭게 더 나아가 책임 있게 운영되고 있는가? 시민사회운동은 우리 삶의 대부분이 디지털 플랫폼으로 수렴되고 있는 상황 속에서 보이지 않는 알고리즘에 의해 우리의 삶이 유인되고 관리되고 심지어 통제되고 있음을 비판적으로 독해하고 있는가? 시민사회운동은 데이터 사회를 비판적으로 독해하고 대응해야 하는 과제를 마주하고 있다. 이 도전에 어떻게 대응하는가가 현재 위기를 마주하고 있는 시민사회운동이 돌아선 시민의 마음을 움직일 수 있는 새로운 길이며, 시민사회운동 본연의 정체성을 회복하고 견지할 수 있는 디딤돌이 될 수 있다. 이런 맥락에서 한국 시민사회운동은 초국적으로 연결된 데이터 사회라는 새로운 환경에 적극적으로 대응해야 한다. 디지털 사회에서 성장한 MZ세대가 나서서 다양한 영역 간에 수평적이고도 열린 소통과 숙의를 통해 새로운 협력의 틀을 마련해야 한다.

4. 디지털 대전환과 초국적 연결사회의 뒤안길

신자유주의 세계화를 통해 자본주의 세계경제체제가 지역의 풀뿌리 수준까지 침투하면서 시민 스스로 지역사회 구성원으로서 확고한 소속감과 정체성을 가지지 못한 채 개별화, 주변화되고 있다. 동시에 산업화, 도시화, 기계화, 자동화, 금융 세계화 그리고 디지털 세계화를 통해 초연결사회를 경험하고 있다. 특히 디지털 혁명과 인터넷의 발전으로 우리 스스로 인식할 수 없을 정도

---

2 출처: https://www.tni.org/en/digital-counterpower

로 우리 삶의 모든 부분이 감시와 관리의 대상이 되고 있다. 쉽게 연결되어 있기에 마치 우리가 우리의 삶을 계획하고 통제할 수 있는 것처럼 착각하게 만든다. 이런 맥락에서 시민사회운동은 시민들이 지속가능한 연결망을 구축함으로써 협동을 통해 연대감을 형성할 수 있는 기반을 마련할 수 있는가? 사실 이러한 아래로부터의 감시(sousveillance) 운동은 전혀 녹록지 않다.

한국 사회 내부를 보면 그 위기를 더욱 실감하게 된다. 지역공동체가 붕괴되고, 가족 간의 사회안전망도 더 이상 작동하지 않는다. 공동체는 사라지고 개인주의 시대가 도래했다. 각자도생의 개별사회로 삶이 팍팍하고 개인은 홀로서기에 너무나도 바쁘다. 이 부분에 대해 시민사회운동이 적극적으로 나서야 한다. 상황은 디지털 시대의 도래와 플랫폼 경제로 산업구조가 재편되고 있다. AI와 로봇이 일자리를 대체하면서 괜찮은 일자리는 점차 사라지고 있다. 높은 실업율은 지속되고, 사회적 양극화는 더욱 강화되고 있다. 이런 어려움 속에서 청년들은 수많은 것을 포기하며 자기만을 돌보고 있다. 결혼은 이제 선택사항이 되고, 결혼해서도 아이를 낳지 않는 딩크족이 증가하고 있다. 저출산과 초고령화로 인구절벽을 마주하고 있다. 모두가 돌봄과 사회안전망을 국가에 기대하지만, 이것을 국가가 해결할 수 있는 정도를 넘어서고 있다. 시민사회운동이 마주한 사회적 갈등과 정책과제는 더욱더 확장되고, 깊어지고, 복잡해지고 있다. 긱(gig) 경제, 플랫폼 노동, 노동계약, 노동의 개념 변화, 잉여노동, 사회안전망 축소, 노동자의 권리 약화, 종속과 독립 등의 새로운 사회적 갈등 요인과 이를 극복하기 위한 해결책이 시급하다. 지난 3년 동안 코로나19 팬데믹을 힘들게 견디면서 지역 주민의 상생, 협력, 연대의 모습을 다시금 떠올리게 되었다. 한국 시민사회운동은 이러한 공동체와 공공선을 회복하기 위한 시민성을 갖춘 시민을 회복시킬 준비가 되어 있는가?

2023년 현재, 한국 시민사회운동의 현주소를 알리는 키워드는 '연명'(延命)이다. 이 정도로 시민사회운동은 심각한 위기를 마주하고 있다. 그동안 정부나 기업의 요구에 부응하고자 자기 기반이 충분히 마련되지 않은 상태에서 급속히 진행한 수탁사업 결과로 불어난 몸집을 줄여야 하는 상황이다. 위로부터 기획된 정책사업에 집중한 나머지 시민사회운동이 끈질기게 집중해야 할 '시민성을 갖춘 시민'이 성장할 수 있는 생태계를 구축하는 사업에는 소홀했던 것이 뼈아픈 현실이다. 수많은 정부 수탁사업이 냉정한 평가나 성찰 없이 진행되었음을 솔직히 인정하고, 이제는 '협치'라는 환상에서 과감하게 벗어나야 한다. 물론 다수의 시민사회운동 단체가 자신의 전문성을 가지고 수평적 파트너십 아래 참여한 모든 정책사업을 포기하라는 뜻은 아니다. 능동적 사업 수행자로서 자신의 목소리를 낼 수 있는 협치의 메커니즘 구축은 정부나 시민사회 모두에게 중요하며 절실함을 다시금 강조하는 것이다.

그동안 정치기회구조의 급격한 변화는 시민사회운동이 자신의 정체성과 지속가능성이 심각하게 흔들릴 정도로 큰 영향을 받아온 것이 사실이다. 지금도 이것을 뼈저리게 학습하는 중이다. 이를 겸허하게 성찰해야 한다. 한국 시민사회운동의 패러다임 전환이 절실한 때이다. 사람, 장소, 시대가 바뀌었다. 광의의 시민사회를 전제로 한 새로운 시민사회운동을 지향해야 한다. 규모, 지역, 영역, 연령, 세대, 진영의 경계를 넘어 공공선을 위해 열의를 갖고 참여를 희망하는 누구에게나 열린 연대의 장이 필요하다. 이를 가로막는 전통적인 연줄과 텃세가 시민사회운동 내에도 존재하고 있음을 우리는 목격했다. 결국 시민사회운동의 패러다임 전환은 사람에서 그 해답을 찾아야 한다. 왜 과거와 같이 새로운 세대가 시민사회운동 영역으로 들어오지 않는가? 아직도 경계 짓고, 편을 나누면서 시민사회운동의 폭을 넓히고자 다양한 사람들과 만나고 소통하기를 원하는 것은 자기모순이다. 특별히 이런 갈라치기와 편 가르기를 강화하는 것이 온라인 공간이다. 이러한 위협의 공간을 기회의 공간으로 전환하는 것이 시대적 과제이다. 개인 간의 소통과 만남을 촉진하고, 이것을 협력의 기회로 발전시킬 수 있는 지렛대로 디지털 플랫폼을 활용하는 실험이 중요하다. 그러나 몇몇 활동가 교육을 통해 이 사업을 전개하려는 접근은 제한적일 수밖에 없다. 다양한 층위의 시민들이 자발적으로 만나고 소통하면서 자기도 모르게 가진 벽을 허물고 서로 존중하며 스스로 크고 작은 협력 과제를 발굴하고 의결하고 실천하면서 성과를 이뤄낼 수 있는 실험과 실천의 과정이 필요하다.

그런데 지금은 공공선의 문제를 해결하는 데 있어 시민성을 갖춘 시민은 사라지고 개인의 문제로만 접근하고 있음을 주목해야 한다. 예를 들어 환경보호를 위한 '줍깅' 프로젝트에 개인적으로 참여했지만, 어느 정도 기간이 지나면 참여 열의가 스러진다. 이것은 시민의 존재는 약해지고 개인만 남는 '개인의 시대'의 한 단면이다. 시민사회운동 단체 활동가의 역량이 강화되면 그들이 시민을 선도할 것이라고 기대하는 것은 개인의 시대로 변하고 있는 작금의 상황을 제대로 이해하지 못한 착각이다. 개인의 시대를 시민의 시대로 확장하는 역할은 개인 스스로가 찾도록 해야 한다. 시민사회운동 단체의 몇몇 프로그램을 통해 온·오프라인의 사적공간으로 숨어버린 개인을 교육과 설득으로 다시 공공영역으로 견인해 낼 수 있는 시대는 지났다. 젊은 MZ세대의 개인들은 이미 지식이 있고 정보도 있고 언제든지 공익활동을 조직하거나 참여해 공공선에 이바지할 수 있다고 생각하기 때문이다. 이것을 가능하게 하는 것이 바로 디지털 혁명이다. 시민사회운동은 이들이 자발적으로 그리고 지속적으로 참여할 수 있는 공간을 만들어내고 그들이 맘껏 소통하고 협력할 수 있는 코디네이터 역할에서 그 가능성을 찾아야 한다. 그 코디네이터의 역할을 어디에서 찾을 수 있을까? 그 디딤돌의 하나로 디지털 플랫폼을 주목하고자 한다. 그러기 위해서는 시민사회운동은 디지털 플랫폼의 명암을 제대로 읽어내고 그것을 시민과 함께 나누고 함께 그것을 기회와 디딤돌로 활용할 수 있는 지혜를 모아야 한다. 모두가 스스로 똑똑하다고 생각하면서 디지털 정보와 인터넷을 활용한다고 착각하고 있다. 우리는 알고리즘 시대에 살고 있다. 그 알고리즘을 지배하는 자는 빅테크이다. 이러한 빅테크의 위험성을 시민사회운동이 함께 비판적으로 독해하고, 한계를 도전하고, 더 나아가 그들의 보이지 않는 지배에 저항해야 할 때이다. 갈 길이 멀다.

제 III 부

한국 시민사회운동의 새판 짜기

제7장

제도화의 새로운 길*

1. 시민사회 운동의 제도화 전략의 한계

한국 시민사회는 전례 없는 복합적 위기와 중층적 위협을 마주하고 있다. 이미 6장에서 언급했듯이 디지털 혁명과 초국적 연결시대를 지나 모든 것이 디지털 플랫폼으로 수렴되는 소위 '디지털 플랫폼 사회'로 전환되고 있다. 인공지능과 빅 데이터의 상승적 결합은 보이지 않는 알고리즘을 통해 우리 삶이 부지불식간에 관리하고 통제하고 있다. '알고리즘 지배(Algocracy) 시대'가 도래했다. 그러나 지구 시민사회는 점차 파편화되어 초국적 연대활동이 위축되고 있으며, 지역 시민사회도 수도권 과밀화와 지방소멸로 인해 개인은 자기만 바라보고 있다. 이렇게 변화하는 상황에서 한국 시민사회의 활동은 어떤 결과를 가져왔는가? 국가의 위로부터 '추격전략'(catch-up)에 기초한 시민사회 지원정책은 긍정적이기보다는 부정적인 영향을 주었다. 정부가 협치(governance)의 이름으로 추진한 '보조금 정책'은 지역 주민을 상생발전의 협력 파트너로 만들기보다는 정책 결정 및 구현 과정에서 주변화시켰다. 그 과정에서 주민들은 이권 갈등으로 상호 불신과 반목의 개발 트라우마를 갖게 되었다.

---

* 본 장은 아래 글을 대폭 수정·보완한 것임.
임현진·공석기. "한국 시민사회운동의 새로운 미래는 있는가③ MZ세대들이 참여할 수 있는 메커니즘 구축할 때," 『월간중앙』 2023년 3월호: 144-149쪽.

그러나 지역 주민들이 외부에서만 그 원인을 찾아 비판한다면 그것은 반쪽짜리 문제해결에 머물게 된다. 지역 시민사회 스스로 성숙하지 못한 상황에서 성급하게 제도화의 길에 들어선 것을 먼저 성찰하는 것이 중요하다. 협치의 전제조건인 지역 주민 간의 소통과 참여에 기반을 둔 풀뿌리 민주주의 경험이 턱없이 부족했다는 겸허한 반성이 필요하다. 더구나 지난 3년 동안의 코로나19 상황은 '국가의 귀환'을 초래했고, 정부는 공공선을 추구하기보다는 정책 코드가 맞는 일부 시민사회단체와의 '선택적 협치'(selective governance)를 적극적으로 활용했다. 그 결과, 국가-시민사회 간의 갈등에 시민사회 내부의 갈등이 증폭되는 '이익 갈등사회'를 초래했다. 이처럼 정치기회구조의 변화에 따라 반복되는 선택적 협치는 한국 시민사회를 더욱 분열, 분절 및 분리시켜 상호 대립과 반목이 반복되었다.

한국 시민사회는 시민사회운동이 그동안 걸어온 제도화의 길을 성찰함으로써 어떻게 새로운 변화를 꾀할 수 있는가를 모색해야 한다. 남을 비판할 때가 아니라 시민사회가 스스로 그 제도화의 메커니즘을 반성하고 새로운 전략을 모색해야 한다. 그렇다면 한국 시민사회단체는 어떻게 재생할 수 있는가? 한국 시민사회는 짧은 기간에 외연적으로 비영리 활동, 공익활동, 그리고 사회적경제까지 그 경계를 확장했다. 그러나 그 결과는 협치의 기회와 공간을 크게 넓혔음에도 불구하고, 시민사회에 대한 신뢰도가 바닥까지 떨어지는 역설적 상황이 전개되었다. 저자들은 그 이유를 '정부-정당-시민사회운동' 사이의 선순환적 삼자관계가 왜곡되었기 때문이라고 평가한다(Goldstone, 2003). 이를 바로 잡기 위해서는 시민사회운동이 '선순환적 자원동원 메커니즘'을 구축하는 데 집중해야 한다.

한 시민사회 활동가는 지난 30년의 시민사회운동을 회고하면서 "한국 시민사회단체가 '운동'에서 성급하게 '제도화'의 길에 들어섰다"고 자평했다.[1] 이런 고백은 한국 시민사회에 대한 정부-시민사회 파트너십에 대해 가졌던 환

---

1 2023년 1월 17일, 공석기의 중앙 시민사회단체 활동가 인터뷰, 서울.

상에 대한 혹독한 평가이다. 다수의 NGO가 협치의 이름으로 참여한 정부정책 위탁사업, 즉 보조금 사업은 그 규모와 범위가 상상할 수 없을 정도로 빠르게 성장했다. 물론 민-관 협치를 통해 시민사회는 행정의 중요성을, 행정은 시민사회의 헌신과 열정을 상호 이해하고 학습하는 긍정적 효과가 있었다. 그러나 실제 운영되는 방식을 보면 시민사회단체는 정부 프로젝트를 수행하는 위탁수행자로 전락하는 모습을 보였다. 특히 지방정부는 경쟁적으로 중간지원조직을 만들어 다양한 프로젝트 공모를 통해 민관 협치의 '안정적인' 제도화를 이룩했다. 그 틀에 들어간 지역 시민사회단체는 수동적인 협력 파트너로 그 역할이 제한되었고, 그 결과 새로운 정책발굴보다는 위로부터 지정된 프로젝트를 수행하는 '하청기관'으로 전락했다. 시민사회 활동가 자신도 스스로를 10급 공무원, '순치된 조력자', 사업대행자, 심지어 하청업자라고 자조한다.

시민사회단체는 전문성, 투명성, 도덕성을 갖춘 진정한 협치의 파트너로서 정부 정책결정 과정에서 때로는 경쟁하고 때로는 협력하는 이른바 '와일드카드'(Wild Card)로서의 정체성을 굳건히 지키지 못했다. 그 결과 공무원들도 시민사회를 긴장과 경쟁의 차원에서 바라보기보다는 공무원 업무를 대신해 주는 수동적 대행자(agent)로 인지하게 되었다. 공무원들은 지역 시민사회 활동가를 공공선 제고에 헌신하는 귀한 일꾼 혹은 전문가로 인정하고 존중하기보다는 자신들의 지원이 없으면 생존이 위태로운 지원 대상 조직으로만 바라본다. 이처럼 제도화의 길은 시민사회운동이 시민성을 갖춘 시민들이 공공선 제고를 위해 능동적으로 참여하는 생태계를 구축한다는 본연의 목적에서 점차 벗어나게 되었다. 보조금 정책은 이제 시민사회 활성화의 지렛대가 되기보다는 걸림돌이 되었다. 일례로 그동안 민관 협치 경험에 대해 솔직한 평가를 주문했을 때, 전직 시민사회 활동가는 "과도한 프로젝트 수행으로 더 이상 시민사회운동에 대한 열정과 헌신을 유지하기 어려웠고, 오히려 자신의 역량이 소진되어 더 이상 버티기 힘들어 이직하게 되었다"라고 고백했다.[2]

---

2 2022년 9월 30일, 공석기의 2022 N포럼 참여단체 활동가 간담회, 서울대 아시아연구소

시민사회단체는 사람도 사라지고, 경험과 비결도 사라지니 창의적인 콘텐츠나 프로그램을 기대한 후원과 재정 지원도 끊기는 악순환을 경험하고 있다. 냉정하게 협치의 뒤안길을 직시하는 것이 중요하다. 지역 시민사회단체는 다수의 활동가가 떠나고 그 자리를 비상근 대표와 신입 활동가 1명이 겨우 조직을 유지하고 있다.[3] 어떻게 할 것인가? 시민사회운동의 기본 목표로 다시 돌아가야 한다. 시민운동 단체는 공공선을 제고하기 위한 시민교육, 시민들의 자발적 토론 및 숙의 플랫폼, 가치 옹호 및 사회서비스 활동 참여 촉구, 그리고 모든 활동의 투명성 그리고 사업 결과의 책무성을 견지하는 기본적인 역할을 끈기 있게 지키는 것이 중요하다(Scholte, 2003). 이런 기본 원칙에 충실하면서, 시민 위에 군림하기보다는 겸허하게 시민 한 사람 한 사람을 귀하게 보고 건강한 시민으로 성장할 수 있는 선순환적 자원동원 메커니즘을 구축하는 것이 핵심이다. 시민사회운동의 이런 진정성 있는 모습이야말로 시민들이 과거 운동 단체에 보낸 인정과 신뢰 더 나아가 존중을 회복할 수 있는 길이다.

2. 협치의 대원칙, 와일드카드(Wild Card) 전략

한국 시민사회운동이 추락한 신뢰도를 회복하기 위해서는 시민사회단체의 고유한 역할 즉, 와일드카드로서 감시자 혹은 경쟁적 도전자 정신을 끈기 있게 견지해야 한다. 중앙 혹은 지방정부는 경쟁적으로 추진하고 있는 정책들은 상호 벤치마킹하는 수준에 머물고 있다. 예컨대, 지자체 단체장이 바뀔 때마다 지역 고유의 특색과 무관한 조형물이나 기념건물이 세워지거나, 뜬금없는 모토와 마스코트가 반복적으로 등장하고 있다. 또한 이웃한 지자체와 경쟁하기 위해 비슷한 축제나 도시명명(예: 커피 도시) 프로젝트가 난발되고 있다. 이에 대한 시민사회운동의 도전과 감시도 점차 사라지고 있다. 귀한 세금이 지역 토건

---

[3] 2021년 12월 14일, 공석기의 지역 환경운동 단체 활동가 인터뷰, 창원.

업자에게 허투루 넘어가고 있다. 지역개발과 관광유치를 통해 지역 주민의 소득 증대를 이루겠다는 공약(空約)으로 도배된 선거정치가 반복되고 있다. 지역사회가 볼품없는 '키치(Kitsch)의 전시장'으로 전락하고 있다. 시민사회단체는 이런 문제를 지적하고 대안을 요구할 수 있는 경쟁적 도전자가 되어야 한다.

디지털 혁명으로 시민사회 생태계도 급변하고 있다. 특히 인터넷과 소셜미디어의 발전으로 일부 과격한 누리꾼들의 분노와 욕설로 온라인이 도배되기도 한다. 존중과 설득보다는 코드가 맞는 사람끼리만 획일된 주장을 반복함으로써 자기 확증 효과와 편 가르기는 강화되고 결국 공론장은 왜곡되고 있다. 선순환적 자원동원을 위해 시민사회운동이 '소통의 정치'(talking politics)의 매개자로 나서는 것이 중요하다(Gamson, 1982). 단일 진영과 코드를 넘어서서 다양한 시민단체와의 징검다리를 구축하지 않는다면 현재 한국 시민사회가 마주하는 소통의 분리, 분절, 분열의 흐름은 더욱 강화될 것이다. 편을 가르며 자기주장을 확대 재생산하는 소셜미디어, 특히 온라인 플랫폼 공간인 유튜브가 돈벌이 창구로 전락하는 것을 막아야 한다. 시민사회운동 단체는 그들과 차별적인 디지털 공간 구성과 활용 메커니즘을 구축하는 것에 에너지를 집중할 필요가 있다.

시민사회운동 단체가 이러한 와일드카드로서의 정체성을 끈기 있게 지켜갈 때 진정한 국가-정당-시민사회운동 간의 협치가 가능해진다. 안타까운 것은 시민사회 영역에서 형성된 노하우나 정보가 개인 차원에서 소멸되고 있다는 점이다. 과거 많은 활동가가 시민사회운동을 떠나 정당이나 정부로 이동했지만, 다시는 돌아오지 않았다. 그들이 소위 '어공(어쩌다 공무원)'으로 갔지만 돌아오지 않는 데는 그 이유가 분명히 존재할 것이다. 그들이 시민사회운동으로 돌아와서 기여할 수 있는 메커니즘을 준비하지 못했기 때문이다. 서구의 경우 시민사회운동은 정당과 정부와 선순환적 관계를 유지하고 있다. 거기서 가장 주목할 부분은 인적 순환구조이다. 한국 시민사회운동의 경우는 아직 인적자원의 선순환적 관계를 구축하지 못하여 정부-시민사회 간의 수평적 파트너십을 제대로 이루지 못하는 것이다.

정부 조직으로 들어간 사람들은 왜 시민사회에 더 이상 큰 관심을 두지 않는가? 왜 그들은 시민사회운동을 돌아보지 않는가? 그 주요 이유는 정치-시민사회 간의 긴장 관계가 사라졌기 때문이다. 그들에게 선택적 협치라는 도피처가 생겼기 때문이다. 협치를 통해서 적당한 거리를 두다가 필요할 때마다 협치를 통해서 상호 동원하는 구조로 굳어진 것이다. 그 결과 엄격하게 공과 사를 구분하지 못하고 그 경계가 희미해지곤 한다. 심지어 정부나 정당이 시민사회운동의 어젠다를 선점하여 정책적으로 앞서 나가기도 한다. 와일드카드로서 시민사회운동이 그들과 긴장 관계를 유지하면서 때로는 도전하고 경쟁적인 관계를 이루지 못한 채, 협치라는 제도의 틀에 묶이게 된 것이다. 시민사회 진영은 유능한 인재들이 빠져나가고 새롭게 채워지지 않는 구조가 된 것이다. 정부, 정당 그리고 시민사회운동 간의 선순환적 자원동원 관계 구축이 절실하다.

시민사회운동은 와일드카드라는 정체성을 견지하면서 선순환적 관계의 협치를 지향하지 못했다. 시민사회운동 단체가 협치를 너무 쉽게 본 것이다. 유리한 정치기회구조 하에서 증가한 보조금 액수가 결과적으로 시민사회단체에게 보약이 되기보다는 독약이 된 셈이다. 이제 불리한 정치기회구조로 상황이 변했다. 협치는 약화되고 보조금도 끊긴 상황에서 시민사회단체는 자생적이지 못할 정도로 허약한 상태임을 드러내고 있다. 이제는 사람도 매뉴얼도, 돈도 없는 삼중고의 시기를 마주한 셈이다. 어떻게 하면 이런 위기를 기회로 바꿀 수 있을까?

3. 선순환적 자원동원을 위하여

시민사회운동에서 자원동원(resource mobilization)은 인적자원(Man), 지식·정보·기술(Manual), 그리고 재원(Money)을 의미하는 3M으로 요약할 수 있다. 순차적으로 보자면, 우선 돈이 있으면 스태프를 채용하고, 그들의 역량이 높아지면 매뉴얼을 마련할 수 있다. 그러나 이러한 접근은 운동의 지속가능성을 해칠 수 있다. 앞서 '보조금 딜레마'라고 명명한 성급한 제도화의 길은 운동조직의 지속가능성에 역효과를 초래했다는 점에서 우리는 시민사회운동의 자원동원 메커니즘을 면밀하게 살펴보아야 한다. 가치를 중시하고, 그 가치를 공유하는 사람들이 모이고, 그들이 그 가치를 구현하기 위해 함께 궁리하며, 목표를 세우고, 관련 프로젝트를 구상하고, 그것을 구현하기 위한 파트너를 찾고, 아래로부터 재원 마련을 위해 노력할 때 조직의 지속가능성이 훨씬 높아진다. 사람과 매뉴얼보다 돈을 우선하게 되면 결국은 운동 목표와 거리가 먼 주변적인 사업에 에너지를 쏟게 된다. 결과적으로 운동 단체를 이끌어갈 사람과 그들이 주도하는 사업을 통해 축적한 콘텐츠와 매뉴얼은 빈약해질 수밖에 없다.

예컨대, 저자들이 오랫동안 참여해 온 환경운동연합이 마주한 현실은 절대 녹록지 않다. 환경련은 한국 시민사회운동의 중심에서 선도적 역할을 맡아 온 거대 시민환경 단체임에도 불구하고 여느 단체처럼 선순환적 자원동원의 틀을 마련하지 못했다. 그동안 환경운동은 주제별로 다양화되고 전문화의 길을 걸어왔고, 동시에 그린피스, WWF, 옥스팜 등이 한국 지부를 두면서 자원동원을 놓고 글로벌 환경단체와 경쟁하는 구도가 형성되었다. 물론 과거처럼 아시아 최대의 환경운동 단체를 그리워하며 이러한 지위를 회복해야 한다고 주장하는 것은 아니다. 상황에 따라 체급을 줄일지라도 시민사회운동의 기본 원칙을 지켜야 한다. 회원, 활동가, 전문가 그리고 자원봉사자가 자유롭게 들고 나면서 상호 소통과 참여를 통해서 환경의 가치를 공감하고, 이해하고, 그 가치를 제고하기 위해 지원하고 헌신할 수 있는 선순환적 자원동원 메커니즘 구축이 필요하다.

안타깝게도 현실의 벽은 점차 높아지고 있다. 기존 회원들은 나이가 들어가고 있다. 비록 회원 규모는 유지된다고 하더라도 환경련의 회원 평균 연령이 50대를 바라보고 있다는 것은 조직이 늙고 있음을 뜻한다. 물론 한국 사회가 초고령화 사회에 진입하고 있음을 고려할 때 회원의 고령화가 결코 놀랄

일은 아니다. 그러나 젊은 세대의 참여가 급격히 감소하고 있다면 참여자 동원의 메커니즘을 다시 점검해야 할 때이다. 이것은 다수의 시민사회운동 단체가 마주한 문제이기도 하다. 앞서 말했듯이 다수 지역 시민단체가 비상근 대표와 1인 활동가 체제로 유지되고 있다. 과연 이런 조직이 지역 주민들을 위해 사회적 가치 제고를 위해 시민교육과 참여 프로그램을 끈기 있게 이어갈 수 있을까? 당면한 지역 이슈 대응에 급급한 활동에 쫓기다 보면 시민성을 갖춘 시민이 성장하는 지역 시민사회 생태계 구축이라는 장기 비전의 달성은 더욱 요원해질 수밖에 없을 것이다.

    이런 조직 현실을 고려할 때, MZ세대가 쉽게 참여할 수 있는 디지털 기반 구축과 매력적인 활동을 기대할 수 있다. 그런데 지역의 많은 시민사회단체에는 수년 동안 젊은 회원 가입이 없다고 한다. 요즘 MZ세대의 최대 관심사인 기후 위기, 쓰레기 문제, 에너지 전환 등과 관련해 그들이 맘껏 뛰놀 수 있는 공간과 기회가 충분히 마련되지 못하고 있기 때문이다. 혹여 보조금을 신청해서 새로운 스태프를 채용해서 신규 사업을 통해 젊은 청년들과 만나고자 한다면, 과거의 운동방식은 결코 매력적이지도 지속가능하지도 않다. 이제 디지털 환경에서 성장한 MZ세대가 디지털 매체를 통해 신규로 가입하고 자발적으로 참여할 수 있는 메커니즘 구축에 힘써야 한다. 젊은이들이 자신의 목소리를 낼 수 있고 자발적으로 참여하고, 비록 활동에 실패하더라도 그것이 귀한 경험으로 인정하고 새로운 기회로 초대하는 기회와 공간을 마련해야 한다. 운동 판의 '꼰대'처럼 젊은 활동가를 기존의 조직 구조와 운영 방식에 묶어두려고 할 때, 그들은 수동적인 자원봉사 혹은 회비만 내는 회원에 머물다가 어느새 참여에서 멀어지고 결국 시민사회운동에 등을 돌리게 된다.

    실례로 자원순환과 제로웨이스트 가치에 동의하며 플라스틱 업그레이드 재활용(upcycling) 캠페인에 적극적으로 참여한 '플라스틱 방앗간' 프로젝트를 주목할 필요가 있다. 그들은 쓰레기를 양산하는 기업이나 과대포장을 조장한 대형마트에 도전하는 '플라스틱 어택 운동'을 아래로부터 자발적으로 전개했다(홍수열·고금숙, 2022). 그들은 어느 한 리더가 깃발 들고 '나를 따르라'는 구호에 호응한 것이 아니다. 이제 시민사회운동은 당위적 주장에 대한 옹호와 지지 활동에서 벗어나야 한다. 시민을 일방적으로 가르치려는 자세에서 벗어나야 한다. 거대 조직의 깃발 아래 모여 조직의 지시를 수동적으로 따라가는 사람들에게서 어떤 번뜩이는 아이디어와 노하우를 기대하기 어렵다. 자발적으로 참여하고 창의적으로 노하우를 발굴하고 그것을 시민들과 공유하려는 '능동적 시민'(engaging citizen)을 발굴하고, 그들이 맘껏 활동할 수 있도록 판을 제공하는 것이 중요하다. 가치를 공유하는 사람들이 자발적으로 모여 서로 궁리하고, 공동사업에 적극적으로 참여함으로써 비결과 정보를 쌓아 창의적인 매뉴얼을 개발하고 공유하는 선순환적 자원동원 메커니즘을 구축하는 것이 핵심이다. 이런 메커니즘이 마련되지 않는다면 소비지향의 개인들은 디지털 플랫폼의 소비활동을 벗어나 공공선을 구현하기 위한 오프라인 공간으로 나오지 않을 것이다.

시민사회의 전문가 역시 기존의 생각과 태도에서 벗어나는 것이 중요하다. 과거처럼 자신의 전문적 지식과 경험을 일방향적으로 제공함으로써 운동조직에서 인정받고 대접받으려는 구태에서 벗어나야 한다. 사회적 책임감을 느끼면서 수평적 관계를 지향하며 자신의 전문성을 공유하고 동시에 참여자 개개인의 소중한 경험을 귀한 자원으로 삼아야 한다. 활동가는 코디네이터로서 전문가와 회원 간의 상호작용의 장을 제공하며, 그 과정에서 활동가 스스로 전문가로서의 비전을 세울 수 있다. 그런데 아쉽게도 한국 시민사회운동 내에는 활동가가 한 분야의 전문가로 성장하는 경로가 제대로 구축되어 있지 못하다. 과거 학생운동 경험 세대는 열정과 헌신으로 조직에서 자신을 희생하며 힘든 시간을 버티면서 전문가로 성장하거나 그 경험을 토대로 정치권 혹은 정부로 이동했다. 그런데 지금은 어떠한가? 시민사회운동 단체에 참가하는 경로는 인턴십 혹은 공개채용으로 전환되었다. 신입 활동가들은 경제적 어려움과 불분명한 경력 개발 때문에 2~3년 이내에 다수가 이직한다. 그래서 시민운동 단체에 10년 차 전후의 중견 활동가를 찾아보기 어려울 정도로 시민사회운동의 중간허리가 너무 취약한 상황이다. 대부분의 운동 단체가 3년 미만의 활동가로 스탭의 절반을 채우고 있다. 이런 조건에서 자원동원 세 가지 요소— 인적자원, 지식·정보·기술, 그리고 재원—를 선순환적으로 동원하기는 매우 어려운 상황이다.

그렇다면 활동가를 조직에 머물게 할 수 있는 기제는 무엇인가? 젊은 활동가가 자신의 열정과 젊음을 바쳐 공공선을 제고하는 데 최선을 다하는 것을 인정하고 존중하는 사회적 분위기가 절실하다. 이를 위해 정부는 먼저 보조금 정책 내에 불합리한 요소를 제거해야 한다. 시민사회 활동가를 역량있는 인재로서 성장시키기 위해서는 보조금 중 일부가 활동가의 인건비로 활용될 수 있도록 허용해야 한다. 정부는 아직도 불신의 눈으로 시민사회운동 단체를 바라보고 있다. 최근에는 보조금 사업을 진행한 다양한 시민사회단체를 마치 현금자동입출(ATM) 기기에서 마음대로 돈을 빼서 사용한 불법적인 단체로 낙인찍고 있다. 물론 이러한 불신의 벽을 없애는 것도 시민사회단체의 막중한 책임이고 과제이다. 시민사회단체 스스로 확실한 회계처리, 조직 내부의 활동가에 대한 인정과 존중의 분위기 제고, 안정적인 신분 보장 그리고 활동가의 경력 발전 경로를 구체적으로 제공하는 것이 급선무이다. 이것은 중앙의 몇몇 거대 단체가 감당하기 어려운 시민사회 공동의 과제이다. 건강한 시민사회 생태계 내에서 성장한 인재를 누구나 인정하고 존중할 수 있는 활동가 '역량강화 메커니즘'을 마련하는 것이 중요하다. 활동가의 빈번한 교체는 활동 경험과 노하우가 축적되지 못한 채 개인의 경험으로 흩어지고 만다. 현실적으로 시민사회단체는 신입 활동가를 교육하는데 너무나 많은 시간과 비용을 사용하고 있다. 운동 단체는 이러한 불필요한 비용이 반복적으로 낭비되고 있음을 직시해야 한다.

4. 선순환적 자원동원을 위한 새로운 파트너

지난 몇 년간 협치의 공간으로 구축된 국무총리실 소속 시민사회위원회도 위기를 마주했다. '시민사회 활성화와 공익활동 증진에 관한 대통령령'이 정권 교체와 더불어 한순간에 폐지되고 협치의 공간은 축소되고 말았다. 시민사회 위원회는 시민사회재단, 시민공익위원회 같은 제도화를 통해 협치를 안정시키고자 노력했으나 허사가 되고 말았다. 이러한 협치의 한계를 목격하면서 저자들은 시민사회 스스로 선순환적 자원동원 메커니즘을 아래로부터 구축하는 것이 무엇보다 중요하다는 것을 다시금 확인하게 되었다. 정부나 기업에 의존한 자원동원 메커니즘 하에서는 시민사회운동 단체는 와일드카드로서의 정체성을 제대로 견지하기 어렵기 때문이다. 시민사회운동이 '시민재단기금'을 스스로 설립할 수 있을 정도까지 시민사회운동 생태계가 아직 성숙하지 못했다. 뿐만 아니라 중앙의 거대 단체들이 시민사회를 더 이상 대표하기도 어려운 상황이다. 결국 협력 파트너를 찾기 위해서는 광의의 시민사회로 그 대상을 확장해야 한다.

이제 이익단체나 동호인단체 등 다양한 영역으로 눈을 돌려야 한다. 비록 이익단체일지라도 많은 단체가 우리 사회에 공공선 제고에 관심을 가지면서 관련 활동을 전개하고 있다. 일례로 다수의 사회지도층을 포함하는 주요 대학 동창회 활동을 주목할 필요가 있다. 동창회가 동창 회원의 복지를 위해 활동을 할 수 있지만, 이제는 한국 사회가 더욱 좋은 삶의 장소로 바뀌는데 사회적 책임을 다해야 한다는 것까지 인지하기 시작했다. 예를 들어 미국 하버드대학 동창회의 최근 활동은 우리에게 신선한 충격을 주고 있다. 2019년, 하버드대학이 2년 동안 진행한 '더 나은 섬김 프로젝트'(To Better Serve Project)는 학생, 동창, 교수와 직원이 공익활동을 통해 지역 공동체 활성화 및 공공선 제고에 기여한 사례를 발굴하고 그들의 삶과 활동을 연중 소개하는 프로젝트이다. 미국 전역에서 활동하고 있는 하버드 동창들이 지역 사회에서 선한 영향력을 일으키고 있다는 감동의 이야기는 사회적으로 큰 반향을 일으켰다.[4] 동

---

4   Harvard Gazette 웹사이트 참조(https://news.harvard.edu/gazette/tag/to-serve-better/)

창회가 시민성을 갖춘 건강한 시민을 키우는데 헌신하는 동창생 혹은 시민사회단체를 소개함으로써 40만 명에 이르는 하버드 동창들이 관심을 두고 후원할 수 있는 통로를 제공한 것이다.

'특권이 있는 곳에 책임이 있다'는 하버드 동창회 슬로건과 '더 나은 섬김 프로젝트'가 서울대 동창회를 비롯한 국내 여러 대학에도 긍정적 파급효과를 미칠 수 있는 것이다. 이들이 출연한 종잣돈(seed money)이 지역사회의 공공선을 제고하는 데 사용될 '시민사회운동기금'을 형성하는데 초석이 될 수 있다. 이런 방식으로 자원 동원이 지속적으로 이어진다면 지역 시민사회 스스로 자생적인 중간지원조직을 구성할 수 있는 기반이 될 수 있을 것이다.

한국의 시민사회운동 단체도 대학 동문회 등 광의의 시민사회에서 진행되는 새로운 변화를 주목하고 연대와 협력의 틀을 확장할 필요가 있다. 시민사회운동 역시 과거에 가졌던 종교단체, 동우회, 향우회 등에 대한 편견에서 벗어나 선의의 단체들과 공동의 프로젝트를 논의할 수 있을 것이다. 물론 이 과정에 정치적 동원으로 왜곡될 수 있음을 경계하면서 운영과 회계의 투명성 그리고 사업 결과에 대한 책무성을 담보할 수 있는 제도적 틀을 구축하는 작업이 동시에 진행되어야 한다. 이것이 전제되지 않으면 시민사회운동은 연고주의와 불투명한 운영체계라는 걸림돌에 계속해서 넘어질 수 있기 때문이다.

제8장

시민성 증진을 위한 풀뿌리 세계시민 교육[*]

1. 시민성을 갖춘 풀뿌리 세계시민

우리는 앞서 7장에서 한국 시민사회운동이 쇠퇴한 그 원인을 크게 운동성의 상실과 희미해진 정체성 측면에서 살펴보았다. 그리고 이를 극복하기 위한 처방으로 보조금 딜레마를 벗어날 수 있는 선순환적 자원동원 방식을 새롭게 발굴할 것을 강조했다. 이번 장에서는 그 동안 시민사회운동 영역에서 외면해 온 MZ세대가 직면한 새로운 환경과 도전과제를 살펴보고자 한다. MZ세대가 디지털 플랫폼으로 모든 것이 수렴하는 새로운 환경에서 어떻게하면 아래로부터 감시하고, 대응하는 새로운 주체로 설 수 있는가에 초점을 맞추려고 한다. 이는 궁극적으로 어떻게 시민성을 갖춘 풀뿌리 세계시민이 한국 시민사회 생태계에서 형성될 수 있느냐는 문제와 연결된다.

  공석기와 임현진은 앞선 연구에서 일정 경계 안에 머물면서 주민으로 사는 것에 만족하며 그 경계─지리적, 인식적, 활동적 측면─ 안에 안주하려는 경향을 지양하고 시민이 될 것을 강조한 바 있다(공석기·임현진, 2017). 그런데 그 주

---

* 본 장은 아래 글을 대폭 수정·보완한 것임.
임현진·공석기. "한국 시민사회운동의 새로운 미래는 있는가⑤ 시민성 갖춘 '풀뿌리 지구시민' 길러야." 『월간중앙』 2023년 5월호: 182–187쪽.

민과 시민 '사이'가 점점 더 벌어지고 있는 것을 목격하게 된다. 이웃하는 주민은 물론 심지어 가족 간의 사이도 점점 더 멀어지고 있다. 이제 개인은 초국적 자본주의 세계경제체제의 경쟁 속에서 스스로 살아내야 하기에 더욱더 강한 압박을 받고 있다. 디지털 혁명과 인터넷의 발전으로 개인은 초국적으로 자유롭게 연결되었지만 그 연결은 개인 간의 영혼 없는 연결이고, 호혜와 협력의 연결망이 아니라 디지털 플랫폼 위에서 정보를 서로서로 퍼나르는 정보 연결망에 불과하다. 정보의 홍수 속에서 어떤 것이 옳고 그른가를 개인 스스로 판단하지만, 그것은 보이지 않는 알고리즘 지배 속에서 개별화 혹은 개인화된 정보망 속에서 내리는 제한된 판단과 선택에 불과하다. 오늘날 대다수의 젊은 세대는 이런 문제의 심각성을 깨닫지 못하고 있다.

젊은 세대의 문제는 인구 문제로 나타난다. 시민사회운동은 오늘날 한국 사회의 최대 화두인 인구절벽 문제에 어떻게 대응할 것인가? 출산 합계율 0.78로 전 세계 최하의 저 출산율을 보이는 한국 사회의 미래는 없다고 정부나 미디어에서 경고성 공익광고를 쏟아내고 있다. 최근의 한 여론조사를 통해 결혼을 꺼리는 이유 혹은 결혼하더라도 아이를 낳는 것을 포기하는 가장 큰 이유는 자신의 경력개발과 사회적 성취에 아이는 걸림돌이 되기 때문이라고 응답했다.[1] 그들을 단순히 이기적인 세대라고 비판할 수만은 없다. 왜냐하면 그들도 아이를 낳으면 자신의 소득 40%를 양육과 교육에 투자해야 한다고 답하기 때문이다. 왜 젊은 세대는 중산층만이 결혼하고 출산할 수 있다고 생각할까? 시민성을 갖춘 시민은 사라지고 완전히 개인으로 교육과 돌봄의 문제를 마주하고 있기 때문이다. 결혼을 꺼리는 젊은 여성을 이기적이라고 비판할 수만은 없다. 그들이 아이를 싫어해서가 아니다. 그들도 만약 아이를 낳는다면 '제대로 기르고 책임을 져야 하는데' 그럴 자신감이 없고 불안하므로 포기하겠다는 것이다.

---

[1] 김동인. 2023. "'우리 결혼 안 합니다' 생애 모델을 거부하는 사람들, [2023 연애·결혼 리포트]." 「시사인」 3월 15일. (https://www.sisain.co.kr/news/articleView.html?idxno=49841)

과연 아이를 제대로 기르고 책임진다는 것의 기준을 어디에 맞추어야 하는가? 왜 한국 시민사회는 이 부분에 대해 의문을 제기하지 않는 것인가? 과연 누가 자녀 교육에 대한 최소한의 기준을 만들었는가? 서로 모방하고 따르는 이 기준이 심각하게 왜곡되고 있다면, 이것에 대해 왜 한국 시민사회운동은 도전하고 저항하는 동시에 대안적인 기준을 마련하는데 연대활동으로 모이지 않는가? 모두의 인권이 함께 존중되는 '인권 사회'가 아니라 자신의 이권만 지키면 된다는 '이권사회'로 전락했기 때문이다. 개인 수준에서 양육을 감당할 수 없기에 결혼 혹은 자녀 출산을 포기하는 것이다. 인구절벽은 결코 정부의 정책 개입으로는 해결할 수 없는 문제이다. 많은 사람들이 저출산, 인구절벽 그리고 돌봄의 문제에 대한 답을 국가에 요구하지만, 그것은 가능하지도 바람직하지도 않다. 흩어진 개인들이 시민사회 공간으로 나와 함께 해결책을 모색해야 한다.

젊은 세대가 자녀 출산에 소극적 태도를 보이는데, 부모 돌봄에 대해서 뭔가를 기대하는 것은 너무나도 순진한 생각이다. 젊은 여성의 경우, 배우자 부모의 돌봄에 대한 책임은 약 33%만 인정하고 있는 수준이다.[2] 이제는 한국 사회에서 돌봄을 개인의 문제가 아닌 시민 즉, '시민성'(civility)을 갖춘 시민의 공동 과제로 접근하는 것이 중요하다. 시민(citizen)은 도시 거주민을 의미하지 않는다. 시민성을 갖추는 것이 시민의 요건이다. 시민은 공공선을 구현하기 위해 구체적인 참여 활동으로 책임과 권한을 경험하는 것으로부터 시민권(citizenship)을 행사할 수 있는 것이다. 이처럼 시민, 시민성, 그리고 시민권은 상호 연결된 개념이다.

최근 만찌니(E. Manzini)가 제시한 '가벼운 공동체'(light community) 전략을 참조할 필요가 있다(Manzini, 2022). 국가가 한정된 재원으로 돌봄 문제를 국가정책으로 해결하는 것은 불가능하다. 시민의 적극적 참여가 필요하다. 각자 자기 자녀에 대해 아낌없이 투자할 의향이 있다면 왜 지역사회 내 공동의

---

2 윗글 참조

문제를 마주한 타자, 즉 지역 주민과 함께 협동과 연대의 방식으로 문제를 해결하려고 하지 않는가? 한국 사회는 신자유주의 세계화의 광풍으로 너무 빨리 개인의 시대로 내몰리면서 과거의 공동체 경험이 스러지고 지역 주민과의 만남과 협동이 급속히 사라졌기에 누구도 신뢰하지 못하는 사회가 된 것이 현실이다. 물론 당위적 차원에서 정답을 제시하면서 이 목표를 위해 모두가 함께 나가야 한다고 주장하는 과거의 시민사회운동 방식도 더 이상 통하지 않는다. 이 돌봄의 문제를 해결하기 위해 많은 지역공동체, 마을기업, 사회적경제 활동이 실험 중이지만 여전히 덜컹거리고 실패를 거듭하고 있다. 어떻게 할 것인가?

사회자본, 관계자본, 신뢰자본을 쌓아야 한다. 그러기 위해서는 시민성을 갖춘 시민이 형성되어야 한다. 한국 시민사회 생태계는 그동안 이런 사람에 관한 관심보다는 사업 성과에만 초점을 맞추었다. 거버넌스를 지향하는 사업도 당위적으로만 추진되었다. 시민성을 갖춘 시민은 결코 저절로 생겨나는 것이 아니다. 봉사활동을 스펙 쌓기의 수단으로만 인식하여, 이를 통해 좋은 대학과 안정적인 직장을 얻기 위한 도구로 활용하는 개인은 결코 시민성을 갖춘 시민으로 성장할 수 없다. 그저 공정, 경쟁, 성공과 성취에만 관심을 두는 개인으로만 남게 된다.

시민사회운동은 어린아이에서 은퇴한 노인에 이르기까지 모든 시민을 평생주기적 관점에서 시민참여의 기회와 공간으로 끊임없이 초대해야 한다. 개인은 그 참여 과정을 통해 대화하고, 상호 궁리하고 고민하면서 자신의 가치관을 바꾸고 시민성을 갖게 된다. 이러한 시민성 증진으로 패러다임을 전환하는 것은 억지로 이루어지는 것이 아니다. 시민교육이 중요하지만 일방적인 지식과 정보 전달로는 부족하다. 시민성이 저절로 주어지지 않는 것처럼 정부 지원으로 시민사회 생태계가 저절로 안정화되는 것은 불가능하다. 기업이 '사회적 가치'를 담은 좋은 상품과 서비스로 우리의 필요를 채워줄 것으로 기대하는 것도 순진한 생각이다. 개인의 시대로 진입한 상황일지라도 MZ세대를 다양한 온·오프라인 공간으로 불러내어 상호 학습하고 참여할 수 있도록 시민사회운동이 적극 나서야 한다.

2. 디지털 플랫폼 시대의 시민성 교육

우리는 디지털 시대의 정보 체제(information regime) 속에 살고 있다(한병철, 2023). 정보 체제 속에서 살아가는 개인들은 자유롭게 정보를 공유하면서 스스로 디지털 정보기술을 관리한다고 착각한다. 보이지 않는 알고리즘에 의해 유인 및 관리되고 있음을 독해하지 못한다(J. Danaher, 2016). 디지털 정보기술을 즐기고 활용하면 할수록 더 강렬하게 정보의 망 안에 갇히게 된다. 그 결과 쉽게 연결된 우리는 더 잘 관리되고 감시받으며 디지털 플랫폼으로 깊숙이 결합된다. 투명한 정보의 망 안에서 자유롭게 살고 있는 것처럼 보이지만, 자유와 감시가 보이지 않게 결합된 알고리즘 지배사회를 살아가는 것이다(박승일, 2021). 문제는 디지털 플랫폼에서 시민의 저항이 결집되기 보다는 개인의 선호와 혐오 반응으로 축소되고 있다는 것이다. 개인은 그저 '좋아요' 혹은 '싫어요'를 누르는 이른바 '클릭운동'(clicktivism)에 머물거나 나누고 싶은 내용을 게시물로 올리는 것에 만족한다. 이런 온라인 활동은 저항운동으로 발전하는 데 한계가 있다. 개인은 게시물을 진지하게 읽고 함께 의견을 나누기를 싫어한다. 온라인 공간에서는 타자의 의견을 기다리기, 들어주기, 공감하기, 경청하기, 설득하기, 그리고 함께하기 등이 매우 어렵다(한병철, 2023; Lamont, 2023).

분리된 개인은 서로의 이야기를 풍성하게 나누고 축적하기보다는 자극적인 사진과 짧은 동영상의 이미지로 남의 관심만 끌려고 한다. 이런 경우는 시민들의 공론장(public sphere)이 형성되기 어렵다. 그 안에서 다양한 문제에 대해 시간을 갖고 상대방의 이야기를 경청하면서 원인을 함께 분석하고 진단하고 대안을 모색하는 '비판적 독해와 성찰 과정'이 자리 잡기 어렵다. 디지털 공간은 지역공동체의 삶의 구석구석까지 들여다보지 못하고 그저 겉모습, 즉 이미지로만 도배된다. 진정성 있는 자세로 사회 문제와 어젠다를 포괄적으로 그리고 중장기적으로 함께 접근하기보다는 일시적인 재미와 오락에 초점을 맞추며 가볍게 접근한다. 이런 환경 속에서 시민성은 제대로 자라나기 어렵다.

빅데이터와 인공지능(AI)의 눈부신 발전은 많은 편의를 제공하고 있음에도 불구하고, 시민성을 갖춘 시민이 성장하는 데는 오히려 부정적 효과가 크다. 교육수준이 높아지고, 디지털 환경의 변화로 정보 접근성이 놀라울 정도로 확대되었다. 인공지능의 도움으로 방대한 내용의 정보를 빠르고 손쉽게 거의 무료로 얻을 수 있게 되었다. 이런 환경 덕분으로 요즘 소셜미디어 공간에서는 진영, 세대, 그리고 집단 정체성을 넘어서서 누구의 말도 쉽게 듣고 받아들이려 하지 않는다. 도무지 타인 존중과 경청의 자세를 찾아볼 수 없다. 타자의 생각과 의견, 경험과 조언에 귀를 기울이려 하지 않는다. 타자 인정과 존중의 자세 위에서 대화에 참여하는 능력은 시민성의 기본 자질이다. 이것이 전제되지 않은 민주주의의 실행은 허상에 불과하다. 많은 사람들이 쉽게 국가 혹은 기업, 정치집단을 싸잡아 불통의 이익집단으로 평가하곤 한다. 이제 한국 시민사회운동은 타자를 존중하고 대화하는 것을 거부하는 '시민의 왜소화' 문제를 주목해야 한다. 시민성을 갖춘 시민을 형성하여 이들이 국가, 정당, 기업에 들어가 집단이익에 반하는 저항 행동을 전개할 수 있도록 앞장 서야한다. 끊임없이 만나 소통함으로써 시민이 공론의 장으로 나오도록 독려해야 한다. 이것이 시민교육의 핵심 과제이다.

정보 체제 하에서 모두가 동일한 정보와 사실을 접하지 않는다. 사람마다 혹은 집단마다 맞춤형 정보를 받게 된다. 그것은 보이지 않는 알고리즘에 의한 것이다. 자기가 보고 싶은 것, 듣고 싶은 것만을 수동적으로 제공받는다. 자신의 이해관계와 정체성에 부합한 정보만이 각자에게 전달된다. 이제는 누구나 동일한 정보와 뉴스를 받는 것이 아니라 각 개인에게 맞춤화된 정보에 기반을 두고 소통하게 되는 것이다. 자연스럽게 소통은 파편화되고 분절화되면서 집단 간의 단절을 강화한다. 이것이야말로 공론장의 위기이자 위협인 것이다. 시민성을 갖춘 시민을 위한 교육은 이러한 알고리즘 지배에 의한 정보 파편화, 분절화 그리고 개인화를 넘어서는 활동에서 실마리를 찾아야 한다. 모든 것이 데이터로 전환된 '데이터 사회'(datafied society)를 사는 우리는 누구나 충분한 정보를 취사선택할 수 있다고 착각한다. 그러나 그것이 파편화되고 맞춤화된 정보임을 직시하고, 정보 주체의 시민으로 위기의식을 갖고 공론장으로 나아가야 한다. 경계 넘어 위치한 타자를 바라보고 그의 이야기를 들어야 한다.

더욱 우려스러운 것은 개인화 시대의 선거도 이런 맞춤화된 정보전달 방식에 의해 진행될 가능성이 커지는 것이다. 시민교육이 제대로 이루어지지 않으면 공론장은 사라지고 공명 없는 자신의 목소리 혹은 동일 정체성 집단의 목소리만 시끄럽게 대변될 것이다. 더 심각한 것은 공론장을 지키고 서로 소통하고자 하는 시민의 노력에 인공지능 로봇들이 대적하리라는 것이다. 시민은 특정 집단의 이해관계와 정체성에 부합하는 정보만을 일방적으로 확산하는 로봇을 어떻게 이겨낼 것인가? 이런 일이 벌어지지 않도록 공론장에서 자신의 얘기만 하지 않고 타자의 얘기를 들어주는 시민교육이 평생 주기적 차원에서 이루어져야 한다. 어린아이부터 은퇴 후 제2의 인생을 사는 시니어에 이르기까지 공론장 참여를 통해 상호 경청하고 토론하는 방법을 끊임없이 배우고 실천하면서 시민성을 더욱 강화해야 한다. 이것은 시민이 정보 체제에서 로봇에게 지배당하지 않기 위한 저항운동의 첫출발이다.

3. 풀뿌리 시민참여를 통한 시민교육

여기서 우리는 시민성 증진을 위한 시민교육의 중요성을 몇 가지 사례를 통해 제시하려고 한다. 이를 위해 에너지 전환 그리고 탄소중립 관련해 선도적 사업으로 잘 알려진 노원구 에너지 제로 주택(이하, EZ하우스)을 3년만에 다시 찾았다. 이 사업은 자치단체가 에너지 자립과 전환이라는 화두에 선도적으로 대응한 유의미한 실험이라는 평가를 받을 만하다. 그런데 코로나19가 큰 장애물로 다가왔다. 기후위기 시대에 탄소중립 정책을 구현하기 위한 하나의 대안으로 EZ하우스는 많은 사람의 관심을 끌 만한 사업이다. 많은 지자체와 건설사 그리고 공기업이 EZ하우스 실험을 배워 새로운 프로젝트에 적용하는 벤치마킹이 꾸준히 진행되고 있다. EZ하우스는 총 120세대 중에 90%가 신혼 세대

이고 10%가 노년 세대로 구성되어 있다. 안타깝게도 젊은 세대 가정은 바쁜 직장 일로 커뮤니티 활동에 적극적으로 참여하지 못하고 있으며, 결과적으로 공동체 활동을 스스로 조직하는 데는 이르지 못하고 있다. EZ하우스 입주자는 무조건 협동조합에 가입해야 하는 의무가 있음에도 불구하고, 조합원으로서 공동체 활동에 대한 참여가 아직도 저조한 상황이다. 이들은 협동적 개인, 주민, 시민의 관점에서 볼 때 아직도 개인 수준에 머물고 있음이 주목된다. 설상가상으로 지난 3년간의 코로나19 위협과 사회적 거리두기 정책은 주민들이 자주 만나지 못하게 하는 주요 원인이 되었다.[3]

그러나 근본적인 문제는 EZ하우스에 입주자를 선정하는 과정에서 입주자들이 기존에 얼마나 협동 경험이 있으며, 에너지 전환 가치에 대해 어느 정도 공감 및 참여 의지가 있는지에 대한 충분한 검토 없이 출발했다는 점이다.

그림 7-1 **서울 노원구 에너지제로하우스**
ⓒ 공석기

---

3 2023년 2월 3일 공석기의(재)노원녹색재단 방문 인터뷰, 서울.

EZ하우스는 기후위기, 재생에너지를 통한 에너지 전환과 자립의 가치에 동의하고 이 가치를 구현하기 위한 주거 공동체 실험이다. 이 실험은 지역 주민이 협동조합 가입을 통해 탄소중립, 기후위기, 에너지 전환을 위한 풀뿌리 활동에 참여함으로써 이른바 '풀뿌리 세계시민'(rooted cosmopolitan)으로 성장하는 것을 기대했다. 물론 변화가 짧은 시간 안에 이루어지는 것은 절대 아니다. 그렇지만 사회적 가치나 협동적 경험이 전무한 젊은 세대가 일정 공간 안에 모여 산다고 해서 저절로 시민으로 성장하는 것은 아니다. 기후정의 가치를 먹고 사는 세계시민으로 성장할 수 있는 로드맵과 활동 비전을 갖추어야 한다.

EZ하우스 주민이 지자체의 정책 비전대로 성장하는 것은 지방정부의 희망사항에 불과하다. 초국적 경쟁 속에서 개인으로 살다가 이제 EZ하우스 주민으로 살 수 있는 외적 환경이 마련되었지만, 주민끼리의 친근감, 협동을 통한 신뢰감 구축은 여전히 충분하지 않은 상태이다. 함께 얘기하고 공동 이슈를 토론하고 어젠다를 만들고 새로운 사업을 궁리하는 공론장이 활성화되지 못하고 있다. 입주민들이 협동조합의 일을 적극적으로 맡기를 꺼리는 것이 하나의 반증이다.

한국 사회는 지난 10여 년 동안 지역사회를 발전시키기 위해 지방정부, 기업, 시민사회 모두 헌신적으로 노력했음에도 불구하고 성공적인 사례를 찾아보기 어렵다. 왜 대부분이 실패했을까? 지역재생, 마을공동체, 사회적경제 모두 좋은 주제들이고, 중요한 사회적 가치이다. 과거의 시민사회운동에 참여한 활동가들이 당위적인 주장과 열정에만 기초하여 접근한 것은 아닌가? 시민사회가 정부와 협력한 거버넌스 전략은 부정할 수 없이 중요한 지렛대이다. 그렇지만 그것이 끈기 있게 추진되지 못하게 된 원인을 성찰해야 한다. 여러 실험 사례들에서 정치적 목적으로 동원된 정책, 토건 세력의 무책임한 투기적 개발, 그리고 지역사회 발전전략과 비전에 대한 풀뿌리 공론장의 부재 등으로 갈등이 주기적으로 반복되었다. 일례로 햇빛발전소, 풍력발전소를 비롯한 다양한 재생에너지 사업은 정부와 기업 주도로 진행되었고 현재도 진행중임에도 불구하고 정치환경 변화로 인해 사업이 위기를 마주하고 있다.

그림 7-2　새만금 태양광 산업
출처: KFEM

　　여기서 우리는 이런 사업에 직간접적으로 영향을 받는 주민들이 과연 에너지 전환 가치를 삶 속에서 얼마나 중요한 가치로 생각하고 있는지를 성찰할 필요가 있다. 부연하면 시민사회운동은 에너지 전환 가치와 경제적 가치 간의 충돌에서 과연 시민의 선택은 무엇이었는가를 성찰해야 한다. 이런 견지에서 시민교육은 풀뿌리 차원에서 시작해야 한다. 노원구의 EZ하우스 프로젝트는 지방정부 주도로 출발했다. 이를 통해 에너지 전환을 배울 수 있는 매우 훌륭한 공간이 만들어졌지만 에너지 전환이라는 새로운 가치를 구현하는 사람들은 충분하지 않다. 왜 그런가? 시민교육을 경시했기 때문이다. 이제는 풀뿌리 지역 주민이 기후정의를 위한 에너지 전환 가치를 체득하고 그에 따르는 삶의 방식을 바꾸는 사례가 넘쳐나야 한다. 이러한 '살아있는 실험실'(living lab)을 통해 풀뿌리 시민의 변화가 이루어지는 것이 진정한 의미에서 시민교육인 것이다. 노원구 EZ하우스를 비롯한 다양한 도전 프로젝트를 통해 참여하는 개인이 주민으로 그리고 시민으로 성장하는 하나의 리빙랩이 되기를 기대한다. EZ하우스 프로젝트는 아직 10년도 되지 않았기에 이제는 풀뿌리 중심으로 조직되고 운영되는 30년의 로드맵이 필요하다. 지금 입주자 대부분이 아직 젊은 부부이며, 바쁜 직장 일과 육아 부담으로 여백이 없는 삶을 살고 있다. 거주자

중에 자녀를 낳게 되면 최대 10년을 거주할 수 있다. 그러나 이들이 다른 곳으로 이주한다면, 그동안 체득한 협동의 경험과 에너지 전환 가치 학습은 단절되는 것이다. 그러므로 주민에게 거주의 안전성을 보장하고, 에너지전환 마을 공동체로 제대로 설 수 있도록 그들 스스로 다양한 협동적 실험을 함께 궁리하고 제안하고 구체적으로 구현하는 과정이 중요하다. 시민성은 이러한 풀뿌리 참여와 시민교육으로부터 자라날 수 있는 것이다.

4. 창조적 혁신과 풀뿌리 세계시민

풀뿌리 세계시민 교육의 측면에서 30년의 지역 살리기 프로젝트를 수행하고 있는 일본의 가미야마(神山) 실험은 우리에게 많은 시사점을 제공한다. 이 실험은 풀뿌리의 문제를 전지구적 문제와 결합하여 대안을 모색하는 사례로 주목된다. 지역을 가장 잘 알고 이해하고 사랑하지만 그렇다고 지역에 갇혀서 답을 찾으려는 시도는 많은 한계를 드러내기 때문이다. 지역의 문제를 전지구적 차원과 연결하여 그 답을 찾아보고자 지난 30년간 애쓰고 있는 일본의 가미야마 프로젝트를 통해 풀뿌리 지역의 주민들이 세계시민으로 성장할 가능성을 확인할 수 있다.

가미야마 지역은 일본 동경 하네다 공항에서 1시간 비행 후에 버스로 1시간을 더 이동해야 도착하는 전형적인 일본 농촌지역 소도시이다. 이곳은 성공적인 마을 재생 프로젝트로 한국에도 많이 소개되었다.[4] 가미야마 지역 회복과 재생은 아직도 진행 중이다. 30년을 지난 지금 새로운 도전이 계속되고 있다. 2023년 4월부터 지역에 미래지향적인 대학이 시작되었다. 가미야마 마

---

[4] 관련 책으로 간다 세이지(神田誠司). 2020. 『마을의 진화: 산골 마을 가미야마에서 만난 미래』. 류석진, 윤정구, 조희정 역. 반비, 그리고 〈한겨레〉 기사 참조(2022. 8. 8.)(https://www.hani.co.kr/arti/economy/economy_general/1053842.html)

루고토 고등전문학교(Marugoto College of Technology, MCT)는 인공지능과 소프트웨어, UI/ UX 디자인 교육 그리고 사회적기업가 교육 등을 실시한다. 기술과 디자인 그리고 사회적기업이 결합한 지역 특화된 대학 교육과정인 셈이다. MCT는 15세 이상이면 입학할 수 있으며, 5단계 그룹별 40명으로 구성된 200명의 학생, 21명 교수진, 50명의 외부 전문가 강사진으로 구성되었다. 무엇보다 흥미로운 것은 가미야마 마을 전체가 캠퍼스로 활용된다는 점이다. 학생들은 기술/ 디지털 교육, 디자인 교육 그리고 기업가정신을 배우게 된다. 지역 주민, 정부 그리고 기업이 풀뿌리와 전지구적 연계로 미래지향적인 정책대안을 만들어 가는 흥미진진한 실험이다.[5]

가미야마 지역재생 프로젝트의 시발은 이곳 출신인 오미나미 신야(大南信也) 전 그린밸리(Green Valley) 대표의 애향심에서 출발했다. 그는 미국 스탠퍼드 대학 출신으로 1992년에 가미야마 국제교류협회를 만들어 1999년부터 가미야마 예술가 레지던스 프로젝트를 시작했다. 이것이 2004년에 NPO 그린밸리로로 전환하는 계기가 되었다. 일본의 농촌지역을 아름답게 전환할 수 있는 것은 결국 사람들을 통해 지역을 창의롭게 발전시키는 것이라는 목표를 세웠기 때문이다. 그는 '창의적 인구감소'(creative depopulation) 개념을 토대로 지속가능한 지역을 만들고자 노력했다. 창의적 인구감소란 인구감소 경향은 결코 막을 수 없음을 인정하면서 작은 규모의 인구가 삶의 질을 높이는 데 초점을 맞추는 활동을 의미한다. 이를 위해 젊은 청년을 지역으로 초대하고, 일본의 다른 농촌지역에서 예상할 수 없는 다양한 형태의 직업과 상점을 운영할 기회와 공간을 제공한다. 청년들이 이곳에 와서 도시보다 더 풍성한 삶의 질을 영위할 수 있다면 결코 지방을 거부하지 않을 것이다. 이를 위해 청년들

---

5 가미야마 프로젝트 내용은 도쿠시마현 출신인 사노 준야(佐野淳也) 교수가, 2023년 3월 11일, 전주에서 가진 SNUAC-Doshish Social Innovation Workshop에서 발표한 자료, "Local Co-Creation Ecosystem, Enabling 'Creative Depopulation': The Case of Kamiyama Town, Tokushima, Japan."을 참조함.

그림 7-3 가미야마 마루고토 고등전문학교[6]
출처: 사노 준야(佐野淳也)

이 풀뿌리 지역과의 친밀감과 관계성을 높이기 위한 전략으로 사회적기업 '가미야마 연결주식회사'(Kamiyama Linkage Corp.)를 만들었다. 이는 하나의 플랫폼으로서 다양한 글로벌 지향 기업을 지역으로 연결해 주었고 17개 기업이 참여했다.

특히 한국 시민사회는 이 지역 주민들의 사회적 합의 과정을 주목할 필요가 있다. 1950년에 21,000여 명의 인구가 2060년에는 1,100명 즉, 약 5% 수준으로 인구가 감소할 것이라는 발표에 가미야마 주민은 절체절명의 상황임을 공감했다. 그 후 창조적 인구감소 정책을 유지하기 위해 주민이 선택한 '개방성', '톨레랑스' 그리고 '수평적 열린 체계'는 매우 중요한 가치전환이었다. 이러한 변화를 추동한 것이 이 지역 출신으로 애향심을 가진 엔지오 활동가였다. 그가 만든 단체는 주민과 함께 만나 현실을 공유하고, 그들의 미래를 함께 걱정하며 더불어 살 수 있는 대안을 함께 마련하는 실험을 창의적으로 시작했다. 아마도 그린밸리가 가미야마 지역 주민에게 전지구적 대안을 제

---

6 자세한 정보는 학교 홈페이지(https://kamiyama.ac.jp/) 참조.

시하지 않았다면, 풀뿌리 주민들의 관심을 끌지 못했을 것이다. 그 동안 가미야마에는 30년의 경험이 축적되었고 이제 또 다른 도전과제를 마주하고 있다. 바로 지속가능한 미래를 꿈꾸기 위해 아이들을 위한 미래 교육과 일자리를 창출하는 것이다. 그 대안으로 준비한 것이 지역 특화 대학이었고, 그 첫 실험으로 2023년 4월에 시작한 마루고토 고등전문학교는 가미야마 지역 재생의 새로운 리빙랩으로 주목된다. 과연 한국 시민사회는 인구가 감소하는 지방에 새로운 공간과 기회를 제공할 준비가 되어 있는가? 가미야마의 사례는 풀뿌리 세계시민이 지속적으로 성장하지 않으면 시민사회의 미래는 결코 밝지 않을 것임을 분명하게 보여준다.

· · · · ·

제9장

기업–정부–시민사회의 선순환: ESG를 중심으로[*]

1. 내셔널 챔피언으로서 기업

인간과 자연이 교감하는 작은 섬, 일본의 지중해로 불리는 세토내해(瀨戶內海)의 3,000명이 사는 나오시마(直島)에는 바다를 배경으로 골목마다 건축과 예술이 생명의 바람을 일으키고 있다. 구리 제련소의 폐기물이 쌓이면서 버려진 섬이었다. 서점을 운영하면서 평소 그리워하던 이곳에 아이들이 즐길 수 있는 야영장을 짓고 싶었던 한 사람이 있었다. 그의 아들 후쿠다케 소이치로(福武總一郎)는 아버지의 유지를 이어받아, 가업을 정리하고 섬 전체에 행복과 평화를 불어넣기 위해 그의 재산을 썼다. 이른바 일본 '공익 자본주의'(public interest capitalism)의 효시다. 후쿠다케는 기업을 일구어 주주에게 배당하고 재단을 만드는 일에 그치지 않고, 인간다운 공동체를 만들고자 했다. 시작이 반이라고 비록 규모는 작더라도 이러한 기업들의 시도가 모이고 쌓이면 세상을 바꿀 수 있다. 자유평론가 김경한(2021: 151-156쪽)의 지적처럼 문화가 경제에 종속되는 것이 아니라 기업의 연결고리를 넓혀 문화가 경제 나아가 사회를 이끌 수

---

* 본 장은 아래 논문을 대폭 수정·보완한 것임.
임현진. 2023. "한국기업의 ESG 심화를 위한 NGO의 과제: 이해관계 자본주의를 중심으로." 『NGO연구』 18(1): 121-150쪽.

있다면 자본주의도 진화할 수 있는 것이다.

2018년 겨울 일본 도쿄의 센슈(專修)대학에서 아시아 자본주의의 미래와 관련하여 공익 자본주의에 관한 회의가 있었다. DEFTA Partners 그룹 하라 회장이 주창한 '공익 자본주의'는 기업은 주주만을 위한 것이 아니라 다양한 이해관계자—종업원, 고객, 공급자, 지역공동체, 더 나아가 전지구—를 위해 존재하는 것으로 파악한다. 공적 조직으로서 기업은 혁신을 통한 지속가능한 경영, 임원과 직원 사이의 공평한 보상, 시민의 생활과 안녕을 위한 재화 제공을 추구해야 한다. 공익 자본주의는 미국식 시장자본주의나 중국식 국가자본주의를 넘어 시민에게 행복을 주는 자본주의로 가자는 것이다. 이 회의에서 임현진은 한국에서 SK그룹 최태원 회장의 기업이 경제적 가치와 사회적 가치를 동시에 추구하되 두 가치 사이의 충돌을 최적화하여 경제와 사회에 기여할 수 있다는 제안을 소개했다. 일본 측에서 적지 않은 관심을 표명했다. SK는 그룹 소속 회사들이 수익 창출과 함께 사회 환원도 재무제표에 반영하는 '더블 보텀 라인'(Double Bottom Line, DBL)을 도입함으로써 지역과 사회를 위해 이윤이 직접 환원될 수 있도록 공적 조직으로서 임무를 수행해야 한다고 강조했다.[1]

이제 5년이 지나 한국에서 ESG(Environmental, Social, Governance) 바람이 불고 있다. 기후 변화 아래 코로나19 팬데믹을 겪으면서 기업은 종래와 달리 사회적 책임의 중요성을 절감했다. 기업이 이제 주주만 바라보지 않고 종업원은 물론이고 고객을 중심으로 하청업자, 지역 주민, 국민경제를 생각하게 된 것이다. 돌이켜 보면, 주주 이익의 극대화는 우리의 경우 지배주주의 군림 아래 총수 일가의 사익편취라는 기업경영의 왜곡을 가져왔다. 그에 대한 대안으로 시작된 사외이사제의 도입은 의사결정의 민주화를 가져오는 데 성공적

---

1 DBL은 1960년대 등장한 기업의 사회적 책임 활동(Corporate Social Responsibility, CSR)에서 유래한 것으로 기업의 경영 활동에 있어 경제적 가치(Economic Value)와 사회적 가치(Social Value)를 통합적으로 고려하는 가치체계를 말한다. 서울특별시 사회적경제지원센터 '서울사회적경제 포털' 참조 (https://academy.sehub.net/archives/3106)

이지 못했다. 기업의 사회적 기부도 정부의 압력이나 주위의 청탁으로 인해 본질이 왜곡되었다. 새로 등장한 ESG는 그러한 폐단을 교정하여 공동체를 위해 이해관계자 모두의 선호를 고려하자는 것이다.

한국의 경우 대기업과 중소기업 사이에 격차가 크다. 사다리의 위아래를 이어줄 중견기업의 공간이 좁다. 2021년 기준 GDP에서 10대 대기업의 매출이 차지하는 비중이 절반을 넘는 55.6%이다. 중소기업은 전체 고용의 80%를 차지하지만 10대 대기업의 매출의 2.34%에 지나지 않는다.[2] 흔히 재벌로 통칭되는 일부 대기업은 문어발식 확장을 통해 기업집단을 이루면서 경제력의 집중이 지속되고 있다. 물론 민주화 이후 개발독재 시대의 유습은 많이 사라졌다. 한국주식회사(Korea Inc.)는 옛말이다. 관치경제 아래 특혜 금융, 세금 감면, 가격 조작, 시장보호 등은 많이 줄어들었다. 정권이 바뀔 때마다 기업이 여전히 눈치를 보지만 지대추구를 통해 부정부패를 가져온 정경유착은 거의 사라지고 있다. 세계화 시대에 일부 대기업은 초국적 기업이 되었고, 정부 능력으로는 국제화된 기업을 통제하기 쉽지 않다.

그런데 오늘의 자본주의는 복합위기에 직면해 있다. 자원남용으로 인한 환경위기, 탈(脫)탄소를 향한 에너지 위기, 불평등과 인플레이션이라는 경제위기, 팬데믹 같은 질병 위기가 그것이다. 러시아의 우크라이나 침공에 따른 미국과 유럽 등의 자유주의 진영과 러시아와 중국 등의 권위주의 진영 사이의 충돌은 핵전쟁이라는 제3차 세계대전의 우려를 낳고 있다. '글로벌 가치사슬'(Global Value Chain)의 분열에 따른 공급망의 교란을 통해 복합위기가 더욱 악화되고 있다.

복합위기의 와중에서 국제사회의 대립과 갈등이 심화되는 가운데 세계의 모든 나라들은 각자도생을 위해 국가주의로 나아가고 있다. 국가의 일시적 귀환, 시장의 잠정적 혼란, 시민사회의 지속적 위축이 일어나고 있는 배경이

---

[2] 〈한겨레〉의 공정거래위원회의 기업집단 포털과 금융감독원의 대기업집단 현황 공시분석. 중소벤처기업부, 〈2020년 기준 중소기업 기본통계〉 참조.

다. 세계화는 감속되고 있지만 국제사회의 협력과 공존을 향한 '재세계화'(re-globalizaton)로 나아가고 있지는 않다. 국가들 사이의 갈등과 충돌이 오히려 심해지는 가운데 정부도 바뀌어야 하고 기업은 더욱 달라져야 한다. 시민사회운동 단체로부터 비판도 받아들이고 작게는 지역, 크게는 사회 발전을 위해 나서야 한다.

이 점에서 최근 기업이 추진하고 있는 ESG가 의미하는 바가 매우 크다. 유엔은 2006년에 책임투자원칙(Principles for Responsible Investment)을 발표하면서 ESG를 제시했다. 기업의 공익 고려는 CSR을 시작으로 CSV(Creating Shared Value)를 거쳐 ESG에 이르렀다. 원래 기업은 좋은 물건을 만들면서 고용을 늘리고 임금을 올리고 세금을 많이 내는 것을 목표로 삼고 있다. 그런데 CSR은 기업이 이익만 추구하지 않고 환경보호, 자원봉사, 기부활동을 할 것을 강조했다. CSV는 기업활동 자체가 사회적 가치를 창출하면서, 동시에 경제적 수익을 추구한다. 사후적으로 파이(pie)를 나누기보다 사전에 기업과 사회가 동시에 파이를 키우자는 것이다.

현실 사회주의가 실패로 끝난 지금 자본주의의 폐해를 극복하기 위해서 국가는 복지로 기업은 공익으로 가는 것이 순리이다. 오늘의 자본주의는 진로 수정을 넘어 자기 교정을 위한 혁명적 전환이 필요하다. 코로나19 팬데믹 이후 전지구적으로 복합위기가 나타나면서 ESG가 절대적으로 필요한 것이다. 한국의 기업이 비(非)재무적 요소인 환경보호, 사회공헌, 협치의 쇄신을 통해 내셔널 챔피언(국가대표 기업)으로 거듭날 때 오늘의 자본주의가 직면한 복합위기를 극복하는 데 중대한 기여를 할 수 있다. 국민경제의 중심에서 기업은 국민의 삶의 양과 질을 높여줄 수 있다. 그러나 한국의 기업이 ESG를 향해 제대로 나아가고 있다고 평가하긴 이르다. 이 장에서는 1~2부의 논의를 배경으로 하여 과연 기업이 ESG를 제고하는 데 시민사회운동은 어떤 역할을 할 수 있는가를 살펴보고자 한다.

2. 복합위기와 탄소중립의 도전

작금 인류는 지나친 화석연료의 사용으로 인해 심각한 기후변화를 겪고 있다. 기후변화로 인해 생태파괴, 이상기온, 국경분쟁, 인종 분규, 자원 갈등, 재정파탄, 식량 위기, 도시 침수, 난민 발생, 질병 확산 등이 나타나고 있다. 기후 변화를 넘어 위기다. 지구의 종말이 50년 안에 이루어질지 모른다는 경고가 현실이 될 수 있다. 인류를 포함한 지구의 모든 생물체에 치명적인 위해를 일으키는 인류세(人類世)의 도래를 눈여겨보아야 한다. 새로운 바이러스의 출현은 기후 위기에 따른 동식물 서식지 파괴와 밀접히 연관되어 있다. WHO에 의하면 지구 평균기온이 1℃ 오를 때마다 전염병이 4.7%씩 증가한다. 지구온난화로 인한 온도와 습도의 상승이 생태계의 질서를 무너뜨리면서 동물과 인간의 거주지 경계를 허물어 열대우림에 서식하던 세균이 인간에게 옮겨진다. 최근 20년간 30종이 넘는 신종 바이러스가 출현한 것이 그 증거이다. 2002년 이후 사스(SARS), 아프리카돼지열병(African Swine Fever), 에볼라(Ebola), 메르스(MERS), 코로나 바이러스가 거의 3년 주기로 발생하고 있다.

지난 3년의 코로나바이러스(이하 코로나19) 감염증은 팬데믹에서 엔데믹으로 바뀌면서 인류의 생명과 건강에 대한 위협이 감소되고 있어 다행이다. 그러나 코로나19는 변형이 매우 빨라 지속적으로 새로운 백신과 치료제를 개발해야 하는 문제를 지니고 있다. 이제 인류는 여러 가지 형태의 바이러스와 공존하는 세상을 살아가면서 새로운 문명의 길을 개척해야 할 상황을 마주하게 되었다. 지구의 환경 용량은 이미 1980년에 가득 찼고 지금은 두 배 가까이 되고 있다. 화석연료에 대한 몰입으로 과도한 탄소배출이 발생하고 이는 기후 위기를 가져옴으로써 각종의 재난으로 이어지고 있다. 폭염과 산불, 가뭄과 폭우, 폭설과 한파 등으로 인한 의식주 생활의 어려움으로 난민이 급증하고 있다. 난민 수용에 비교적 관대한 독일, 스웨덴, 프랑스조차도 이민정책을 둘러싸고 시민사회가 분리되고 갈등이 늘어나고 통합이 저해되고 있다.

한국은 2030년 탄소 감축목표를 2018년 배출량 대비 35%에서 40%로 상향 조정했다. 최소 50%를 주장하는 환경단체와 30%도 버겁다는 기업계 사이에서 절충한 결과이다. 한국은 세계에서 일곱 번째로 탄소 배출량이 높은 나라다. 이보다 감축목표를 높여야 하겠지만 우리의 준비상태로는 앞으로 10년 안에 40%를 따라잡기도 쉽지 않다. 기후변화가 위기를 거쳐 재앙으로 나타나고 있는 현실에서 지나친 화석연료 의존에 따른 이산화탄소 배출을 줄이는 것에 대해 국민 모두 공감하고 있다. 한국의 생존과 국민의 건강이 달린 문제이기 때문이다. 그러나 정권의 변화에 따라 탈탄소를 향한 에너지 전환 정책이 갈팡질팡하고 있다. 문재인 정부는 탈원전과 탈석탄을 기조로 내걸었지만, 대조적으로 윤석열 정부는 원전 회귀 아래 재생에너지 활성화에 매우 소극적이다. 탄소중립은 이산화탄소의 배출량과 흡수량을 합쳐 0을 만든 넷제로(net-zero)를 의미한다. 한국은 2050년을 넷제로로 만드는 탄소중립을 선언한 바 있다. 넷제로를 목표로 설정한 132개 국가 중 한국은 14번째로 탄소중립을 법제화한 나라다. 우리의 경우 탄소중립에 대한 정부의 의지는 높이 평가할 수 있지만, 감축 방안이 허술하여 앞으로 전력공급에서 적지 않은 혼란이 일어날 것으로 예견된다. 특이한 점은 탄소중립 혹은 에너지 전환에 대해 기업이 가장 적극적이라는 것이다. 국가정책 혹은 환경단체들의 압력이라기보다는 기업 스스로 글로벌 가치사슬에 있어서 이 방향으로 나아가지 않으면 안 되는 상황을 인지하고 선도적으로 전환을 꾀하고 있다.

"대기업이 RE100을 선언하는 이유는 고객사로부터 오는 것입니다. 예를 들어 애플이랄지 마이크로소프트 같은 기업이 '너희들이 우리한테 공급하는 그 제품에 대해서만큼은 100% 재생에너지를 써라. 그렇지 않으면 우리는 쓸 수가 없다.'라는 강한 잣대를 들이대기 때문에 그런 고객들의 요구에 대응하기 위해서죠. 기업의 글로벌 밸류체인의 수익성 채널에서도 이제는 30년 전에 시민사회로부터 푸시를 받아야만 눈치를 보면서 했던 환경적인 실천들을 이제 스스로 하게 되는 그런 사이클이 지금 만들어지고 있는 것이 차이점이죠."(『2022 집단분석 녹취록』, 114쪽)

그렇지만, 현재 우리나라의 전력 생산은 2021년 현재, 원자력 27.4%, 석탄 34.3%, 가스 29.2%, 신재생 및 기타 8.0% 등으로 재생에너지 비중이 낮다. 2017년 대비 지난 4년간 석탄이 7.5% 줄어들고, 원자력이 2.2% 늘어나고, 가스가 6.4% 증가했다. 탈원전이라 하지만 원자력 비중이 높아졌고, 석탄 대신 가스 사용이 늘어난 것에서 탈석탄의 이면을 볼 수 있다. 이마저 2022년에 들어와 원전과 석탄 의존이 더 증가했고 재생에너지 비중은 오히려 줄어들었다. 2050년 탄소중립 시나리오에 의하면 주요 전력의 원천은 재생에너지다. 재생에너지 비중이 60%를 차지한다. 한국의 재생에너지 확대는 지난 4년간 G20 국가 중 빠른 편이다. 그러나 전력 생산에서 차지하는 비중은 G20 평균 28%의 4분지 1 수준이다. 매우 적다. 한국은 계절에 따라 바람의 방향이 바뀌어 풍력 발전의 조건이 좋지 않다. 지형적으로 산악이 많아 태양광도 효율이 낮고, 자연 파괴가 심하다. 무탄소 가스터빈의 구현도 적지 않은 시간이 걸린다. '동북아 그리드' 구축을 통해 중국, 러시아에서 전기를 수입한다는 것은 실현 불가능하다.

탈석탄에 비교적 성공을 거둔 노르웨이, 독일, 영국, 스웨덴, 덴마크 등은 꾸준하게 민간과 공공 투자를 계속하면서 에너지 전환을 시도해 왔다. 거의 반세기에 걸쳐 산업구조 전환을 추진해왔다. 영국은 이미 2008년에 기후변화 관련 법률을 제정하여 2050년에 이르기까지 5년마다 탄소 감축 예산을 책정해 두었다. 정부 선도 아래 시민과 기업, 노동이 동참하면서 2019년 이미 1990년 대비 44%를 탄소배출을 감축했다. 2035년 78% 감축을 통해 2050년 넷제로를 달성하려 한다. 독일은 2019년 기존의 기후변화법을 개정하여 2030년에 1990년 대비 65%를 감축하는 것을 목표로 제시했다. 2020년 41% 감축에 성공했고, 2045년 넷제로를 향해 나아가고 있다. 젊은 세대가 미래의 기후 재앙에서 벗어나 인간적 삶을 영위할 수 있도록 노력하고 있다. 중앙정부, 지자체, 기업계, 노동계, 주민 등 모든 이해관계자의 참여 아래 탄소중립의 피해를 최소화하면서 이익을 공유하는 에너지 전환을 위한 협치를 중시한다.

한국도 다가오는 기후 위기를 비롯한 중층적 위기 사회에서 살아남기 위해서는 헌법에 기후 변화에 관한 국민의 기본권을 명시해 주어야 한다. 탄소 감축이 뒤틀리면 기후 위기로부터 국민의 안전과 생명을 보장하기도 어려울 뿐만 아니라 국제사회의 정치적, 경제적 제재에 따라 고립될 수 있다. 정권의 변화와 무관하게 지금의 탄소중립 시나리오를 보강하고 정부가 기업은 물론 노동과 더불어 에너지 전환의 비용과 고통을 분담하는 협치의 틀을 강화하는 것이 중요하다. 한국은 제조업으로 먹고사는 나라다. 2021년 제조업 비중이 GDP의 27.9%를 차지한다. OECD 국가 중에서 제일 높다. 제조업 강국 독일 (18.3%)과 일본(19.7%) 보다도 높고, 미국(11.2%)에 비해 두 배 이상이다.[3] 반도체, 스마트폰, 자동차, 조선, 철강, 가전, 석유화학 등이 해외수출을 주도하는 가운데 이에 관련된 기업들의 온실가스 배출이 거의 전체의 80%를 차지한다. 에너지 전환이 제대로 이루어지지 않으면 넷제로를 향한 전력공급 과정에서 차질을 가져와 산업계 전반이 위축될 우려가 크다. 이처럼 한국 기업이 직면하고 있는 가장 큰 도전은 바로 탈탄소 전략이며, 이것은 ESG가 역점을 두어야 할 대상인 것이다.

작금의 세계적 경기 불황 아래 3고 ─ 고물가, 고환율, 고금리 ─ 로 인해 한국 경제는 매우 어려운 상황이다. 반도체, 스마트폰, 자동차, 조선, 철강, 가전, 석유화학 등 제조업 분야 수출이 제대로 이루어지지 않는다면, 성장이 가라앉을 수 있다. 가장 커다란 난관이 EU와 미국이 도입하는 '탄소 장벽'이다. EU는 2023년 10월부터 철강, 시멘트, 비료, 알루미늄, 전기, 수소 등 여섯 품목에 '탄소국경조정제도'(Carbon Border Adjustment Mechanism)를 도입한다. 우리가 EU로 수출하는 품목의 탄소 배출량 추정치를 '온실가스 배출권거래제'(GHG Emission Trading Scheme)와 연동해 관세를 징수한다. 미국도 2024년부터 석유화학제품 등 12개 품목에 대하여 온실가스 1톤당 55달러를 부과하는 '청정경쟁법'(Clean Competition Act)을 실행할 예정이다. 탄소배출량이 많은 석탄을 주요 전력원으로 사용하는 한국 제조품은 탄소배출권 구매 비용을 제품가격

---

3 통계청, 2021.

에 반영해야 하기에 경쟁력을 잃을 수밖에 없다. 친환경 설비 투자를 포함하여 에너지 전환을 서둘러야 할 시점이다.

3. 국가와 시장 사이 그리고 변화하는 시민사회

국가, 시장, 그리고 시민사회는 조직의 원리가 서로 다르다. 정부는 통제, 기업은 경쟁, 그리고 시민사회는 협력을 우선시한다. 바람직한 미래의 한국을 위해서는 국가와 시장과 시민사회 사이의 협치가 이루어질 수 있도록 정부, 기업, 시민사회운동이 함께 나가야 한다. 이들이 서로 견제와 균형을 통해 비판하고 대안을 마련함으로써 시너지를 가져올 수 있다. 정부는 종래의 부국강병(富國強兵)의 목표에 국리민복(國利民福)의 가치를 추가해야 한다. 국제협상의 타결, 수출무역의 확대, 성장동력의 형성, 하부구조의 건설, 사회갈등의 조정, 복지제도의 개선 등 할 일이 많다. 시민사회운동은 시민참여에 의한 민주적이고 비판적인 공론의 장을 마련해야 한다. 정부와 기업에 대한 감시와 견제를 통해 더 공공적인 대안을 제시해야 한다. 국부의 창출자로서 기업의 역할이 중요하다. 세계시장에서 국민경제를 지탱하기 위해서는 기업이 국가대표 기업으로서 경제적 가치와 사회적 가치를 조화해야 한다. 선후진국을 막론하고 생존을 위해 각국도생(各國圖生)하는 시대에 정부의 조정적 역할 아래 기업의 국부 창출과 시민사회운동의 대안 제시가 서로 맞물려야 한다.

한국의 시민사회는 바뀌고 있다. 1980년대 말 이후 사회운동 단체들이 양이나 질에서 괄목할만한 성장을 거듭하여 오면서 시민사회는 폭발력을 지닐 정도로 자라났다. '동원적 시민사회'(mobilizational civil society)로부터 '제도적 시민사회'(institutional civil society)로 전환이 이루어졌다. 동원적 시민사회가 민주주의로의 이행기에 권위주의 정권을 끌어내기 위해 시민들을 거리로 동원하는 성격을 가진다면, 제도적 시민사회는 민주주의의 공고화 과정에서 법과 제도를 통해 시민들의 요구를 대변하고 정권을 감시하는 특징을 지닌다. 이 전환의 과정에서 시민들로부터 받는 신뢰와 사회에 대한 영향력도 커졌다. 그러나 2000년대 중반 이래 신뢰도가 낮아지고 영향력도 줄어들었다. 1인당 국민소득 2만 달러가 넘은 다음부터 사회관계에서 개인화가 이루어져 왔고, 신자유주의 세계화의 와중에서 경제적 불평등과 사회적 양극화의 심화에 따라 '시민의식은 커지는데 운동 단체에 가담하는 회원이 줄어드는 시민사회'가 되고 있다. 최근 일부 운동 단체의 지나친 정치화와 투명하지 못한 회계 관리 그리고 약화된 정책제시 기능으로 말미암아 시민사회운동에 대한 믿음과 기대가 깨어지고 있다.

시민이 시민단체보다 빨리 민생문제에 대해 SNS를 통해 의견을 표출하고 행동에 나서는데, 시민단체는 이념적 정파성에 따라 거대 이슈를 다루다 보니 시민과 시민단체 사이에 괴리가 나타나고 있다. 이제 사회운동 단체는 쇠퇴하고 다중이 제기하는 다양한 이슈를 처리할 전문가 사회집단이 부상한다. 이제는 전문가 사회집단을 중심으로 이들이 회원조직 없이 민간 부문으로부터 지원받거나 시민들로부터 자발적으로 후원을 받는 새로운 형태의 시민사회가 나타나고 있다. 한국의 경우, 미국이나 유럽처럼 스카치폴(Theda Skocpol)이 간파한 대로 회원없는 대변인 '권리주창집단'(advocates without members) 현상이 나타나면서 사회운동 단체들이 시민사회의 중심에서 서서히 밀려나고 있다. 과거 권리 주창과 대안 제시에서 사회운동 단체가 중심을 잡았다면 이제는 아니다. 시민은 살아나는데 시민단체는 약해지고 있다. 이는 '시민 없는 시민사회'인가 '시민 있는 시민사회'인가의 문제가 아니라 시민들이 다양한 방식으로 참여하면서 카페나 밴드, 페이스북이나 카카오톡 등 SNS에서 만나는 제3의 시민사회(tertiary civil society)를 형성하고 있는 것과 맥락을 같이 한다. 시민은 홀로 혹은 같이 직접 행동에 나선다. 1990년대에는 시민이 시민단체를 찾아와 권리를 위탁하는 방식이었다. 그러나 2000년대에 들어 시민단체를 찾는 시민을 줄어들고 있고, 후원회원은 있지만 시민단체와 같이 활동하는 회원은 많지 않다. 시민은 시간 여유가 없거나 다른 이유로 직접 참여하지 못할 때 자발적 후원을 통해 자신의 권리를 대신 주창하고 대변하게 하는 외주 방식의 전문가 중심의 사회집단에게 의뢰한다.

한국 민주주의가 권위주의로부터 이행의 단계를 넘어 공고화의 와중에 있다는 것이 공통된 정설이다. 그런데도 선거와 경쟁에 바탕을 둔 절차적 민주화는 부의 재분배와 시민의 참여를 보장하는 실질적 민주화로 나아가지 못하고 있다. 이러한 '얼어붙은 민주주의'(frozen democracy)는 국가와 시장에 대한 시민사회의 취약성에서 부분적으로 기인한다. 한국의 시민사회는 성장하고 있지만, 한편으로 국가로부터의 제약과 다른 한편으로는 시장으로부터의 압박으로 말미암아 자신의 영역을 확고히 구축하고 있지 못하다. 이는 구사회운동이나 신사회운동을 막론하고 아직도 제도화보다 운동의 정치가 주축을 이루고 있음을 입증한다. 서구의 현실은 정당 중심의 정치가 시민 주도의 하부정치(下部政治)에 의한 일상 정치로 나아가고 있음을 보여준다. 그러므로 삶의 기회와 정체성의 차이를 존중하는 생활 정치가 그러한 하부정치의 동력이 되고 있다는 사실에 비추어 한국의 시민사회 및 운동 역학은 대의민주주의조차도 뒷받침해주지 못하는 미숙한 형편에 있다고 말할 수 있다.

원래 민주주의와 시장경제는 1원(圓) 1표(票)와 1인(人) 다표(多票)라는 원칙의 차이로 인하여 서로 모순적이다. 자유주의에서 출발한 민주주의는 한편으로 참여와 평등의 가치, 다른 한편으로 시장경제의 원칙인 경쟁과 효율 사이에 충돌을 일으킨다. 이러한 의미에서 민주주의와 시장경제가 충돌을 피하기 위해서는 시민사회에 의한 시장 견제와 동시에, 국가에 의한 사회 보호가 필수적이다. 독일, 영국, 프랑스, 덴마크, 핀란드, 스웨덴, 네덜란드 등의 국가와 사회관계에서 코포라티즘(Corporatism, 조합주의)이 노·사·정(勞使政) 사이의 사회협약에 터잡고 있음은 물론이다. 그러나 사회협약의 기반으로서 조합주의 기제가 부족한 한국의 경우 노동과 자본 사이의 동반자 관계는 아직도 차후 과제로 남아 있다.

원래 시민사회는 한편으로 국가, 다른 한편으로 시장, 즉 정부와 기업으로부터 이중적 자율성(dual autonomy)을 지녀야 한다. 시민사회는 공공영역에서 공공적 가치라 하는 공익을 추구하기 때문에 정치사회로부터 권력을 찬탈하거나 경제사회로부터 자본을 탈취할 수 없다. 이중적 자율성의 주체로서 시민사회는 자유 헌정질서의 테두리 안에서 법에 따른 지배를 인정하면서 시민성(civility)이란 덕성을 통해 권력과 자본을 감시하고 견제하는 것이다. 그러므로 시민사회가 정당이나 국가기구로 진출하기 위한 통로가 될 때 시민사회의 공공성은 심각하게 훼손될 수 있다. 우리는 김영삼 정권, 김대중 정권, 노무현 정권에서 시민단체 구성원들의 과도한 정치진출로 인한 '비찬탈성'(non-usurpation)의 원칙이 훼손됨을 보았다. 문재인 정권 아래서도 시민사회 핵심 인사들이 지나칠 정도로 정치참여가 증가하면서 개혁이란 이름 아래 시민사회의 공공성을 심각하게 해쳤다는 사실을 부인하기 어렵다. 윤석열 정권은 시민사회에 대한 부정적 인식 아래 진보진영 인사를 배제한 채 보수진영을 편애함으로써 시민사회는 더욱 분열되고 있다.

한국의 국가는 여전히 무적(無敵)에 가깝다. 과거엔 위로부터 시민사회를 압박할 수 있는 '전제적'(despotic) 권력만 누렸지만, 지금은 아래로부터 시민사회를 동원할 수 있는 '하부구조적'(infrastructural) 권력도 지니고 있다. 정부는 특정 계급이나 집단의 이해에 얽매이지 않고 정책을 입안하고 집행하려 한다. 무적의 국가에 대해 기업은 시장의 힘을 빌려 대응하고 있다. 세계화가 가져온 시장중심의 논리 아래 경쟁과 효율이 강조되면서 기업은 정부에 도전하고 있다. 초국적 대기업은 글로벌 가치사슬을 통해 생산과 유통과 소비를 장악하고 있다. 정부가 지녔던 국가 자율성이 약화되면서 기업은 시장의 역동성을 이용하여 독자적인 입지를 세우려 한다. 코로나19 팬데믹은 공황과 전쟁을 합친 수준의 세기적 재난이었다. 인류의 현명한 대처가 따르지 않으면 문명적 위기로 전화될 수 있다. 국가의 묵시적 귀환과 시장의 일시적 후퇴가 맞물리는 미묘한 상황에서 시민사회의 위축이 가져올 결과는 참담할 수 있다. 시민사회는 정부와 기업을 상대하기에 힘이 부친 상황이다. 그럼에도 시민사회운동은 시민의 능동적 참여 아래 공공영역의 활성화를 추동하면서 정부와 기업에 대한 견제와 균형을 지속적으로 견지해야 한다.

4. ESG의 정치경제학

(1) 주주 자본주의 대 이해관계자 자본주의

한국의 기업, 특히 일부 대기업이 ESG를 수용하는 것을 환영한다. 현재 SK, 삼성, 현대자동차, 포스코, LG 등에서 노력하고 있다. 지금까지는 성과보다 한계가 많으므로 앞으로 가야 할 길이 꽤 멀다. 가장 큰 이유는 한국 자본주의가 주주 자본주의에 기초하고 있으며, 여기에 이해관계자 자본주의를 이식하려 하기 때문이다. 주주 자본주의를 바꿀 생각을 하지 않는다면 이해관계자 자본주의로 나아가기는 매우 어렵다. 건물에 비유하자면 기둥은 주주 자본주의인데 그 위에 이해관계자 자본주의라는 지붕을 얹으려는 형상이다. 그렇게 되면 이것도 저것도 아닐 뿐만 아니라 자칫하면 건물이 흔들리게 되어 이해관계자 자본주의로 나아가기 어렵다.

기업의 지배구조는 정치경제체제의 성격에 따라 달라진다. 로(Roe)는 "한 나라가 생산할 수 있으려면 먼저 사회적 평화를 이루어야 한다."는 가정 아래 사회갈등을 최소화하는 정치경제체제의 방식이 기업지배구조의 형성에 영향을 미친다고 본다(Roe, 2003: 1, 13쪽). 그는 노동의 정치세력화 정도, 그리고 이에 대한 정치적 대응에 따라 정치체제를 사민주의와 비(非) 사민주의로 분류한다(Roe, 2003: 14, 18, 24쪽). 파가노(Marco Pagano)와 볼핀(Palo Volpin)은 기업지배구조를 정부 규제의 결과로 해석하고, 이익집단, 더 나아가 유권자들 사이에 형성되는 세력 관계가 규제에 미치는 영향을 분석하고 있다. 전문경영인은 주주의 감시를 피하려 하고, 노동자들은 성장을 통해 고용의 안정을 추구하기 때문에, 양자는 주주 중심의 법과 제도를 선호하지 않을 수 있다. 정치적으로 연합할 수도 있다는 것이다(Pagano and Volpin, 2001; 안재흥, 2010: 240-241쪽). 유럽과 미국 등 선진 민주주의 나라들의 역사적 경험을 보건대 다수제 정치 아래서 자유 시장경제가 주주 자본주의로 이어진다. 반면에 합의정치 아래 조정된 시장경제는 이해관계자 자본주의를 가져온다.

자본주의 아래 자유와 평등의 성취는 시장경제와 민주주의를 제도적으로 연결함으로써 가능하다. 케인즈적 복지국가는 '재분배'(redistribution)를 매개변수로 하여 자유와 평등을 조화시키고자 했다. 이 점에서 경제성장과 사회복지의 조화를 시도한 서부 유럽 국가들의 경험이 매우 유용하다. 이들 국가는 이해관계자 자본주의 아래 의회-행정부 관계의 차원에서 보면 합의정치(Lijphart, 1999)를, 그리고 노·사·정 관계를 중심으로 보면 사회 코포라티즘 기제(Lehmbruch, 1984; Katzenstein, 1985; Kitschelt et al., 1999)를 구현하고 있다. 자유와 평등이라는 두 가지 가치의 조화는 자본주의 아래 사회성원들의 복잡다단한 이해관계를 조정하는 정치경제체제 만듦으로써 가능한 것이다(안재흥, 2013; 2014; 2018).

안재흥(2014: 122-125쪽)은 다음과 같은 정치경제체제의 분석틀을 제시하고 있다. 민주주의 정치와 자본주의 시장이 안정적으로 공존하면서 사회통합이 이루어지려면 선거-정당-의회-행정부로 이어지는 정치대표체계와 자본주의 시장에서 발생하는 이해 갈등을 조정하는 이익조정체계가 서로 보완적이어야 한다. 선거의 정치는 유권자의 수를 반영하지만, 유권자 각각이 가지는 이해(interest)의 강도를 반영하지는 못한다. 반면 이익집단의 정치는 제한된 수만을 대상으로 하지만 참여자들이 가지는 이해의 강도를 반영한다(Dahl, 1956). 수를 대표하는 정치대표체계와 이해의 강도를 반영하는 이익조정체계가 보완적인 관계를 유지할 때 사회 갈등을 줄이고 사회 통합으로 나아갈 수 있다. 의회가 그러한 정치대표체계와 이익조정체계를 연결하는 기능을 수행한다. 일종의 정치적 연합으로서 합의정치는 의회에서 여러 가지 산업, 노동, 소득, 조세 등 사회경제정책에 의해 뒤받침되어야 하기 때문이다. 정치 연합의 형태가 바뀌거나 일련의 정책 조합이 경제성장과 사회복지를 선순환시키지 못할 때 정치대표체계와 이익조정체계의 총합으로서 정치경제체제는 불안정할 수밖에 없다.

주주 자본주의와 이해관계자 자본주의를 움직이는 서로 다른 정치대표체계와 이익조정체계를 도해한 것이 〈그림 8-1〉이다. 두 가지 자본주의를 가

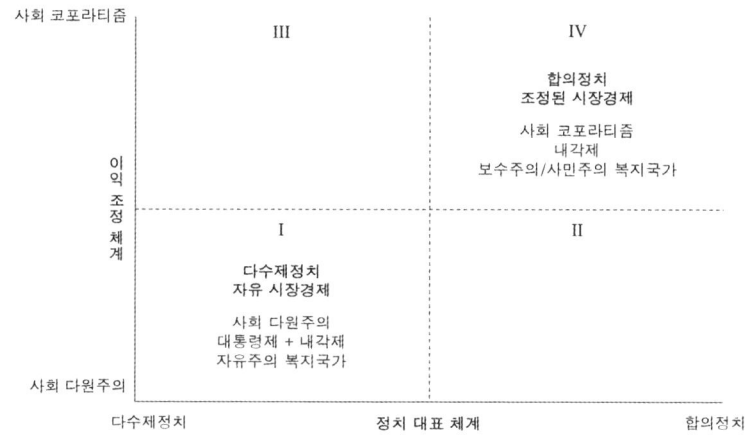

그림 8-1 주주 자본주의 대 이해관계자 자본주의
출처: 저자 작성

르는 본질이 다수제정치와 합의정치의 차이에 있다. 주주 자본주의는 자유 시장경제를 기반으로 국가와 사회관계에서 '사회 다원주의'를 취한다. 주로 대통령제 아래 지역구 기반의 선거제가 특징이다. 이와 대조적으로 이해관계자 자본주의는 조정된 시장경제를 기반으로 국가와 사회관계가 '사회 코포라티즘'을 취한다. 주로 내각제 아래 비례대표제가 특징이다. 결국 아마블(Amable)이 제시한 자본주의 유형으로 보면 영미식 자본주의 모델은 유럽 대륙 모델이나 사회민주주의 모델과 대조를 이룬다고 볼 수 있다(Amable, 2003). 여기서 중요한 사실은 이해관계자 자본주의를 추구하는 나라가 주주 자본주의를 취하는 나라보다 경제성장과 사회복지의 측면에서 성과가 크다는 것이다. 범죄율과 교도소 투옥률도 낮고, 외국인에 대해 수용적이고 해외원조도 많다. 이는 정치대표체계와 이익조정체계의 차이에 기인한다고 볼 수 있다.

합의정치 모델 아래 비례대표제는 다양하고 복잡한 시민사회의 이해를 반영하고 코포라티즘은 이익집단들이 정부와 정책을 협의하고 결과에 대한 책임을 공유한다. 어느 사회이건 다수는 유동적이다. 오늘의 다수가 내일의 소수가 되고 그 반대가 이루어진다. 다수제 정치 모델에서는 소수가 배제됨으로써 다수의 독재가 일어날 수 있다. 또한 과반이 안되더라도 승자 독식이 일어난다. 이른바 대표성의 과잉과 왜곡으로 다수가 소수를 배제하는 정책이 형성될 수 있다(Steiner, 1981). 그러므로 소수의 권리를 보호하고 다수의 독재를 견제하는 반(反)다수주의적(counter-majoritarian) 장치가 합의정치의 장점이다(임혁백, 1998). 특히 소셜미디어를 이용한 진영논리에 따라 정치적 양극화가 심각해질 때 사회적 대화(social dialogue) 즉, 토론(discussion), 협상(bargaining), 협의(concertation)를 중시하는 합의정치는 다수제 정치보다 문제의 해결에 유리하다.

자본과 노동 사이의 동반관계를 중시한다는 측면에서 이해관계자 자본주의는 국가가 조정자의 위치에서 다양하고 충돌하는 이해 욕구를 코포라티즘의 기제를 통해 흡수함으로써 정당체계가 지니는 이익 대변 상의 부족한 부분을 보완할 수 있다. 독일의 경우 노사 간의 공동 결정과 이윤 공유를 통해 정부의 시장개입을 전제로 한 사회결속 위에서 높은 생산성과 양질의 복지를 추구하는 사회적 시장경제를 운영하고 있다. 노사 간의 공정성, 신뢰도, 그리고 책임성이 주요 특징이다. 기업 관리상의 공동 결정과 이윤 공유는 자본의 성격을 더욱 사회적으로 만들어 주면서 효율성, 지속성, 경쟁력을 갖는 기업을 사회의 중심에 서게 할 수 있다. 이익과 손실을 공유하는 일종의 동반 관계이다. 그러므로 기업은 소수에 의해 소유되는 재산이 아니라 국민 모두 참여하는 공동체로 인식된다. 개인과 전체의 조화를 중시하는 것이다.

(2) ESG의 가능성과 한계

유럽의 대륙형 자본주의와 사민주의 자본주의에는 노·사·정 대타협의 산물로 이미 ESG가 반영되어 있다. 기업은 벌어들인 돈으로 새로운 투자를 통해 일자리를 늘리고 노동자는 기업의 혁신과 성장에 협력한다. 그렇지 못한 미국에서 ESG가 현안으로 등장했다. 2019년 8월 19일, 미국 대기업은 '비즈니스라운드테이블'을 통해 기업의 목적에 관한 성명서를 냈다. 애플의 팀 쿡(Tim Cook), 아마존의 제프 베이조스(Jeffrey Bezos), JP 모건의 제이미 다이먼(Jamie Dimon), GM의 배리 앵글(Barry Engle), 보잉의 데니스 뮬렌버그(Dennis

Muilenburg) 등 181명의 기업 대표가 참석했다. 이들은 기업의 포용적 번영(inclusive prosperity)을 강조하면서 고객에게 가치를 전달하고, 종업원에게 투자하고, 협력업체를 공정하고 윤리적으로 대우하고, 지역사회를 지원하겠다고 선언했다. 지금까지의 주주만을 위한 경제적 가치 창출을 넘어 장기적 비전 아래 사회적 가치도 창출한다는 의지의 표현이었다.

그러나 미국 대기업의 ESG 선언은 상징적이라는 비판으로부터 벗어날 수 없다. 대기업들이 지속가능 관련 보고서를 제출하지만 대체로 대외용이다. 기업 지배구조는 물론 비즈니스 모델에 변화가 없기 때문이다. 특히 비즈니스 라운드테이블에 참여한 기업의 ESG 선언은 이사회의 의결을 거쳐야만 집행력을 가질 수 있다. 문제는 181개 기업 중 이사회에서 승인받은 기업이 아직까지 단 한 건밖에 없다는 사실이다. 대부분의 기업이 화석연료에 의존하면서 탄소중립에 회의적이다. 미국 대기업은 전 세계 온실가스의 3분의 1을 배출하고 있다. 엑슨모빌(Exxon Mobil)은 기후변화에 대한 대응을 더디게 하려고 허위 정보를 유포하여 과학의 신뢰성을 손상케 한 적이 있다. 기후변화를 노골적으로 부정함으로써 탄소중립을 향한 세계 각국 정부의 노력을 훼방한 것이다. 아프리카에서 녹색혁명을 위한 게이츠 재단의 투자는 유전공학 기술을 활용한 생합성 식량을 생산함으로써 오히려 그 지역의 농민과 농업을 해치고 있다. 가난과 기아 극복을 위한 기후 친화적 해법이란 구호 아래 실제는 반(反)생태적인 결과를 초래한 것이다.

한국 전경련도 그간의 ESG에 대한 부정적 태도를 바꾸어 수용하기에 이르렀다. 2021년 10대 기업이 ESG 경영위원회와 이를 위한 전담 조직을 신설했다. 2022년 5월 24일 대한상공회의소를 대표하는 기업인 54명이 ESG를 도입하겠다는 '기업선언문'에 서명했다. 그러나 이해관계자가 명시되어 있지 않다. 주주 자본주의 연장선에서 이해관계자 자본주의의 일부를 접목하고 있을 뿐이다. 한국 대기업의 ESG 수용은 기업 내부의 의지보다 외부로부터의 압력이 높았음을 보여주는 것이다. 앞서 소개한 것처럼 대기업들이 재생에너지 100%를 사용하겠다는 RE100 선언은 어떤 에너지로 만든 제품인가가 국제적으로 중요해졌기 때문이다. 기후위기에 대응하기 위한 탈탄소라는 국제기준을 따르지 않을 경우, 고객사와 투자자의 이탈과 함께 외국에서 생산과 판매가 어려운 것이다. 이미 지적한 바 있듯이 유럽연합(EU)의 탄소국경조정제도(CBAM)와 미국의 청정경쟁법(CCA)을 의식한 것이다. RE100은 세계시장에서 생존하기 위해 절대적으로 필요하다. 전경련은 유럽연합에 서한을 보내 탄소국경조정제도에서 한국을 제외하기를 요구했다. 정부에도 획기적인 탄소 감축 기술 확보를 위한 정책지원 강화, 원전 에너지 활용 확대, 그리고 시장에의 충격을 방지하기 위해 속도를 조절해야 한다고 주장했다.

사실 한국의 경우 중소기업은 말할 것도 없고 대기업도 ESG를 실행하기가 쉽지 않다. 그러나 미래의 지속가능경영을 위해 도전을 기회로 반전시켜야 한다. 친환경 기술의 개발, 산업안전 보건의 강화, 이사회의 독립성 제고, 감사위원회의 활성화 등 할 일이 많다. 사외이사제도가 도입된 지 20여 년이 지났지만 이사회는 경영진에 대한 견제와 감시라는 역할을 제대로 수행하지 못하고 있다. 최고 경영진의 선임과 해임, 인수 합병, 투자, 자산 매각, 위험관리와 회계 감독 등과 관련된 사안에 대해 자율적인 의사결정을 주도한다고 보기 어렵다.

지금의 ESG에 포함된 IE&D(Inclusion, Equity & Diversity) 항목의 내용을 보완할 필요가 있다. ESG는 기업의 관점에서 경영과 투자를 위한 것이다. 지속가능성이란 이름 아래 그린 워싱, 책임 각색, 인권 위장 등을 통해 기업 홍보수단으로 ESG가 편용될 수 있기 때문이다. 이른바 ESG 워싱이 일어나는 배경이다. IE&D는 젠더와 인종의 장벽을 넘는 고용을 통해 다양성과 포용성을 늘이고, 종업원의 건강과 안전을 위한 유급 휴가를 확대하고, 고객을 주인으로 모시는 것이다. 특히 임원급과 종업원 사이의 임금 격차를 줄이는 형평성도 포함한다. 한국의 경우 법률상 장애인을 의무적으로 3.1% 고용하게 되어 있음에도 불구하고 현실은 전혀 그렇지 못하다. IE&D는 형평의 가치에 입각한 일자리 창출과 조직문화 개선을 위하여 다양한 이해관계자의 동참 아래 직원과 고객에게 공평한 대우와 기회 접근을 강조한다. 인간과 사회와 환경을 사회적 가치를 중심으로 연결한다. 산업 구조 전환을 서두르면서 기업은 과감한 혁신을 통해 미래 창발적으로 움직여야 한다. 탄소중립은 멀고도 어려운 길이다. 기업은 ESG의 실천으로 앞장서야 하며 정부는 실현 가능한 로드맵을 만들고 시민사회는 이에 대한 비판과 독려를 아끼지 말아야 한다.

한국에서 공동 결정과 이윤 공유에 대해 자본과 노동이 오랫동안 첨예하게 부딪쳐 왔다. 기업의 일차 목표가 이윤 창출이라면 주주를 넘어 종업원을 포함하는 이윤 공유는 자본주의의 근간을 무너뜨릴 수 있다는 이유로 논의조차 되지 않았었다. 그러나 2011년 정운찬 '동반성장위원회' 위원장이 초과이익공유제를 제안하면서 이윤 공유에 대한 논란이 빚어졌다. 특정 기업이 속한 산업군의 평균이윤율을 계산한 다음 개별 기업의 초과 이윤율을 측정해야 해서 현실적으로 처리하기 매우 어려운 과제이기 때문이다. 동반성장위원회의 제안은 초과 이윤율도 기업마다 다르겠지만 기업이 손실이 발생했을 때를 고려하지 않고 있다는 한계를 보여 주었다.

이윤 공유에 앞서 공동 결정이 선행되는 것이 바람직하다. 안타깝게도 공동 결정에 대해서는 노동계가 공익적 기능을 강조한다면, 재계는 경영권 침해라고 강하게 반대한다. 서울시에서 2016년에 노동이사제를 도입한 이후 국회는 2022년 1월 11일 '공공기관의 운영에 관한 법률'을 통과시켰다. 현재 36개 공기업과 96개 준정부기관에 적용 중이다. 노조가 추천한 2명 중 1명이 노동이사(비상임으로 2년 임기 및 1년 연임 가능)로 이사회에 참가할 수 있게 되었다. 유럽의 경우 공동 결정과 이윤 공유의 영향이 노동자와 기업 모두에게 크지 않은 것으로 나타났다. 임금과 고용에 나쁜 영향을 끼치지 않은 것으로 평가되고 있다. 노동자를 위한 고용안정이 신규 고용의 감소를 초래하고 있지만, 임금협상이 생산성을 높임으로써 자본투자와 수익에서 기업의 활동에 별 영향을 끼치지 않고 있다. 주된 이유는 공동 결정제가 노동자에게 경영권을 해칠 정도로 큰 권한을 주지 않기 때문이다. 노동자의 경영 참여가 제도화된 독일에서 감독이사회와 경영이사회에서 노동이사가 선출된다. 이들의 선출에 노조가 직접 관여하지 못하며, 전 직원의 의사를 묻는 방식으로 협의체를 통해 전문성을 갖춘 외부 인물을 추천한다. 이사회와 작업장 모두에서 노동자

대표가 절반을 넘지 못한다. 노사협력의 전통이 공동 결정제 이전에 자리 잡음으로써 노사협의의 문화가 뒤받쳐주고 있다. 새로운 제도의 도입이라기보다 관행의 제도화이다. 노조 가입률이 높고 산별노조에서 집권화된 단체협상을 통해 이미 노동 친화적 환경이 마련되어 있는 것이다. 한국의 경우에 참조해야 할 점이다.

5. 시민사회운동의 반성

자본주의는 민주주의에 기반하고 있지만 자유와 평등이라는 두 가지 가치 사이의 긴장과 충돌 아래 부단한 변신을 거듭해 왔다. 자유와 평등은 배타적이지만 동전의 양면처럼 서로 보완되어야 하는 가치다. 개인의 최대주의적 자유는 타인의 자유 실현을 제약할 수 있다. 마찬가지로 집단의 최대주의적 평등은 타인의 평등 실현을 방해할 수 있다. 그러므로 최소한의 자유와 최소한의 평등을 기본으로 하고 평등을 저해하지 않는 개인적 자유와 자유를 배격하지 않는 집합적 평등 사이의 균형을 맞추어야 한다. 그렇게 하기 위해서는 최대주의를 목표로 할지라도 사회적 연대의 가치에 의해 양자의 충돌을 완화해야 한다. 이해관계자 자본주의는 인간의 자유에 기초하여 사회의 평등을 이룰 수 있는 공동체의 연대를 강조한다. 국가는 공사 부문의 자율성을 인정하되 전체적인 틀만 마련함으로써 보조적인 임무를 수행한다. 모든 사회성원이 스스로 기본욕구(basic needs)를 충족함으로써 권리의 향유와 책임 실행을 가능케 하는 일종의 시민자본(citizen's capital)을 형성하고, 더불어 사는 공동체의 복원을 위해 나아갈 수 있다.

그러나 과연 한국의 시민사회가 이해관계자 자본주의로의 전환을 위한 준비가 되어 있는지에 대해서는 아직도 회의적이다. 해방 이후 한국이라는 시민도 없고 사회도 약한 곳에서 사회운동은 '시민권'을 찾아내고, '시민사회'를 만들어 내는 데 주도적 역할을 담당했다. 노동자, 농민, 도시빈민 등에 기반한계급 지향의 구사회운동의 전개와 환경, 여성, 인권 등 탈계급적 신사회운동의 출현이 맞물리면서, 민중이나 시민 진영의 사회운동 단체들이 민주주의를 향하여 변화와 개혁이라는 기치 아래 때로는 같이 때로는 따로 움직였다. 더욱 건강한 사회를 위해 국민주권, 경제정의, 시민참여, 환경보전, 부패추방, 주민복지 등을 실현하는데 한국 시민사회운동 단체들이 일정한 역할을 했다. 이러한 한국 사회운동의 비약적 발전을 놓고 세계와 아시아 시민사회는 감탄과 찬사를 아끼지 않은 바 있다.

오늘날 한국의 사회운동은 여러 가지 도전에 직면하고 있다. 한국사회가 겪고 있는 전(前)근대 → 근대와 반(反)근대 → 탈(脫)근대라는 이중적 전환의 와중에서 예전부터 직면해 온 이슈들과 새롭게 부각된 이슈들을 동시에 마주하고 있기 때문이다. 예를 들어, 남북관계, 민생경제, 환경문제, 정치개혁, 재벌개혁 등 오래된 이슈들과 교육개혁, 노동개혁, 연금개혁, 조세개혁, 정치개혁 등과 같은 새로운 이슈들은 모두 사회운동이 풀어야 하는 과제이다.

국가는 시민사회와의 협치를 통해 개혁의 동력을 확대할 수 있다. 그러나 정부가 국정의 동반자라는 명분 아래 시민단체를 자기편으로 끌어들이기 위해 포섭하거나 동원하는 방식에서 벗어나야 한다. 역대 정부를 돌아보면 거의 모두 정권유지라는 협애한 차원에서 시민단체를 재정보조나 관직제공을 통해 유인함으로써 국내외 정책현안의 근본적 문제해결을 왜곡해 왔다. 시민단체들의 자율성과 독립성을 인정하는 전제 아래 그들의 정책비판과 대안제시를 받아들임으로써 정부 정책의 공공성, 책임성 및 효과성을 강화하는 것이 매우 중요하다. 정부와 시민단체는 서로 외면해서도 안 되지만 서로 밀착해서도 안 된다. 그들의 관계가 바람직하게 돌아가기 위해서는 '갈등적 협력'의 원칙 아래 견제와 균형의 역학이 살아 움직여야 할 것이다.

한국에서 시민운동이 진보와 보수로 갈라져 왔지만, 정권의 변화에도 불구하고 진영논리 아래 상반되는 두 개의 극단적인 집회와 시위가 이루어지고 있다. 이른바 친(親)정부적 세력과 반(反)정부적 세력 사이의 대립이다. 이러한 시민운동의 양극화는 이데올로기적 편차에 추가하여 자기편향적 도덕적 판단

아래 이루어진 정치적 이해의 차이에 기인하고 있다는 점에서 포퓰리즘적 성향을 적지 않게 보인다.

유럽의 스웨덴, 핀란드, 덴마크, 노르웨이, 스위스 등은 경제성장과 사회복지를 잘 조화시킨 세계에서 가장 행복한 나라로 손꼽힌다. 이들의 성취는 공공의 제도와 신뢰의 문화 아래 포용적 사회경제정책을 펴왔기 때문에 가능했다. 특히 소통과 대화의 문화에 바탕을 둔 사회적 자본의 확충이 고용, 성장, 분배, 복지의 선순환을 가져왔다.

한국의 경우 사적 신뢰는 높으나 공적 신뢰는 매우 낮다. 끼리끼리 패거리를 짓는 '나쁜(bad) 사회적 자본'이 '좋은(good) 사회적 자본'의 확대와 정착을 억누르고 있기 때문이다. 신뢰의 반경이 좁아지면서 내부적으로 결속력은 강하지만 외부적으로 포용력이 결여된 일종의 마피아적 작당이 나타날 수 있다. 내가 하면 로맨스지만 남이 하면 불륜이라는 이른바 '내로남불'도 사회적 자본의 협애화와 다름없다. 정사(正邪)와 선악(善惡)의 판별이 없다. 자기편이면 틀려도 무조건 맞고, 상대편이면 맞아도 무작정 틀린 것이다. 모든 잘못이 내 탓이라는 반구제기(反求諸己)의 자세가 그리워진다.

우리는 새로운 사회체제를 향해 갈 길이 멀다. 그런데 촛불혁명 이후 민주주의를 부활시킨 광장이 정파적 이해충돌로 인해 심각하게 갈라져 있다. 해방 이후 최악의 분열과 반목의 상황이라 할 수 있다. 윤석열 정부는 집권 3년차를 맞이하여 애초 국민이 기대한 사회통합에 가까이 가지 못하고 있다. 공정과 정의를 외쳤지만, 반칙과 위선이 있었음을 반성해야 한다. 역사의 하중은 무거울 뿐이다. 진영대립 아래 국민은 갈라지고 있는 상황에서 시민단체의 공적 활동은 더욱 중요하다. 그러나 시민단체도 시민을 이끌어가는 리더라는 생각을 버려야 한다. 겸손하게 듣고 진솔하게 답하면서, 온라인 안팎에서 서로 소통할 수 있는 공론장을 통해 사회적 자본의 확충을 돕는 플랫폼의 소임을 다해야 한다. 시민단체는 시민사회에서 와일드카드(Wild Card)이지 주연이 아니다. 주인공은 시민들이 되어야 한다.

제10장

MZ세대 주도의 새로운 시민사회운동[*]

이번 장은 제1부 3장의 집단분석에 다룬 '시민사회운동과 MZ세대'에 대한 추가적 분석이다. MZ세대가 시민사회운동의 새로운 주체로 설 수 있는 가능성과 한계에 대해 논의한다.

1. 시민사회운동에 등 돌린 MZ세대의 경력관리

공석기는 2022년 9월, 〈2022 N포럼〉에서 "사회혁신을 고민하는 새로운 모델, 가벼운 공동체"라는 주제로 발표했다. 현장 참석자는 300여 명, 그리고 유튜브 생중계에 접속한 사람까지 합하면 500명이 넘는 젊은 시민사회 활동가들이 모인 것에 깜짝 놀랐다.[1] 시민사회운동 영역에서 젊은 세대, 즉 MZ세대―1981~1996년생의 새천년(M) 세대, 그리고 1997~2012년생의 Z세대―가 사라진다는

---

[*] 본 장은 아래 글을 대폭 수정·보완한 것임.
임현진·공석기. "한국 시민사회운동의 새로운 미래는 있는가② 왜 MZ세대는 시민사회운동에 등을 돌렸나," 『월간중앙』 2023년 2월호: 154-159쪽.

1 공석기 [N포럼 2022] 발표내용 링크 (https://www.youtube.com/watch?v=oSxqqhS-k3F8)

풍문은 사실이 아니었다. 다만 젊은이들이 좀 더 광의의 시민사회 생태계에 눈을 돌린 것으로 이해할 수 있다. 그들의 관심과 대상은 변하지 않았지만, 시민사회운동의 방식에 등을 돌린 것이다. 왜 그들은 왜 시민사회운동에 등을 돌렸는가? 그 원인에 대한 성찰적 분석이 필요하다. 그리고 그들이 시민사회운동에 다시 관심을 기울이고 참여하기 위해서는 시민사회운동 영역에 어떤 근본적인 변화가 필요한지에 대한 열린 자세로 그들의 목소리에 귀를 기울여야 한다.

흔히 말하듯이 MZ세대의 관심사는 탈정치적이고 미시적인 개인 문제에만 머무는가? 그들의 공공이슈에 대한 관심과 문제의식을 키워드를 통해서 살펴보자.[2]

#채식 #환경러버, #청년주거, #주거공유(Co-living), #지속가능한 소비자, #환경아카데미, #공동체 문화 해체, #아동학대, #비건(Vegan), #제로웨이스트, #지속가능한 소비자, #기후위기, #자원순환, #개발자 #디지털 소외, #지방소멸, #청년 일자리, #교육기회, #선한 영향력, #니트생활자(NEET), #장애인이동권, #동물권 #사회행동, #청년마을, #로컬푸드, #다양성/평등/포용, #정신건강, #여성

MZ세대의 특성을 여러 가지로 표현할 수 있지만, 그들은 감성, 개성, 창의적 혁신, 그리고 자발적 변화를 강조한다. "MZ는 같음을 통해 연결하는 것이 아닌 다름을 인정하며 연결되는 세대"라고도 한다. 그렇다고 해서 그들을 결코 개인의 문제나 자기 경계를 주장하는 개인주의자, 소비지향의 이해관계자로만 볼 수 없다. 위의 제시된 키워드를 볼 때 그들 역시 정치, 경제, 사회, 문화, 환경과 관련하여 지속적인 관심을 보이면서 사회문제를 해결하고자 노

---

2 [매거진 루트임팩트] 2022. 2~12월호 "MZ meets MZ" 내용 분석을 통해 MZ의 관심사를 해시태그로 재구성함. 자세한 내용은 웹사이트 참조 (https://page.stibee.com/archives/101546)

력하고 있기 때문이다. MZ세대의 키워드는 미시에서 거시에 이르기까지 시민사회운동이 동일하게 다루는 주제이다. 그렇다면 왜 MZ세대가 동일 문제를 해결하기 위한 플랫폼으로 시민사회운동을 선택지로 생각하지 않는가? 그들이 그 대신에 광의의 시민사회 영역으로 사회적경제, 마을공동체, 도시재생, 더 나아가 정당정치로 눈을 돌렸는가를 주목해야 한다.

먼저, 시민사회 활동가 경력(career)에 주목해보자. MZ세대가 시민사회운동과 거리를 두는 이유는 시민사회 활동가를 향한 기회구조의 변화와 경력 개발의 비전 부재와 연결된다. 사실 MZ세대의 시민사회운동 영역으로부터의 이탈(defection)이 항상 자발적인 등돌리기는 아니다. 그 영역이 MZ세대에게 매력적이지 않거나 분명한 보상체계가 마련되어 있지 않기 때문이다. 물론 시민사회운동 단체의 자연적인 소멸도 그 이유가 될 수 있다. 1990년대 초에 절차적 민주주의 달성 이후 시민사회운동이 급부상이 되던 시기에 학생운동 세대에게는 노동운동, 농민운동, 시민운동 중에서 하나를 선택해야 할 갈림길에서 '시민운동이 나의 길'이라는 새로운 선택지가 되었다. 한 지역 시민사회 활동가는 지난 30년 전을 회고하면서 시민운동을 선택한 이유로 "당시에 농촌 혹은 빈민지역으로 들어가 농민 혹은 빈민 활동가로 살거나, 공장 속으로 들어가 노동자와 같이 살 정도의 자신감이 없었다"고 고백한다(『2022 집단분석 녹취록』, 14쪽).

이런 선택이 지금도 동일하게 적용될 수 있다. MZ세대도 전통적인 시민사회운동이냐 아니면 광의의 시민사회 영역 즉 보다 다양한 영역으로의 참여라는 선택지를 마주한 것이다. 그리고 그들은 사회적경제, 소셜벤처, 마을공동체, 도시재생, 청년 창업과 같은 영역에서 직접적으로 사회문제 해결을 맛보고 싶은 것이다. 그래서 초과근무, 열정, 헌신과 희생을 요구하는 시민사회운동보다는 사회문제 해결책을 바로 제시할 수 있는 스타트업과 같은 소셜벤처를 선택한 것이다. 물론 그러한 선택의 이유는 신자유주의 세계화의 부정적 결과인 불평등과 양극화의 문제를 해결하려는 중앙정부와 지방정부가 사회적경제를 육성하기 위한 제도와 재원을 위로부터 '풍성하게' 제공했기 때문이다.

정책 구현의 협치와 수평적 파트너십이라는 메커니즘은 MZ세대에게는 더 매력적이고 합리적인 선택지가 된 것이다. 이런 이유에서 MZ세대는 '운동보다는 창업과 임팩트 조직을 통한 변화'를 추구했다. 지역에서 협동조합을 운영하고 있는 MZ세대 활동가 P는 4차 집단분석에서 자꾸 시민사회 영역을 떠나는 청년 활동가를 보면서 많이 안타까워했다.

"시민단체 진영이 아니라 우리 같은 곳에서 오히려 그 틀을 벗어난 데에서 마음대로 할 수 있는 대안을 찾는 행위를 했다면 훨씬 더 잘할 수 있었을 텐데. 오히려 사회에 더 좋은 메시지를 더 잘 낼 수 있었을 텐데. 광주는 매일매일 사회에 대한 목소리를 내는 지역이지 않습니까? 시내만 가더라도, 정말 주말마다 집회가 있어서, 매일 성명서 쓰시고. 시민사회단체 카톡방에는 아침부터 활동하시는 내용 관련해 논제들이 오가는 곳이다 보니까. 좀 한편으로 답답했던 것 같아요. 이게 문제가 해결이 돼? 이게 뭐 어떤 효과가 있어? 어떤 변화를 줘? 밖에 나가서 다른 일을 해야 하는 거 아니야? 대부분의 일들은 서울에 모여서 집중적으로 하는데, 나는 광주에 있고 나는

그림 9-1 사회적경제 지역거점: 완주소셜굿즈 센터
ⓒ 공석기

저걸 같이 참여하려면 차비도 시간도 내야 해…돈도 없는데. 그래서 이왕이면 우리가 잘할 수 있는 걸로, 우리 목소리를 내는 게 훨씬 더 효과적일 것 같은데… 좀 본인들이 가진 메시지를 전달하면서 사회에 참여하려고 하고 있습니다."(『2022 집단분석 녹취록』, 209쪽).

그러나 이 MZ세대가 시민사회운동이 아닌 광의의 시민사회로 눈을 돌리는 이유를 보다 본질적인 측면에서 비판적으로 독해할 필요가 있다. 사회적 문제에 관심 있었던 MZ세대의 다수가 소셜벤처 창업에 일종의 쏠림현상을 보인 이유는 무엇인가? 그 이유는 소셜벤처가 공공선을 위한 '사회적' 이슈를 다루면서도 경제적인 문제, 즉 수익을 올릴 수 있는 분야로서 자신의 역량과 경력 발전에 도움이 되기 때문이다. 경력 사회학의 관점에서 보면 MZ세대의 선택은 양가적 측면을 보인다고 해석할 수 있다. 사회적 가치나 임팩트 생태계를 제고하기 위한 소셜벤처나 비영리 스타트업에 참여한 MZ세대는 어떻게 보면 사회적인 책무에 대한 부담을 줄이는 동시에 이 분야에서의 경력을 쌓음으로써 새로운 영역인 기업으로 수월하게 이동할 수 있기 때문이다. 사회적 분야의 참여 경험이 취업에 가산점이 될 수도 있는 것이다. 부연하면, 본인의 사회적 기여에 대한 내적 만족과 경제적 수익을 동시에 챙길 수 있다는 분명한 경력 발전 경로를 제시하기 때문이다.

반면에 기존의 시민사회운동 영역은 진로를 고민하는 신입 실무자에게 제공하는 구체적인 보상체계와 경제적 수익이 불안정하다. 또한 경력 발전 경로가 불투명하고 모델도 부재하다. 더 나아가 시민사회운동에 참여한 열정, 헌신의 시간에 대해서도 사회적으로 제대로 인정받지 못하고 있다. 즉 불안정, 불투명 그리고 불인정의 이 세 가지 요소가 MZ세대가 시민사회운동 영역을 선뜻 택하지 못하게 하는 장애물이다. 그동안 시민사회운동 영역 전체가 공동으로 '경력 개발모델'에 대한 보다 철저한 준비를 통해 MZ세대가 분명한 비전을 가질 수 있도록 도와야 했다. 대기업이 주도한 공익재단이나 정부지원으로 급성장한 비영리 스타트업을 선택한 MZ세대에 대해 사회적 이슈를 해결하기 위한 헌신과 열정이 부족하다거나 공공선 제고에 무관심한 이기적인 세대라고 비판하는 것은 기존 활동가들의 일방적인 주장이다. 시민사회의 기성세대가 시민사회운동에 등을 돌린 MZ세대를 일방적으로 비판하는 태도는 철저히 반성해야 한다.

그렇다고 해서 MZ세대가 안정적인 경력을 선택한 것이 최선의 길임을 옹호하는 것은 결코 아니다. 이들이 지향하는 '체인지 메이커', 젊은 정치인, 솔루션, 임팩트, 협치 등의 용어와 개념에서 매우 야심 차고 도전적인 정신을 읽을 수 있다. 이들의 관심과 문제의식은 시민사회운동과 차이가 거의 없을 정도로 기후위기, 환경, 소수자, 정의, 도시 빈곤, 불평등, 여성, 아동, 장애인, 이주민 등의 문제를 치열하게 고민한다. 그런데 각각의 문제를 자그마한 '솔루션'과 '임팩트'를 통해 해결한다고 해서 궁극적으로 근본적 사회문제를 해결할 수 있다고 기대하는 것은 너무나도 순진한 판단이다. 협치 파트너로서 자존감을 갖는 것은 중요하지만 혹 이러한 생각이 기업과 국가를 만만한 경쟁자 혹은 도전자로 보는 것은 아닌가라는 우려를 낳는다. 한국 사회의 '압축적' 근대화 과정을 돌아볼 때 그 과정에서 굳어진 장애물—불안정한 정당구조, 대기업 중심의 기업지배 구조, 이익집단으로 전락한 노동조합, 주민과 시민 사이, 지역 토건의 이권 카르텔, 가족 이기주의, 연고주의와 텃세 등—은 분명 건강한 시민사회 생태계를 가

그림 9-2 미국 자원봉사자 경력 발전 사례: 'CITY YEAR' 활동가
ⓒ 공석기

로막고 있다. MZ세대는 이를 끊임없이 비판적으로 독해하고 이를 해소하기 위한 역량을 갖춘 이른바 '시민성을 갖춘 시민'이 지속적으로 성장해야 한다.

'시민성을 갖춘 시민'의 성장에 MZ세대는 진정 참여하고 있는가 아니면 그것을 약화시키고 있는가를 성찰해야 한다. 왜 MZ세대는 정당정치, 리더십, 국가 책무성, 기업의 사회적 책임을 견인하기 위해 도전과 갈등적 저항에 적극적으로 나서지 못하는가? MZ세대가 기존의 획일적 시민사회운동 방식을 거부하는 것은 당연하다. 다름과 다양성을 인정하는 시민사회운동 풍토가 절실하다. 그렇다고 운동성을 견지하는 시민사회단체가 더 이상 유효하지 않다는 주장 또한 경계해야 한다. 자그마한 실천도 필요하지만, 공동의 연대활동을 통해 잘못된 시스템, 정부나 기업 정책과 제도의 변화를 추동하는 활동이 더욱 중요하기 때문이다. ESG 관련한 8장에서 살펴본 것처럼 협치나 수평적 파트너십을 통해 정부나 기업 스스로가 변화를 선택할 것을 기대하는 것은 순진한 태도이다. ESG 경영을 선언한 기업 중에 과연 몇 개나 이 가이드 라인을 준행할 것인가? 미국의 경험을 볼 때 그 가능성에 대해 의구심을 가지지 않을 수 없다.

결국 본질적 변화는 작은 솔루션이 쌓이는 것만으로 충분하지 않다. 도전, 갈등, 그리고 저항을 통해 기업의 책임 있는 변화를 끌어내는 것이 더욱 중요하다. 물론 MZ세대는 분명 다른 생각을 보인다. 집단분석에 참여한 MZ 활동가 Q는 "본래 큰 시민사회운동 단체를 별로 좋아하지 않는 나에게 누구나 쉽게 행동으로 시작할 수 있는 조그만 당사자 단체가 매력적이다"라고 고백했다(『2022 집단분석 녹취록』, 194-195쪽). 이는 중앙중심의 거대 운동 단체가 주도하는 기존의 시민사회운동 조직과 활동 방식에 시사하는 바가 큰 것이다. 또한 활동가 O는 "(대구나 대구 시민운동의 변화 이러한 것들이) 너무 먼 이야기 같아서, 잘 체감하지 못한다."(『2022 집단분석 녹취록』, 216쪽). 이러한 솔직한 고백을 통해 그들이 거대한 담론, 큰 변화를 자꾸 언급하는 것에 대해서 얼마나 거부감을 느끼는지를 확인할 수 있다. 그러므로 그들 스스로 활동 범위, 주제, 방식을 경계 짓고 그 안에 머물고자 할 때, 그것을 넘어설 기회와 통로가 끊임없이 제공되어야 한다. 더 나아가 그들이 어떻게 자발적으로 연대와 협력의 목소리를 추동할 수 있게 하는가는 더 큰 도전과제이다.

2. MZ세대의 마음 읽기

한국 시민사회 생태계가 분명히 바뀌었다. 1990년대 초에 시민사회운동에 대한 신뢰와 관심은 매우 높았다. 특별히 시민운동에 대한 미디어의 관심과 지원으로 여론을 움직이고 제도와 정책 변화를 추동하는 시민사회운동을 체감할 수 있었다. 그러나 지금 시민사회운동의 이러한 영향력은 사그러들고 국가나 기업의 자원과 영향력이 훨씬 앞서 있다. MZ세대 활동가 Q는 "시민사회운동 영역 선배들은 자꾸 우리보고 사회를 바꾸라고 도전한다. 그런데 뭘 바꾸라는가? 이런 독려가 부담스럽다. 솔직히 현재 시민사회운동의 지지 및 옹호 활동이 사회변화를 가져오고 있는가? 별 영향이 없지 않은가?"라고 토로한다(『2022 집단분석 녹취록』, 214쪽).

　이렇게 변한 그들의 마음과 태도를 제대로 읽어내야 한다. 그들은 거시적 변화에 대한 부담에서 벗어나 미시적인 차원에서 변화를 추동하고 싶어 한다. 그리고 사회적경제 영역을 하나의 대안으로 본다. 사회혁신, 스타트업, 그리고 협동조합을 통해 직접 사업을 꾸려가고 있다. 이런 이유에서 일국 내 사회변화는 물론 '세계를 바꾸는 것을 꿈꾸라'는 선배들의 도전에 MZ세대는 '무슨 뚱딴지같은 소리냐'고 반문할 수밖에 없는 것이다. 강고한 벽에 무한정 돌을 던지기보다는 지금 당장 큰 문제가 없어 보이기에 갈등과 도전보다는 솔루션을 통한 임팩트를 제고하는 사업을 기획하고 일상에서 자그마한 변화를 이끌어내는 쪽으로 마음이 기울고 있다. 거대한 사회구조의 변화보다는 공감할 수 있는 당사자들끼리 자기들의 문제를 해결하기 위한 삶의 방식, 즉 작은 실천을 통한 사회적 행동을 선택한다. 이들이 주도하여 체인지 메이커, 사회혁신, 솔루션, 임팩트 등의 용어가 급부상했다. 그래서 운동(activism)보다는 행동(action)과 활동(activities)에 초점을 맞추게 된다.

이처럼 MZ세대는 일반 시민을 옹호하고 대변하는 운동보다는 스스로 플레이어로서 사회적인 행동과 활동에 직접 나서고자 한다. 세계화, 정보화 특별히 디지털 및 인터넷 혁명을 통해서 개인이 활동 주체로서 적극적으로 기획하고 조직하고 활동을 전개할 수 있게 되었다. 한 활동가는 4차 집단분석에서 이것을 "시민의 마음이 변한 것이다"라고 설명하기도 했다. 과거는 시민의 대변자로서 시민운동 세력에게 박수를 보내는 시대였다. 지금은 대변자를 필요로 하는 것이 아니라, 시민들이 '내가 플레이어'로 나서고 싶은 시대가 된 것이다(『2022 집단분석 녹취록』, 176쪽). MZ세대가 살아 있는 것이 분명하다. 교육, 복지, 돌봄, 지역, 환경, 아동, 장애인, 소외, 공동체 등등의 문제를 해결하기 위한 MZ세대의 혁신적인 창업 활동이 급증하고 있으며, 과거에는 상상하지 못한 놀라운 성과를 낳기도 한다.

그런데 MZ세대 활동가들은 개인적 삶의 조건의 변화, 즉 취업, 결혼, 육아, 이주, 돌봄 등의 생애사적 변화를 겪더라도 어떻게 활동이 지속가능할 수 있느냐는 질문을 피하고 있다. 이것은 시민사회 생태계 구축이라는 시민사회 공동의 과제로 귀결된다. 세상을 바라보는 방식, 즉 어떻게 살 것인가? 내 인생에서 가장 중요한 것은 무엇인가? 결국 삶의 의미를 부여하는 가치관과 세계관을 구축할 수 있는 시민의식 교육과 이를 위한 장소와 사람이 중요하다. 이것은 일시적인 사회적 행동과 사업으로 가능하지 않다. 끊임없는 시민사회운동을 통해서 자양분을 공급받아야 한다. 체인지 메이커 혹은 임팩트 조직의 활동가가 경제적인 이익이 충분하지 않은 상태에서 과연 얼마나 사회적 가치를 먹고 사는 사람으로서 인내하며 공공선을 제고하는 비영리 생태계를 구축하는데 관심을 유지할 수 있을까? 정부의 지원정책이 감소하고 당장 경제적 수익이 보장되지 않는다면, 과연 이들을 얼마나 붙들어 놓을 수 있을까? 그들이 사회문제 해결 플레이어로서 지속적인 참여를 견지할 수 있는 동기와 자원은 어디에 있는가?

결국 인내 자본과 사회적 가치 그리고 시민성을 갖춘 시민을 만드는 교육이 핵심이다. 2020년 기준, 한국의 대학 진학률이 70.4%에 이를 정도로 한국 사회의 교육 수준은 매우 높다. 고등교육자에게 시민교육을 얘기하면 "대학 나온 사람에게 뭘 더 가르칠 것이 있는가?"라고 반문한다. 그러나 과연 시민 스스로 공공선을 제고하는데 자발적으로 참여하고 있는가? 공공선을 제고하는 실천을 가로막는 장애물이 무엇인지를 스스로 성찰하는 시간과 이를 극복하기 위한 구체적 활동을 계속하지 않는다면, 체인지 메이커, 임팩트, 솔루션 플레이어로의 성장은 불가능하다. '시민성'의 증진이 없다면 자본주의 세계 경제체제의 구조로부터 결코 자유로울 수 없다. 시민성이 약해지면 자연스럽게 이기적 인간으로서 행동할 수밖에 없다. 지속가능한 활동을 위해서는 공익, 공정 더 나아가 정의를 심지 있게 지킬 정도로 성숙한 시민성을 갖추어야 한다. 그러므로 시민성을 갖춘 시민이 사회문제에 관심을 갖고 적극적으로 참여할 수 있는 동기 부여와 시민교육이 절실한 것이다.

　　이것은 MZ세대를 떠나 모두에게 해당하는 문제이다. 공익, 공정 그리고 정의를 외쳤던 시민사회 영역의 리더들이 이중적인 모습을 보였기에 MZ세대는 크게 실망했다. 그래서 자기 이익과 권리를 노골적으로 주장하는 이권사회로 마음이 기울게 했다. 시민사회 교육을 더욱 끈기 있고, 철저히 진행하지 못했음을 시민사회운동이 먼저 반성해야 한다. 자신의 문제보다 타자의 더 큰 문제를 지적하며 비판을 모면하려는 태도는 결코 올바른 자세가 아니며, 이는 시민사회운동의 위기를 더욱 강화할 것이다. 그 끝은 시민사회운동의 쇠락이고, 힘없는 1인 NGO가 그저 정부 보조금 사업을 수행하는 정책 대행자로 전락하는 상황이 될 것이다.

3. MZ세대의 시민사회로의 복귀를 위하여

어느날 지역에서 30년 가까이 시민사회운동에 헌신한 한 활동가가 변화하지 않는 지역 시민사회 현실에 대해 자신의 헌신과 열정의 시간이 공허하게 느껴진다는 소회를 밝혔다. 그 이야기를 들으면서 존경과 동시에 안타까운 마음이 생겼다. 변하지 않는 강고한 지역 이권사회에 틈을 내어 공공선의 물을 공급하고자 악착같이 다양한 시도를 꾀했지만, 아직도 요지부동의 모습에서 나오는 한탄과 공허함이었다. 아마도 시민사회운동 영역을 굳건히 지키는 활동가들이 공감하는 마음일 것이다. 그러나 그동안 한 일에 대해 자괴감을 갖거나 좌절할 일이 아니다. 시민사회운동의 역사는 아직 30년밖에 지나지 않았기 때문이다. 서둘러 진행한 제도화로 인해 야기된 현실 변화의 지체현상을 조급해하는 마음은 지혜롭지 못하다. 때이른 제도화가 성숙한 시민성을 보장하지 않는다. 그것은 심지어 시민성을 후퇴하게 만들기도 한다. 건강한 시민사회 생태계를 이루기 위해서는 지난한 과정이 요구된다. 절차적 민주화를 달성한 선배 세대 운동가들의 헌신과 희생의 길이 제도화를 이루는 데 기여했을지라도, 그것이 성숙한 시민사회 생태계를 완성하는 확정된 경로는 아닌 것이다. 그러나 시민사회운동 활동가의 삶이 어느 하나로 확정된 것이라는 선입견을 불식시킬 필요가 있다. 과거와 같은 헌신과 열정 그리고 희생을 강요하는 방식으로는 MZ세대를 결코 유인할 수 없다. 4차 집단분석에 참여한 한 MZ세대 활동가는 비록 환경운동 단체를 떠났지만, 기후위기와 환경생태에 대한 관심을 결코 놓치 않고 스스로 환경 아카데미를 조직하고, 사회적협동조합 방식으로 기후위기와 생태계 보호를 위한 사회적 이슈에 끊임없이 참여하고 있다. 그런데 MZ세대는 이처럼 소셜벤처 혹은 협동조합, 마을만들기, 도시재생사업, 제로 웨이스트와 자원순환 등 다양한 방식으로 참여하면서도 기후위기를 양산하는 정치, 경제, 사회체계에 대한 본질적 문제의식을 놓치지 않는 것이 중요하다.

    MZ세대는 비록 시민사회운동 단체를 떠났지만 광의의 시민사회 영역에서 활동하면서 환경에 지속적인 관심을 갖고 후원한다. 때로는 공동의 캠페인과 기후위기 반대 연대운동에 참여한다. 시민사회운동에 등을 돌린 것이 아니라 활동공간의 폭을 더 다양화하게 만들고 있는 것이다. 그러므로 그들이 언제든지 시민사회운동에 참여할 수 있는 길을 열어 놓는 것이 중요하다. 이를

그림 9-3 **일본 교토 두야(斗々) 제로웨이스트 마켓 모습**
ⓒ 공석기

위해 기후위기와 환경생태계를 고민하는 다양한 조직들의 생태계, 즉 광의의 시민사회 생태계를 활성화하는 것이 중요하다. 공석기는 일본 교토 황궁 옆에 위치한 두야(斗々) 제로웨이스트 마켓(Zero Waste Market)에서 이러한 융합적인 활동의 미래를 맛볼 수 있었다. 외견상으로는 유기농을 지향하는 친환경 마트처럼 보이지만 그 안에는 자원순환, 유기농, 공정무역, 지역 커뮤니티, 환경교육, 로컬푸드 그리고 사회혁신 등을 포함하는 융합적 실험이 진행되는 공간이었다. 흥미롭게도 일본의 다른 로컬푸드점과는 달리 이곳에 근무하는 스탭 다수가 젊고 활기찬 MZ세대여서 매우 신선했다. 다양한 사회적 가치를 융합적으로 결합하여 실천할 수 있는 이와 같은 로컬 마트는 한국의 MZ세대에게도 매력적인 장소가 아닐 수 없다.[3]

저자가 2018년에 미국의 자원봉사활동 사례 연구를 위해 미국 동부지역을 방문하여 다양한 단체를 방문하여 인터뷰 조사를 했을 때의 일이다. 자원봉사에 참여한 청년들이 지역의 사회적 약자와 소수자에게 필요한 돌봄과 사

---

3   공석기의 교토 시내에 위치한 ㈜두야 현지 방문 조사(2022년 8월 23일). 자세한 정보는 웹사이트 참조(https://totoya-zerowaste.com/)

회적 서비스를 제공하는 것은 여느 나라와 큰 차이가 없었다. 중요한 것은 그들이 1년 동안 지역에서 활동하면서 시민사회 생태계에 소속되어 지역 주민들과 소통하고 다양한 사업에 참여함으로써 활동하는 지역을 깊이 이해하고 더 큰 관심을 갖게된다는 것이다. 이처럼 그들에게는 지역 주민에게 단순히 서비스만 제공하는 것이 아니라 주민과의 친밀감을 구축하고 그들의 삶을 목격하면서 지역 시민사회 생태계를 체득하는 과정이 핵심이었다. 비록 1년 후에 학교로 돌아가거나 혹은 다른 직업을 선택할 수 있지만 이러한 경험한 절대로 낭비되지 않는 매우 소중한 경험으로 남는다. 궁극적으로 자기 경력 개발 과정에서 이 시간은 공백기가 아니라 지역에서 시민성, 시민의식, 지역공동체, 비영리 생태계를 깊이 이해하고 체감하는 귀한 시간이 된다. 사실 미국 청년봉사단(AmeriCorps)에 참여했던 많은 젊은 청년이 자신의 경력을 모색하고 자신의 직업을 선택할 때 이 시간이 매우 귀한 자산임을 자부한다. 어떤 사람은 비영리 섹터에 들어가기도 하고, 어떤 사람은 비영리 섹터와는 별개의 직업을 선택하지만, 그곳에서의 일정 경험을 쌓은 후에 다시 비영리 섹터로 돌아오는 경우가 많았다. 미국청년봉사단의 사례처럼 한국에서도 중장기적인 관점에서 MZ세대가 시민사회운동 영역으로 언젠가 회귀(U-Turn)할 수 있도록 다양한 채널을 마련하는 것이 중요하다. 자원봉사, 도시재생, 환경지킴이, 인공지능 개발자, 스타트업, 그리고 마을공동체 등에서 다양하게 활동하고 그 경험을 갖고 다시 시민사회운동 영역으로 돌아오는 MZ세대를 맞아들일 방법을 고민해야 할 때이다.

· · · · ·

맺음말
한국 시민사회운동의 미래를 위하여

1. 시민사회운동 현주소에 대한 성찰적 진단

"우리는 쉽게 접속되어 있지만 무얼 할 수 있는 힘은 약해졌다(We are easily connected but incompetent)"라는 만지니(E. Manzini)의 날카로운 비판은 한국 시민사회운동에게 강한 공명을 일으킨다. 한국 시민사회, 시민운동 단체, 좀 더 구체적으로 시민사회 활동가들은 네트워킹 활동과 운동 능력 사이의 관계를 어느 정도 진지하게 고민하고 있을까? 전통적으로 한국 시민사회운동은 민주화운동을 거치면서 강한 연대감에 기초한 현장 중심의 활동을 관성적으로 받아들였다. 그러나 최근 들어 디지털 혁명과 인터넷의 눈부신 발전으로 우리 삶 전부가 데이터화되면서 모든 활동이 플랫폼 경제로 수렴되고 있다. 이러한 급속한 변화 속에서 시민사회운동이 네트워킹과 실제 운동능력 사이의 착시 현상을 제대로 독해하고 비판적 대안을 제시하지 못한다면, 개인주의, 소비주의, 알고리즘 지배사회 속에서 길을 잃고 말 것이다.

왜 시민사회운동은 이런 성찰적 진단을 스스로에게 요구하지 못하는가? 이제 스마트폰 하나만 있으면 누구나 손쉽게 시공을 넘어서 연결되고, 협력을 기획하고 공동의 캠페인을 전개할 수 있다. 문제는 이러한 연결이 지속적인 협력과 협동 그리고 연대활동으로 이어지지 못한다는 점이다. 참여자들이 손쉽게 연결되는 것이 협동과 상생의 가치를 자동적으로 생성하는 것이 아니며 활동과정에서 수많은 걸림돌을 만나게 됨을 직시해야 한다. 협동과 상생은 느슨한 혹은 긴밀한 커뮤니티를 목표로 하는 안정적이고 지속적인 네트워크 위에서만 형성되는 '사회적 가치'이다. 시민운동은 서로 만나서 삶을 나누는 가운데 구체적 사업을 궁리하고, 합의하고, 구현하는 실천적 과정을 전제한다.

인터넷과 소셜미디어라는 기술혁신과 새로운 플랫폼의 등장은 개인이 주민으로 그리고 시민으로 쉽게 발전할 수 있다는 착각을 초래한다. 시민운동이 한계에 봉착한 상황에서 문제 해결의 실마리로 지역 커뮤니티를 주목하고 있지만, 개인들은 아직도 그 안에 안착하지 못하고 있다. 다양한 형태의 '커뮤니티'를 구성하고, 그곳에서 시민들이 지속적으로 결합하여 소속감을 갖게 하는 일이 중요하다. 일상의 연결이 반복되고 그것이 수평적으로나 수직적으로 확장될 때 커뮤니티가 지속적으로 확장될 수 있다. 과거 '민주화'라는 마스터 프레임 아래 강하게 유지되었던 강한 네트워크 활동은 더 이상 하위의 다양한 프레임과 가치를 하나로 묶을 정도로 분명하지 못하다. 과거의 연대활동은 지속적이지 못한 일상적 연결로 전락했다는 평가를 받고 있다. 앞으로 보다 많은 시민이 자연스럽게 연결되고 지속적으로 참여할 수 있는 네트워크를 구축하기 위한 혁신이 필요하며, 시민사회운동이 그 혁신과정에 적극적으로 나서야 한다. 그 안에서 사회적 가치가 자라며, 이를 구성원이 나누어 먹고 성장할 수 있다.

한국 시민사회운동은 선순환적 자원동원 메커니즘 구축, 희미해진 운동성을 넘어 분명한 정체성 회복, 부상하는 MZ세대에게 자율성을 주고, 선배 세대와의 협력의 공간을 마련하며, 편 가르기와 연고주의가 뿌리 깊게 자리한 지역사회에서 더욱 건강한 시민사회 생태계를 구축하기 위한 시민성을 갖춘 풀뿌리 세계시민 교육을 강화해야 한다. 특별히 성급한 제도화의 결과로 중장기적 비전과 대안을 충분히 마련하지 못한 채 협치에 대한 당위적 접근이 반복되면서 작금의 시민사회운동이 쇠락한 것을 스스로 성찰하는 작업이 중요하다. 그와 동시에 국가나 기업과의 관계 역시 새로운 변화를 요구받고 있다.

시민사회운동이 어떤 관점을 견지할 것이며, 상황에 따라 경쟁, 협력 혹은 도전의 관계를 어떻게 설정할 것인가에 대한 철저한 준비가 필요하다. 그와 동시에 시민사회운동이 시민들을 대상으로 한 공공교육(public education), 토론(public debate), 참여(public participation), 투명성(public transparency), 그리고 책무성(public accountability)을 얼마나 끈기 있게 수행했는가에 대한 객관적인 평가가 필요하다(Scholte, 2003).

2. 시민사회운동의 새로운 도전: 디지털 혁명과 알고리즘 지배[1]

오늘날 우리는 디지털 혁명과 알고리즘 지배사회를 마주하고 있다. 바야흐로 빅데이터와 AI의 시대가 오고 있다. 그러나 주체로서 역할을 담당해야 할 시민의 목소리는 들리지 않고 각종 통계와 데이터가 공공서비스 정책 수립의 근거가 되고 있다. 정책 수립의 주체는 이제 시민이 아니라 인공지능(AI)과 알고리즘이 되고 있다. 시민들의 소통과 숙의를 통한 정책 결정이 아니라 보이지 않는 알고리즘이 만들어 낸 빅데이터 처리와 분석 결과에 의존하는 정도가 커지고 있다. 물론 젊은 세대일수록 디지털 혁명과 인터넷의 발달로 더욱 쉽게 소통하면서, 즐거움을 얻고, 더욱 빠르고 광범위하게 참여하고 정보도 공유하며, 심지어 열정을 다하여 창의적인 활동에 나서기도 한다. 이처럼 데이터처리 기술의 발전, 사물 인터넷의 대중화, 그리고 AI로 자동화된 환경으로 우리의 디지털 의존은 더욱 강화되고 있다. 특히 보이지 않는 알고리즘의 지배로 인해 우리의 삶은 앞으로 더욱 소외될 수밖에 없다.

과거에는 보이는 규율과 통제의 권력의 시대였다면 이제는 보이지 않는 알고리즘 지배 즉, 알고크라시(algocracy)가 도래한 것이다(Danaher, 2016). 예

---

1 본 절은 아래 글의 일부를 수정·보완한 것임.
임현진·공석기. 『월간중앙』 2023년 4월호: 232-233쪽.

를 들어 구글, 페이스북, 아마존, 네이버, 다음 등의 디지털 플랫폼 빅테크의 주된 수입원은 더 이상 대기업이 아니라 일반 기업으로 확장되고 있다. 그들은 수많은 인터넷 사용자의 검색 활동에 대한 데이터 구축을 통해 그들의 소비성향, 가치관 심지어 정치적 태도와 공익활동 참여까지 추적할 수 있다. 그러나 우리는 아직도 자기 의지대로 살아가고 있다고 착각하고 있다. 이제 우리 삶을 유도, 관리 더 나아가 통제하고 있는 알고리즘의 지배 현상을 주목해야 한다. 갈수록 '알고리즘이 나의 보스인 시대'를 살게 될 것이다(Alosi and De Stafano, 2022). 그리고 이를 위한 비판적 독해와 대응은 개인이 아닌 시민의 연대활동에서 찾아야 할 것이다. 만약 한국 시민사회가 알고리즘 지배 문제에 집중한다면 흩어졌던 개인들이 연대와 협동의 필요성을 주목하며, 시민으로 다시금 깨어나는 계기가 될 수 있다.

앞서 강조한 것처럼 우리의 삶은 디지털 플랫폼에 연결됨으로써 누가 무엇을 먹고, 누구를 만나며 무슨 생각을 하고 있는지까지 노출되는 투명사회를 살고 있다. 자유롭게 디지털 공간에서 활동하고 있지만 모든 것이 추적되고 감시되고 관리될 수 있다는 것을 비판적으로 독해하고 경계해야 한다. 겉으로는 개인 누구나 디지털 공간에 자유롭게 참여하며 자신이 만들어 낸 콘텐츠를 상호 공유함으로써 디지털 플랫폼으로 긴밀하게 연결되고 참여한다. 그러다 보면 자유, 개방, 참여와 공유의 과정이 알고리즘에 의해 관리되고 심지어 통제될 수 있다. 과거에는 생산 현장과 서비스 공간에서만 그 활동을 가치로 인정하고 그것을 교환했지만, 이제는 우리 삶의 구석구석까지 상품과 서비스의 대상 공간으로 확장되었다. 알고리즘은 그것을 읽어내고 패턴을 발견하여 원하는 방식대로 시민들이 행동하기를 유인한다(박승일, 2021). 직장 보스의 권고나 가이드에 귀를 기울이는 것이 아니라 나 스스로 쉽게 얻은 정보를 활용하여 자기 주도로 상품과 서비스를 선택하고, 누구를 만날지를 결정한다. 그러면서 자신이 주인이고 주체라고 생각하지만, 그것은 착각이다. 이제 '알고리즘이 나의 보스'라는 무서운 사실을 직시해야 한다.

구글, 페이스북, 아마존, 유튜브 등의 웹서비스는 사용자의 검색 히스토리와 쿠키(cookies)—사용자가 방문한 웹사이트에서 사용자의 브라우저에 전송하는 작은 텍스트 조각— 데이터를 바탕으로 개별화된 결과를 제공한다. 우리들은 개별 소비행위나 검색 히스토리를 근거로 광고나 동영상 콘텐츠가 작업하는 중간중간에 팝업하는 것을 더 이상 신기해하지 않을 정도로 알고리즘 개입에 익숙해지고 있다. 이윤추구를 목표로 삼는 기업에게 이러한 데이터 축적 및 활용은 새로운 도전과 블루오션이 되었다. 그런 방식의 자료수집 및 축적이 공정하고도 객관적으로 진행될 것이라고 기대하는 것은 환상이다. 디지털 플랫폼 기업마다 자신이 우선시하는 기준에 따라 선정, 분류, 연계, 및 필터를 진행한다. 이는 편향되고 선별적일 수밖에 없는 알고리즘이 존재함을 의미한다. '모든 것의 구글화'로 표현될 정도로 우리는 구글 안에 수동적 존재로 머물고 있다. 자기가 생각하는 대로 선택하기보다는 자기도 모르는 사이에 유도된 대로 판단하고 선택하게 된다는 것을 직시해야 한다. 아마존, 유튜브, 페이스북, 인스타그램, 넷플렉스, 네이버, 다음, 멜론, 쿠팡 등의 디지털 플랫폼에 개인이 점점 깊숙이 연결되면서 어떤 편향된 알고리즘에 따라 소비하고 행동하게 된다.

이것은 결코 상품 광고에만 머물지 않는다. 알고리즘은 검색을 넘어 스마트페이, 음성인식, 안면인식, 생체인식, 웨어러블 장치, 바이오 트래킹, 사물인터넷 등으로 확장되어 우리 삶의 모든 부분을 데이터로 축적하고 가공한다(한병철, 2023). 이 모든 과정을 보이지 않게 관리 및 통제할 수 있는 알고리즘 보스가 생긴 것이다. 개인은 자유롭게 활동한다고 생각하지만, 보이지 않게 관리 및 통제하는 알고리즘의 지배를 수용하게 된다. 분리된 개인의 시대로 전환되고 있는 작금의 상황에서 시민 스스로 알고리즘 지배를 거부하기는 불가능하다. 이런 문제를 비판적으로 독해하고 이해하고 어떻게 극복할 수 있는가를 함께 궁리하고 숙의하는 것이 시민사회운동의 시대적 과제가 되어야 한다. 이른바 디지털 플랫폼을 '아래로부터 감시하는 사회'(sousveillance society)가 동시에 가능해져야 한다. 흩어진 개인은 아래로부터 감시하는 활동에 참여함으로써 시민으로 다시 설 수 있는 디딤돌, 즉 디지털 플랫폼을 재발견할 수 있을 것이다.

그러나 시민사회운동의 미래를 담당해야 할 MZ세대에게 현실은 절대 녹록지 않다. 냉소적 개인주의 옷을 입은 젊은 세대에게 이른바 '공정'(fairness)은 시대정신이 되어 버렸다. 승자독식의 경쟁시대에서 시험이라는 공정의 관문을 통과하여 안정적인 일자리를 찾고 자신만의 '소확행'을 누리는 것을 꿈꾸는 젊은 세대는 철저히 개인의 시대를 지향한다. 그들에게 공공선, 정의, 협동과 연대는 부차적이고 먼 얘기이다. 젊은 세대는 어떤 사회적인 이슈에 주목하고 참여하는가? 대표적인 이슈가 기후위기이고, 생태계 위기이다. 반면에 지역소멸, 지방회생, 초고령화 및 저출산의 문제는 상대적으로 우선 수위에서 밀리고 있다.

물론 사회 문제에 대해 MZ세대가 더 이상 관심을 갖지 않는다는 것은 아니다. 다만 그들의 인식과 전략에 대해 좀 더 깊이 있게 성찰할 필요가 있다는 말이다. 그 대표적인 개념이 '소셜 임팩트'이다. 소셜 임팩트의 범위는 어디까지를 의미하는 것인가? 소셜 임팩트를 꾀하는 사회적경제 영역은 최근 호황을 누린다. '임팩트 커리어'는 사회적 영향력을 일으키는 활동을 기획하고 실천하는 매니저의 경력을 의미한다. 임팩트 활동을 통해 관련 분야에서 소소한 변화를 추동할 수 있다는 것이다. 그러나 이들이 과연 사회의 근본적인 변화를

그림 1   디지털 플랫폼 아래로부터의 저항: Sousveillance
출처: Stephanie Age's Crowdveillance 이미지 재구성

추동하기 위해 기득권에 도전하고 그들과의 긴장 및 갈등의 관계에 당당하게 나설 수 있을지는 의문이다. 그런데 이러한 도전과 저항이 없이는 기득권 세력은 결코 자발적으로 정책 변화에 나서지 않는다.

예컨대, 아웃도어 의류회사로 잘 알려진 파타고니아의 창업자 이본 쉬나드는 "파타고니아의 가장 중요한 가치관은 연매출 1%를 환경운동에 기부하는 것이다. 우리가 사업을 하는 주된 이유는 정부, 기업들이 환경위기를 무시하지 못하게 하는 것이다. 행동은 절대로 필요하다. 아무것도 하지 않으면 언제나 악이 승리한다"라고 일갈한다(이본 쉬나드, 2020). 그렇다면 그들이 풀뿌리 환경운동 단체를 지원하는 이유는 무엇일까? 이것은 위장환경주의(green washing)도 아니고, 기업 이미지 제고를 위한 사회공헌 프로젝트도 아니다. 그들은 진정 지구 생태계를 보호하고 기후위기를 막기 위해 절대로 타협하지 않는 철학이 있음을 보여준다. 파타고니아의 기부 프로젝트는 기업과 정부를 끊임없이 도전하고 저항하는 풀뿌리 단체를 지원하여 지구 환경과 생태계 보호를 요구하는 목소리를 지속적으로 낼 수 있도록 지원하는 진정한 협력 사례이다. 그렇지만 이런 활동은 이윤을 추구하는 기업이나 권력에 욕심을 내는 정치인 모두에게 결코 기대하기 어려운 것이다.

빅테크는 파타고니아와 다르다. 그들은 우리를 디지털 플랫폼에 순응하는 개인으로 안주시키고자 끊임없이 정부에 로비하고, AI 개발로 우리를 현혹한다.[2] 이제 알고리즘 지배 과정을 아래로부터 감시하고 그 자료를 축적하여 시민의 목소리를 반영할 수 있도록 아래로부터 알고리즘을 함께 만들어야 한다. 디지털 플랫폼 영역으로 수렴하고 있는 모든 활동에 대해 영역, 지역, 세대, 진영의 논리를 뛰어넘어 시민 모두가 아래로부터의 감시사회(sousveillance society)를 지향하는 시민사회운동이 절실하다. 이것이 쇠락하고 있는 한국 시

---

[2] 빅테크의 Digital Power에 관한 내용은 Transnational Institute, [State of Power 2023: Digital Power], 온라인 리포트 참조. (https://www.tni.org/en/publication/stateofpower2023)

민사회운동이 새롭게 힘을 모아낼 수 있는 디딤돌이 될 수 있을 것이다.

3. 새로운 시민사회운동을 위한 5가지 제안

마지막으로 한국 시민사회운동의 새로운 미래를 위해 주목해 할 도전과제를 제안하는 것으로 결론을 대신하고자 한다.

첫째, 디지털 즉 온라인 플랫폼에 지나치게 의존하는 것을 경계해야 한다. 사실 시민사회단체 활동가의 주요 업무가 운동을 지속적으로 수행하기 위해 연대활동을 끊임없이 발굴하고 네트워크를 구축하는 것이다. 그런데 많은 경우 연대활동을 견지하지 못하고 실무적인 업무에만 머물고 있다. 시민단체가 SNS를 활용한 운동 방식을 더 주목하게 되는 것은 일반 시민의 반응 속도와 참여 범위에서 상대적으로 그 효능성이 높기 때문이다. 그런데 이것이 일시적인 캠페인에서는 효과적일 수 있지만 시민들이 지속적으로 참여하는 방식으로는 한계가 있다. 일시적 참여자들에게 끊임없이 객관적이고 정확한 정보를 제공함으로써 지속적 활동에 대한 참여동기를 제공해야 한다. 그런데 정보의 바다에서 이러한 신뢰할 만한 자료와 정보를 구축하기 위해서는 시민사회운동의 지속적인 연대활동이 전제되어야 한다.

둘째, 시민사회운동의 생태계를 확장하기 위해서는 다양한 단체와의 연계와 협력이 필요하다. 사실 한국 사회는 시민들의 다양한 가치와 신념을 하나로 묶어낼 수 없을 정도로 분화되고 있기에 이들의 참여를 유인하기 위해서는 각자의 가치와 신념을 존중하면서 적극적인 의사표현의 길을 열어주고 함께 협력할 수 있는 열린 공간을 마련해 주는 것이 중요하다. 사회적경제, 자원봉사, 그리고 심지어 동문회나 이익단체까지도 연대와 협력의 대상으로 삼아야 한다. 공공선과 사회적 가치에 합의한다면 누구든지 협력과 연대의 대상으로 삼고, 마음을 열고 상호 소통하며 공동의 과제를 함께 궁리하는 것에 적극적으로 나서야 한다. 지금 한국 시민사회운동은 여전히 편 가르기와 갈라치기

습성에 빠져 협력과 연대의 범위를 제한하고 있다. 물론 공공선을 가장한 이익집단과 거리를 두는 것이 중요하다. 그러나 처음부터 협력과 연대 더 나아가 생태계 확장의 가능성을 차단하는 것을 경계해야 한다.

셋째, 시민을 대하는 시민사회운동의 태도와 시선의 변화가 절실하다. 과거 중앙중심의 시민사회운동이 더 이상 한국 시민사회를 대표할 수도 없고 타당하지도 않다. 시민사회단체는 조직적 측면에서 점차 왜소화되고 고령화되고 관성화되고 있다. 시민단체는 시민을 견인하는 지도자의 역할이 아니라 시민 스스로 리더십을 형성해 갈 수 있는 촉진자 혹은 조정자로 자신의 역할을 재정립하는 것이 중요하다. 또한 아래로부터의 협치의 경험을 축적하는 것이 중요하다. 협치는 더 이상 지역의 거대 단체가 주도하여 진행하는 것이 아니라, 풀뿌리 시민사회단체가 느슨하지만 상시적으로 수평적 네트워크를 구성하여 상호 소통과 협력 위에서 진행해야 한다. 1인 NGO가 공공선을 제고하기 위해 각개전투식으로 추진하는 것은 지속가능하지 않다. 1인 NGO는 정부 보조금으로 수행되는 다양한 위탁사업에 의존하면서 보이지 않게 순응적 자세를 보일 가능성이 높기 때문이다.

넷째, 지역 시민사회 스스로 건강한 시민사회운동 생태계를 구축하기 위한 내적 외적 장애물을 성찰적으로 진단하고 이를 극복하기 위한 공동 노력에 앞장서야 한다. 지역사회에서 연줄에 근거해 진행되는 다양한 지역개발정책과 시민사회운동의 협력과 연대의 메커니즘 간의 유사성이 드러나고 있다. 지역에서 신생 단체가 새로운 정책 대안을 제시했을 때, 기존의 단체들이 오히려 소극적 자세를 보이기도 한다. 지역 시민사회 생태계 내에도 진입장벽이 분명히 존재하는 것이 현실이다. 학교 선후배 관계, 운동권 진영 등의 연고주의가 강하게 작동하여 시민사회운동의 확장을 가로막고 있다. 농촌지역에서도 비슷한 현상을 확인할 수 있다. 사실 꼭 농사를 지어야 농민이 되는 것은 아니다. 그런데 몇몇 마을의 경우는 지역 농민회가 농민지원 정책에만 초점을 맞춰 이를 주도하려고 한다. 농민, 농업 그리고 농촌지역 전체를 포괄하는 접근법이 필요하며 그러기 위해서 농민의 경계를 좀 더 느슨하게 유지하여 연대와 협력의 폭을 넓혀야 한다. 농민을 넘어서 지역 주민의 문제 즉 먹거리와 같은 공통의 주제를 통하여 농민이 아닌 지역 주민들도 함께 연대활동 할 수 있는 혁신적인 네트워크 구축이 중요하다. 이것은 바로 지역 시민사회 생태계를 건강하게 만들기 위한 연대와 협력으로 연결된다. 물론 그동안 정부의 지원으로부터 배제됐던 경험으로 인해 농민이 수세적이고 저항적인 입장을 견지했던 것은 이해할 수 있다. 그러나 이런 입장을 존중하면서도 협력과 연대의 기회와 공간을 확장하는데 지역 시민사회운동이 적극적으로 나서야 할 것이다.

다섯째로, 위로부터 조직된 중간지원조직의 운영 메커니즘을 철저히 진단하고 새로운 변화를 추동해야 한다. 지방정부는 그동안 경쟁적으로 중간지원조직을 구성하여 다양한 지원사업을 추진하는 소위 '위로부터의 거버넌스' 전략을 활용했다. 여기에 청년들이 보이지 않게 동원되고 있다. 이제 MZ세대를 능동적 주체로 세울 수 있는 메커니즘이 절실하다. 세대 간의 결합을 위해 무엇보다 효과적인 소통과정의 제도화가 필요하다. 소통은 사회적 갈등에 대한 대안을 발굴하기 위한 상호 이해, 설득과 합의를 이루는 과정으로 작은 조직부터, 커뮤니티, 더 나아가 국가에서 이르기까지 숙의 민주주의를 구현하는 핵심 메커니즘이다(Gamson, 1992). 그것을 '소통의 정치'라고 부를 수 있다면, 그것은 세대, 지역, 민관 사이에 존재한 장벽을 낮추는 핵심 전략이다. 소통 능력을 갖추지 않은 시민은 결코 '협동의 협동'을 확장하지 못하며, 사회혁신을 추동하는 혁신적 네트워크를 구축할 수 없다. MZ세대가 광의의 시민사회 영역으로 관심을 확장하면서 시민사회단체에 새로운 활동가의 유입이 저조하며 들어와도 쉽게 떠나는 상황이다. 이것을 극복하기 위해서도 소통의 정치를 회복하고 소통의 공간을 양산하는 연대활동과 네트워크가 필요하다. MZ세대 활동가는 수평적이고 쉬운 연결을 선호하는 반면에 선배 운동가는 위계적 조직문화를 버리지 못하고 있다. 앞으로 세대, 지역, 그리고 민과 관의 소통이 유지되지 않으면 사회는 개인화로 인해 더욱 파편화 될 것이다. 시민성을 갖춘 시민은 사라지는 한편, '헛똑똑' 개인이 온라인 공론장에서 자기주장만을 일방적으로 쏟아낼 것이다. 서로 만나야 한다. 그리고 협력의 장을 실험해 보고 그 과정에서 공동의 경험과 기억을 만들어 가시적 성과를 경험할 때 주변화된 개인들이 조금씩 협동과 연대에 관심을 가지면서 느리지만 참여하게 될 것이다.

그러기 위해서 시민사회운동은 시민들이 공공선 제고를 위한 다양한 활동을 통해 공공교육, 토론, 참여, 성과의 투명성과 책무성을 공동으로 경험할 기회와 공간을 지속적으로 제공해야 한다. 그런 방식의 활동이 지속되고 쌓여갈 때 한국 시민사회운동이 대내외적으로 마주한 위협을 극복하고, 쇠락에서 회복의 길로 나아갈 수 있으며, 궁극적으로 추락한 신뢰와 낙인을 조금씩 개선할 수 있을 것이다. 한국 시민사회는 절체절명의 위기의식을 공감하고 상호소통하면서 혁신적 실험을 아래로부터 추진할 때 시민운동의 새로운 미래를 열어갈 수 있을 것이다.

참고문헌

간다 세이지(神田誠司). 2020. 『마을의 진화: 산골 마을 가미야마에서 만난 미래』. 류석진, 윤정구, 조희정 역. 반비.

강수돌. 2020. 『경쟁공화국』. 세창미디어.

공석기 외. 2018. 『한국 시민사회를 새롭게 하라』. 서울: 진인진.

공석기. 2012. "국제규범의 사회화와 INGO의 역할." 『다문화사회연구』 5(2): 15-41쪽.

공석기·유지연. 2017. "한국비영리섹터 지형분석." 『기빙코리아2017』. 아름다운북.

공석기·임현진. 2017. 『주민과 시민사이』. 진인진.

공석기·임현진. 2010. "세계사회포럼과 한국 사회운동." 『국제정치논총』 50(1): 341-372쪽.

공석기·임현진. 2020. 『마을에 해답이 있다: 한국 사회에서 지역 되찾기』. 진인진.

권태환·임현진 외(공편). 2001. 『시민사회의 성장과 신사회운동』. 서울대 출판부.

김경원·임현진(공편). 1995. 『세계화의 도전과 한국의 대응』. 나남.

김경한. 2021. 『인문여행자, 도시를 걷다』. 쌤앤파커스.

김종수. 2010. "사회적기업 육성을 위한 지방정부의 역할: 지역자산 활용을 중심으로." 『2010년 대도시행정세미나 자료집』.

김창엽. 2013. 『건강할 권리: 건강 정의와 민주주의』.

김현수. 2021. 『코로나로 아이들이 잃은 것들』. Denstory. ㈜알피스페이스.

노명식(엮음). 2002. 『함석헌 다시 읽기』. 인간과 자연사.

루이스 코저(지음), 박재환(옮김). 1980. 『갈등의 사회적 기능』. 한길사.

민범기·이효석. 2023. 『청주에서 비영리 활동을 떠난 사람들의 이야기』. (사)시민.

박승일. 2021. 『기계, 권력, 사회: 인터넷은 어떻게 권력이 되었는가』. 사월의책.

박영신. 2013. "초월의 정신과 범세계화의 정황-구약의 상징 구조에 대한 사회학도의 생각 하나." 『구약논단』 19(4): 76-115쪽.

서울대학교 아시아연구소 시민사회 프로그램. 2023. 『2022 한국 시민운동연구: 비판적 성찰과 대안 연구-집단분석 녹취록』. 서울대 아시아연구소.

성찰과 파트너십 시민사회네트워크(엮음). 2022. 『한국 시민사회운동을 이야기하다』. 휴머니즘.

쇼샤나 주보프. 2021. 『감시자본주의시대』. 김보영 옮김. 문학사상.

신진욱. 2022. "한국 시민사회의 새로운 흐름에 대한 질적 면접 연구." 아름다운재단.

아네트 A. 데스마레이즈 2011. 『비아캄페시나-세계화에 맞서는 소농의 힘』. 박신규 외 역. 서울: 한티재.

안재흥. 2010. "정책과 정치의 동학. 그리고 제도의 변화: 스웨덴 기업지배구조의 사례." 『한국정치학회보』 44(4): 237-265쪽.

안재흥. 2013. 『복지자본주의 정치경제의 형성과 재편. 서유럽 강소·복지 5개국의 경험과 한국의 쟁점』. 후마니타스.

안재흥. 2014. "서유럽 강소·복지국가 모델의 동학과 한국형 사회모델의 무산." 『의정연구』 20(3): 121-152쪽.

안재흥. 2018. "정치경제 레짐의 변동에 대한 집단행동 이론 시각의 접근: 서유럽 작은 복지국가의 비교사례 연구." 『한국정치연구』 27(3): 145-175쪽.

야마시타 유스케. 2019. 『지방회생: 인구감소와 수도권 초집중 극복의 길』. 변경화·이윤정·박헌춘 공역. 이상북스.

양종회 외. 2002. 『아시아·태평양 지역의 환경문제. 환경운동 및 환경정책』. 서울대 출판부.

이남주. 2007. 『중국 시민사회의 형성과 특징: NGO의 발전을 중심으로』. 폴리테이아.

이도형·함요상. 2010. "제3부문의 가치발견과 활성화 전략: 생활협동조합을 중심으로." 『한국행정학회 학술대회 발표논문집』.

이본 쉬나드. 2020. 『Patagonia: 파타고니아-파도가 칠 때는 서핑』. 이영래 옮김. 라이팅하우스.

이은경·이다현. 2023. "사회혁신. 비판적 성찰과 전망." 『희망 이슈』 72.

이재호. 2021. 『당신이 아프면 우리도 아픕니다』. 이데아.

이재희. 2021. 『사회적경제 협력 활성화 유형 및 특성 연구』. 한국 사회적기업진흥원.

이정전. 2019. 『초연결 사회와 보통사람의 시대』. 여문책.

이해진. 2015. "사회적경제와 지역발전." 『한국 사회학』 49(5): 77-111쪽.

임길진평전발간위원회/신영란. 2022. 『임길진 더 리포머: 시대의 변혁가 임길진 평전』. 백산서당.

임혁백. 1998. "한국 자본주의의 성장. 위기. 개혁." 『아세아연구』 41(2): 147-186쪽.

임현진. 1998. 『지구시대 세계의 변화와 한국의 발전』. 서울대 출판부.

임현진. 2001. 『21세기 한국 사회의 안과 밖』. 서울대학교출판부.

임현진. 2005. "민주화 이후 지식인의 변조." 『전환기 한국의 정치와 사회: 지식, 권력,

운동』. 집문당: 83-116쪽

임현진. 2009. 『한국의 사회운동과 진보정당』. 서울대 출판부.

임현진. 2011. 『세계화와 반세계화: 21세기 한국의 미래를 묻는다』. 세창.

임현진. 2012. 『지구 시민사회의 구조와 역학: 이론과 실제』. 나남.

임현진. 2017. 『비교 시각에서 본 박정희 발전모델』. 진인진.

임현진·공석기. 2006. "지구 시민사회의 작동원리와 한국 사회운동의 초국적 동원전략." 『한국 사회학』 40(2): 1-36쪽.

임현진·공석기. 2011. 『글로벌 NGOs – 세계정치의 '와일드카드'』. 파주: 나남.

임현진·공석기. 2014. 『뒤틀린 세계화: 한국의 대안 찾기』. 파주: 나남.

임현진·이세용·장경섭(공편). 1998. 『한국의 삶의 질: 신체적·심리적 안전』. 서울대 출판부.

장원봉 외. 2021. 『한국 사회적경제의 거듭남을 위하여』. 착한책가게.

전승봉. 2018. "공공사회학은 부활해야 하는가?-한국과 남아프리카공화국 사회학 전개 과정을 중심으로." 『문화와 사회』 26(2): 261-316쪽.

전혜원. 2021. 『노동에 대해 말하지 않는 것들』. 서해문집.

정수복. 1994. 『의미세계와 사회운동』. 민영사.

정수복. 1996. 『녹색대안을 찾는 생태학적 상상력』. 문학과지성사.

정수복. 2001. 『시민의식과 시민참여』. 아르케.

정수복. 2007. 『한국인의 문화적 문법-당연의 세계 낯설게 보기』. 생각의 나무.

정수복. 2012. "지식인상의 변화와 '문화적 문법'의 변화를 위한 시민운동." 『현상과 인식』 36(3): 155-182쪽.

정수복. 2015. 『응답하는 사회학: 인문학적 사회학의 귀환』. 문학과지성사.

정수복. 2022. 『한국 사회학의 지성사』 1-4권. 푸른역사.

정진성·공석기·구정우. 2010. 『인권으로 읽는 동아시아』. 서울: 서울대 출판문화원.

최장집·임현진(공편). 1997. 『한국 사회와 민주주의』. 나남.

최장집·임현진. 1993. 『시민사회의 도전』. 나남.

최종렬·김성경·김귀옥·김은정(편). 2018. 『문화사회학의 관점으로 본 질적 연구 방법론』. 휴머니스트.

하승우. 2020. 『신분과 피라미드 사회: 능력주의가 낳은 괴물』. 이상북스.

한병철. 2023. 『정보의 지배: 디지털화와 민주주의의 위기』. 전대호 옮김. 김영사.

함희경. 2023. "한국 사회적기업의 지속가능성에 대한 연구: 영업이익의 지속성을 중심으로." 이화여자대학교 사회적경제협동과정. 박사학위논문.

홍수열·고금숙. 2022. 『지금 우리 곁의 쓰레기: 제로웨이스트로 가는 자원순환 시스템 안내서』. 슬로비.

Alosi, Antonio and Valerio De Stefano. 2022. *Your Boss is An Algorithm: Artificial Intelligence, Platform Work and Labour*. Oxford: Hart Publishing.

Amable, Bruno. 2003. *The Diversity of Modern Capitalism*. Oxford: Oxford University Press.

Ayres, Jeffrey. 2004. "Framing Collective Action Against Neoliberalism: The Case of the 'Anti-Globalization Movement'." *Journal of World-Systems Research* 10(1): pp.11-34.

Brechenmacher, Saskia, Thomas Carothers,& Richard Youngs. 2020. "Civil Society and the Coronavirus: Dynamism Despite Disruption." *Carnegie Endowment for International Peace*.(April 20).

Burawoy, Michael. 2005. "For Public Sociology."*American Sociological Review* Vol. 70, No.1: pp.4-28.

Cousin, Olivier, Sandrine Rui. 2010. *Intervention Sociologique: Histoire(s) et actualités d'une méthode*. Renne: Presse Universitaire de Rennes.

Cousin, Olivier, Sandrine Rui. 2011. "Sociological Intervention: Evolution and Specificities in a methodology." *Revue française de science politique* 61(3): pp.517-532.

Dahl, Robert A. 1956. *A Preface to Democratic Theory*. Chicago: University of Chicago Press.

Danaher, John. 2016. "The Threat of Algocracy: Reality, Resistance and Accomodation." *Philosophy & Technology* Vol. 29: pp.245-268.

Evans, Kathy. 2011. "Big Society in the UK: A Policy Review." *Children & Society* Vol.25: pp.164-171.

Feagin, Joe, Herena Vera and Kimberly Ducey. 2014. *Liberation Sociology*. 3rd edition, New York: Routledge.

Gamson, William 1982. *Talking Politics*. Cambridge: Cambridge University Press.

Goldstone, Jack A.(ed.) 2003. *States, Parties, and Social Movements*. New York: Cambridge University Press.

Hamel, Jacques. 2000. "Sociology, Common Sense, and Qualitative Methodology: The Position of Pierre Bourdieu and Alain Touraine." in Derrek Robbins(ed), *Pierre Bourdieu* Vol. 3, London: Sage Publications.

Horton, Richard. 2021. *The COVID Catastrophe: What's Gone Wrong and How to Stop It Happening Again*. 2nd Edition, Cambridge, UK: Polity.

Hu, Lina. 2007. "Doing Public Sociology in the Field: A Strong Sociological Intervention Project in China." *The American Sociologist* 38(3): pp.262-287.

Juris, Jeffrey S. 2008. *Networking Futures: The Movements against Corporate Globalization*. Durham, NC: Duke University Press.

Katzenstein, Peter J. 1985. *Small States in World Markets: Industrial Policy in Europe*. Cornell University Press.

Kitschelt, Herbert et al. 1999. "Convergence and Divergence in Advanced Capitalist Democracies." In: *Continuity and Change in Contemporary Capitalism*. Kitschelt et al. eds. Cambridge: Cambridge University Press: pp.427-460.

Kong, Suk-Ki. 2012. "Politics of Cosmopolitan Citizenship: The Korean Engagement in the Global Justice Movements." *Citizenship Studies* Vol. 16(1). UK: Routledge.

Lamont, Michèle. 2023. *Seeing Others: How Recognition Works and How It Can Heal a Divided World*. Atria/One Signal Publishers.

Lehmbruch, Gerhard. 1984. "Concertation and the Structure of Corporatist Networks." In: *Order and Conflict in Contemporary Capitalism*. John H. Goldthorpe ed. Oxford: Clarendon Press: pp.60-80.

Lijphart, Arend. 1999. *Patterns of Democracy: Government Forms and Performance in Thirty-Six Countries*. New Haven: Yale University Press.

Lim, H.C. & S. Kong. 2020. "Civic Engagement in the Energy Transition Since Fukushima and Its Impact on Renewable Energy Policy Competition in South Korea." *Korea Observer* Vol. 51(3): pp.463-483.

Manzini, Ezio. 2019. *Politics of the Everyday*. New York: Bloomsbury.

Manzini, Ezio. 2022. *Livable Proximity: Ideas for the City that Cares*. Milano: BUP.

Merton, Robert. Fiske, Marjorie. Patricia L. Kendall. 1990. *The Focused Interview: A Manual of Problems and Procedures*. New York and London: The Free Press.

Moghadam, Valentine. 2008. *Globalization and Social Movements: Islamism, Feminism, and the Global Justice Movement. Lanham*. MD: Rowman & Littlefield.

O.T. Afisi. 2021. "Karl Popper's Social Engineering: Piecemeal or 'Many-Pieces-at-Once'?." In: Afisi, O.T. (eds) *Karl Popper and Africa: Knowledge, Politics and Development*. Springer, Cham.

Pagano, Marco and Volpin, Paolo. 2001. "The Political Economy of Finance." *Oxford Review of Economic Policy*. 17.

Popper, Karl. 1945. *The Open Society and It's Enemies*. London: Routledge and Kegan Paul.

Popper, Karl. 1957. *The Poverty of Historicism*. London: Routledge and Kegan Paul.

Ravenelle Alexandrea J. 2019. *Hustle and Gig: Struggling and Surviving in the Sharing Economy*. Oakland, CA: University of California Press.

Roe, Mark. 2003. *Political Determinants of Corporate Governance: Political Context, Corporate Impact*. Oxford: Oxford University Press.

Scholte, Jan Aart. 2003. *Democratizing the Global Economy: The Role of Civil Society,* Center for the Study of Globalization and Regionalization, University of Warwick Press.

Skocpol, Theda. 1999. "Advocates without Members: The Recent Transformation of American Civil Life." In: Theda Skocpol and Morris P. Fiorina ed, *Civic Engagement in American Democracy*, Washington, D.C.: Brookings Institution Press: pp.461-509.

Smith, Jackie. 2008. *Social Movements for Global Democracy*. Baltimore, MD:

Johns Hopkins University Press.

Snow, David. 2000. "Framing Processes and Social Movements: An Overview and Assessment." *Annual Review of Sociology* 26: pp.611-639.

Steiner, Jürg. 1981. "The Consociational Theory and Beyond." *Comparative Politics* 13(3): pp.339-354.

Sundarrarajan, Arun. 2016. *The Sharing Economy*. Cambridge, MA: MIT Press.

Tarrow, Sidney. 2005. *The New Transnational Activism*. New York, NY: Cambridge University Press.

Touraine, Alain. 1973. *Production de la société*. Paris: Seuil.

Touraine, Alain. 1977. *The Self-Production of Society*. Chicago: The University of Chicago Press.

Touraine, Alain. 1978a. *La voix et le regard*. Paris: Seuil.

Touraine, Alain. et al. 1978b. *Lutte étudiante*. Paris: Seuil.

Touraine, Alain. et al. 1980. *La prophétie anti-nucéaire*. Paris: Seuil.

Touraine, Alain. et al. 1981a. *Le Pays contre l'Etat, Luttes occitanes*. Paris: Seuil.

Touraine, Alain. 1981b. *The Voice and the Eye*. Cambridge: Cambridge University Press/Editions de la Maison des Sciences de l'Homme.

Touraine, Alain. et al. 1982a. *Mouvements sociaux d'aujourd'hui, acteurs et analystes*. Les éditons ouvrières.

Touraine, Alain. et al. 1982b. *Solidarité: Analyse d'un mouvement social, Pologne 1980-1981*. Paris: Seuil.

Touraine, Alain. et al. 1984. *Le mouvement ouvrier*. Paris: Seuil.

Transnational Institute. 2023. *State of Power 2023: Digital Power*. TNI.

Yuan, Shen. 2008. "Strong and Weak Intervention: Two Pathways for Sociological Intervention." *Current Sociology* 56: pp.399-404.

찾아보기

ㄱ

가미야마 마루고토 고등전문학교 207
가미야마 프로젝트 207
가벼운 공동체(light community) 173, 199
가족 이기주의 238
GAFAAMT 176
각국도생 219
각자도생 179
갈등 239
갈등적 협력(conflictual collaboration) 144
감성 234
감시사회 177
감시와 관리 179
감시자 188
강한 사회학적 개입(Strong Sociological Intervention) 40
강한 시민사회운동 147
개방성 209
개성 234
개인의 시대 181
개인 정보 170
개인주의 179
건강한 시민 196
경력 개발모델 237
경쟁적 도전자 188
경제적 인간(Homo Economicus) 161

공공사회학 32, 34, 39, 139, 140
공공의료 시스템 171
공공학습 168
공동결정 229
공론장의 위기 202
공론장(public sphere) 201
공익 242
공익 자본주의(public interest capitalism) 211
공정 242
공정무역 244
관계자본 200
광의의 시민사회 생태계 244
국제연대 및 개발협력 활동 159
권위주의 정치체제 33
귀농·귀촌 174
글로벌 가치사슬(Global Value Chain) 213
글로벌 프레임 150, 154
글로컬 도전 167
기후위기 205
기후정의 160, 205
긱(gig) 경제 179

ㄴ

낙인 167
넷제로(net-zero) 216
녹취록 53, 54
능동적 시민(engaging citizen) 193

ㄷ

다보스포럼 153
다수제 정치 모델 225
다양성 228
대안 경제모델 162
대안 세계화 164
대안세력(Alternative Force) 32
대행자(agent) 187
더 나은 섬김 프로젝트(To Better Serve Project) 195
데이터 사회(datafied society) 178, 202
도시재생 245
돌봄 179
동반 성장 226
동원적 시민사회(mobilizational civil society) 219
디지털 세계화 178
디지털 플랫폼 175, 181, 185
디지털 혁명 178, 198
떼쓰기 전술 162

ㄹ

로컬푸드 244
리우(Rio) 환경회의 149

ㅁ

마을공동체 245
맞춤형 정보 202
문제해결자 164
미국 청년봉사단(AmeriCorps) 245
민주화 143, 146

ㅂ

방역 메커니즘 167
병리적 관점 32
보조금 동원 161
보조금 딜레마 191
불의 175
불평등 175
브로커 174
비동시성의 동시성 145
비아캄페시나(Via Campesina) 154
비영리 생태계 245
비판 사회학(Critical Sociology) 31
빅데이터 177
빅테크 175

ㅅ

사회 다원주의 225
사회안전망 179
사회자본 200
사회자(moderator) 45, 48
사회적 가치 200, 241
사회적기업 162
사회적기업가 162, 165
사회적기업 생태계 165
사회적 약자 171
사회정의 160
사회 코포라티즘 225
사회학적 개입(Sociological Intervention) 36
사회혁신 240, 244
살아있는 실험실(living lab) 206
새로운 시민사회운동 148

선동가(agitator) 45, 48
선순환적 자원동원 메커니즘 186, 190, 191
선택적 협치(selective governance) 186
세계경제포럼(World Economic Forum) 153
세계사회포럼(World Social Forum) 143, 152
세계여성행진(World March of Women) 155
세대 연결 161
소셜벤처 235, 237
소통과 숙의 178
소통의 정치 162, 189
솔루션 238, 240
수평적인 파트너 180
순치된 조력자 187
스타트업 235, 240, 245
시민교육 161, 200, 203
시민권 199
시민사회 생태계 52, 241
시민사회 운동기금 196
시민사회운동 시대 144, 149
시민사회운동의 전지구화(globalization of social movements) 145
시민성을 갖춘 시민 180, 202, 239
시민성(civility) 168, 179, 196, 199, 222, 241, 242, 243, 245
시민운동 에너지 소진 52
시민의식 161, 245
시민의 왜소화 202

시민자본(citizen's capital) 230
시민재단기금 195
시민참여 161
CSV 214
CSR 214
신뢰자본 200
신자유주의 세계화 149
심층인터뷰 38
쏠림현상 237

ㅇ

아래로부터 감시하는 사회(sousveillance society) 179
아래로부터 세계화(globalization from below) 152, 157
아카데믹 사회학(Academic Sociology) 31
아탁(Attac) 156
안전권 171
알고리즘 177
알고리즘 시대 181
알고리즘 지배사회 185, 201, 202
알랭 투렌(Alain Touraine) 36
RE100 216
약한 사회학적 개입(Weak Sociological Intervention) 40
양적 방법 34
에너지 전환 203, 205
엔데믹의 시대 172
MZ세대 161, 164, 192, 233, 241
연고주의 163, 238
열정 243

ODA 정책 159
온실가스 배출권거래제(GHG Emission Trading Scheme) 218
와일드카드(Wild Card) 188
우한발 코로나19 168
운동성(activism) 162, 239, 240
운동의 내실화 37
운동 정체성 161
월가를 점령하라(Occupy Wall Street) 154
유기농 244
6월 항쟁 146
융합적 실험 244
이권사회 199, 242
이권 카르텔 238
ESG 212, 214, 226
이에스지(ESG) 212, 214, 226
이윤 공유 229
이익 갈등사회 186
이익조정체계 224
이주민 171
EZ하우스 203
이해관계자 자본주의 223, 230
인간적인 세계화 157
인공지능 개발자 245
인공지능(AI) 185, 201
인구절벽 179
인권 사회 199
인내 자본 241
인적 순환구조 189
1인 NGO 242
임팩트 238, 240

ㅈ

자발적 변화 234
자본주의 세계경제체제 242
자원동원(resource mobilization) 190
자원봉사 245
자원순환 192, 244
자유권 170
잠재적 감염병자 168
재세계화(re-globalizaton) 214
저항(resistance) 51, 239
전국농민회총연맹 154
전국여성농민회총연합 154
전환(conversion) 50
정보 체제(information regime) 201
정부 보조금 242
정의 마스터 프레임 150
정책 경쟁 혹은 대안자 149
정책 대행자 242
정책 사회학(Policy Sociology) 32
정책 파트너 149
정체성 162, 197
정치기회구조(political opportunity structure) 144
정치대표체계 224, 225
제도적 시민사회(institutional civil society) 219
제도화 143, 144, 148, 243
제도화의 딜레마 52
제로웨이스트 가치 192
제로웨이스트 마켓(Zero Waste Market) 244

젠더 정의 160
종잣돈(seed money) 196
주민과 시민 사이 197
주주 자본주의 223, 225
지구시민사회(global civil society) 160
지구 정의 마스터 프레임 151, 157, 158
지구정의(global justice) 152, 154, 160
지도세력(Leading Force) 32
지배세력(Dominant Force) 33
지식의 생산 37
지식인 33
지식·정보·기술(Manual) 190
지역공동체 245
지역 시민사회 생태계 174
지역 커뮤니티 244
지역 토건 238
질적 방법 34
집단분석 방법론 34, 36, 42, 43
집단분석방법의 10가지 원칙 44
집단이기주의 163
집담회 50

ㅊ

차별 167, 175
착각하는 정보 소비자 177
참여적 사회학(Participant Sociology) 32
창업과 임팩트 조직 236
창의적 인구감소(creative depopulation) 208
창의적 혁신 234
체인지 메이커 238, 240, 241

초고령화 179, 199
초과이익공유제 229
초국적 라이벌 149, 151
초국적 사회운동(transnational social movement) 152
초국적 연결사회 145
초국적 옹호(transnational advocacy) 151, 152
초점집단면접 38
촛불항쟁 33

ㅋ

K-방역 마스터 프레임 170
K-방역 모델 168
코포라티즘 226
클리마 포럼(Klima Forum) 155
클릭운동(clicktivism) 201
키치(Kitsch)의 전시장 189

ㅌ

탄소국경조정제도(Carbon Border Adjustment Mechanism) 218
탄소중립 203
텃세 238
톨레랑스 209
특수 고용노동자 171

ㅍ

포스트 코로나 시대 169
포용성 228
풀뿌리 세계시민 교육 207
풀뿌리 세계시민(Rooted Cosmopoli-

tan) 160, 173, 205, 210
프라이버시보호권 175
프레임 경쟁 159
프레임의 수렴 160
플라스틱 방앗간 192
플랫폼 노동 179
플랫폼 협동조합 173
피지배 세력(Dominated Force) 33

ㅎ

학생운동 33
한국 시민운동의 정체성 52
합의정치 226
해방사회학(Liberation Sociology) 39
협동조합 240
협치 162, 180
홍콩 WTO 반대투쟁 155
환경교육 244
환경지킴이 245

1992년 브라질 리우데자네이루 유엔 환
　　경개발회의(UNCED) 149
1993년 비엔나 세계인권대회 151
2001년 포루트 알레그레(Porto Alegre)
　　150
2003년 캔쿤(Cancun) 155
2004년 뭄바이(Mumbai) 150
2008년 글로벌 금융위기 164
2009년 기후변화 총회 155